ヨハネ福音書入門

その象徴と孤高の思想

■

R.カイザー［著］　前川 裕［訳］

John

the Maverick Gospel

Third Edition

Robert Kysar

教文館

感謝をもって、エドワード・P・ブレアに本書を捧げる

目次

装丁　桂川潤

まえがき

本書は新約聖書文献を初めて学ぶ人を対象としている。専門的ないし学術的であろうとはせず、現代の新約聖書学者の間でますます理解が深まっている第四福音書の思想と象徴を、読者に紹介したい。読者を第四福音書へと案内し、多くのより先進的な研究者たちがこの福音書について理解しているのと同じところへ読者を導きたいと考えている。

第四福音書の入門書はいろいろなものが手に入るが、それらの中でこの本にいくらかの特徴をもたせることを試みよう。第一に、初期キリスト教運動に関する文献の中での第四福音書の独自性を強調したい。第二に、第一の点と同時に、この福音書の思想と象徴をより広い文脈、すなわち人間の普遍的な宗教探求という文脈に据えたい。本書では、単にキリスト教のみならず宗教一般の文脈のうちにある様々な問いを投げかける宗教文献の一つの典型がヨハネ福音書である、と提案したい。この入門書の第三の特徴として、読者が福音書の本文そのものに触れるように試みている。新約聖書ないしその一部についての概説書は、しばしばその文書そのものから読者を連れ去り、二次文献に集中させてしまう。そこで、以下の叙述ではしばしば「読者の準備」という部分を挿入して区切りをつけている。福音書の中で読みを行うための〔「読者の準備」という〕これらの提案によって、この課題が三方向での議論、つまり福音書・読者・本書の考えの間での対話となることを願っている。読者がこの三者のうちの残り二つにどれだけ関わり続けられるかが、本書自体がどれだけ成功しているかを示している。

創造性とはどこからそれを思いついたかを忘れる技術であると、よく言われている。それは本書にみられる考えについてももちろん同じことが言える。意識しているときには、私の主な考えの出所を示そうと努めたが、多くの場合には、創造的に見えるかもしれない部分であっても、きっとただ出典を忘却しているだけなのである。さらに、この種の本は脚注を背負い込むべきではない。そのため、第四福音書批評の同業諸氏には寛大さをお願いしたい。また読者諸氏には、本書が巻末の文献一覧に挙げられたものだけではなく、数多くの文献や対話に非常に多くを負っているということを十分に理解していただきたい。

本書の内容には自伝的な部分が少なからず含まれているが、それは私のヨハネ福音書との生涯にわたる苦闘を表現しているからである。本書の旧版に対する反響は、それが――少なくともかなりの部分で――「機能している」ことを示していると思える。昔からの格言「壊れていないものを直すな」は適切な助言である。それゆえ、その本来の目的を果たしていると思われるものを書き換えることは損失を生むかもしれない。それでも、第二版を出版してから数年にわたって、私自身のヨハネ福音書との格闘が続いた。この間に、ヨハネ福音書の学術的研究にも、また私自身の見解にも多くの変化があった。つまるところ、人々が変化し成長するのと同じく、本も変化し成長しなければならない。

また、第四福音書の宗教思想概説において読者が当然期待してよいすべての事柄で、初版および第二版では扱っていなかったものがいくつかある。とくに聖書解釈全体の発展について、いくらかの追加や変更が必要となった。その発展とは、とりわけ「新文学批評」の拡充および「ポストモダン批評」らしきものの出現である。この改訂第三版ではこれらの批評方法を、歴史批評の方法がなした貢献を削除することなく、ヨハネ福音書の議論へと持ち込みたい。この試みが成功するかどうかは、読者である皆さんがどう反応するかにかかっている。

前二版と同様に、本書の成立過程における多くの大切な人々に感謝せねばならない。その筆頭に挙げるべきもっとも大事な人々は、幾年にもわたる私の学生の皆さんである。この本における考えは、初学者のグループ、経験豊かな教会の牧師や教師のグループにこの福音書を説明し、彼らの関心にある程度はっきりと答えるための数多くの努力を踏まえている。若者もいれば年配者もおり（学部生及び大学院生を含む）、学問的環境の中にいる人々もいれば、教会のメンバーもいた。実のところ、各章は幾年も前の教会集会における平信徒の聖書研究グループのために準備したものに由来している。それ以後、各章は他のグループのため、また学習者から私が得た新しい視点によって何度も改訂されてきた。

以前の版を批評いただいたすべての方および、私の学生諸氏と同様に、私がかつて正しいと考えていたあらゆることで議論を終えようとさせなかった、ヨハネ研究におけるすべての同僚諸氏に感謝せねばならない。とりわけ聖書文学学会〔Society of Biblical Literature〕の年次学術集会での刺激に感謝している。

最も大事なこととして、私の配偶者である牧師ミルナ・C・カイザー博士に改めて感謝する。彼女の神学的認識と人間理解は私に数多くのことを教えてくれた。私の執筆作業への彼女の励ましなしにはこの本は存在し得なかっただろう。もう一人は、私の仕事全体を方向づけて下さったギャレット福音主義神学校のエドワード・P・ブレア名誉教授である。私に教えて下さったすべてのことに感謝して、先生にこの本を捧げる。

序章

小さな男の子が、足で歩くかわりに手で歩くことを学ぶ、という楽しいアニメーションがある。この物語が強調しているのは、我々の社会における画一化への圧力だ。小さな男の子はこの奇妙な振る舞いをとても楽しんでいた。手で歩くと、世界が全く別のものに見えた。かがみ込まなくても花の匂いを嗅げた。地面にとても近いから草の美しさをはっきりと見ることができ、地面をかすめて飛ぶ蝶とも目を合わせた。しかし彼の両親はとても苦しんだ。最愛のわが子が社会不適応者だとは！　そこで両親は、彼を最初は医者に、次は心理学者に、さらにソーシャル・ワーカーのところに連れていった。この少年の振る舞いを変えるために、あらゆる最新理論が用いられた。彼は少しずつ、ほかの人と同じように——足で歩くことを学び始めた。両親は安心し、医者やソーシャル・ワーカーら助けた人たちは成功を誇った。しかしいま、少年は世界を他の人たちと同じように見始めた。それは汚く、醜く、汚染されており、期待されるまま従順に行動することを求める人々で満たされていた。世界の美しさをもっとたやすく楽しめた短い生涯は終わった。いまや、彼はほかの者たちと同じ人である！

この譬え話が描くのは、いかに我々の社会が順応性というものを優先しているかということである。これはまた、宗教の中で主流の見解をとらない立場が、どのようにして伝統的な思想をもつ主流派に適合させられるかを示唆してもいる。人間存在および世界に関する真理の主張が曲げられているように見えてはいけないので、諸宗教はその性質上、均質であらねばならない。ときおり、内部に多様な解釈を含む柔軟な宗教伝承が存在する。ヒンドゥー教がその例である。その他の宗教的伝統がもっと特徴的に示すのは、異端的な解釈の動きを禁じる傾向である。そのような出来事はキリスト教の歴史には散りばめられており、プロテスタントの分裂はその最たるものである。なんとしてでも、宗教は順応しない者たち——手で歩くように見える者たち——を処理しなくてはならない。

初期キリスト教はすぐに、その起源をたったひとつの観点から見る傾向を発展させた。キリスト教の最初期に、調和のとれた一つの共同体が姿を現わした、という信仰がきわめて急速に受け入れられたのである。使徒言行録における最初期教会の報告を読んでから、使徒パウロの書簡におけるそれと比較してみよう。使徒言行録の著者がすでに、初期の信仰者の間の多くの相違を取り除いた教会観を提示していることは明らかである。ルカ福音書の著者は紀元八〇—九〇年頃すでに、大きな亀裂なしに存在していた最初期教会という理解を広めようと試みていた。他方パウロ書簡は、パウロと他のキリスト教指導者の一部との間で重要な相違点があったことを示唆しているように思われる（これはとりわけガラテヤ書に明らかである）。

従って、第四福音書解釈の歴史が、他の三つの正典福音書との類似性に強調点を置く傾向をもってきたのは驚きではない。前世紀〔一九世紀〕に一般的であった、いわゆる福音書間の調和は、ヨハネ福音書に見られるイエスの宣教の説明を先の三つの福音書に示されたパターンに合わせようと苦心した。たとえば第四福音書の描写では、イエスはその宣教の初期において宮清めを行ったとされている（二13—22）が、他の福音書では彼の宣教の最後の週に置かれている（マタ二一12—13、マコ一一15—19、ルカ一九45—46）。これらを調和させようとする人々は、イエスは一度でなく二度宮清めを行ったと推測することで問題を解決した！　読者の皆さんも自分の答を考えてみよう！

四つの福音書を調和させようとするこのような傾向を踏まえると、それぞれの福音書の独自性を見逃してしまう。それはとりわけ第四福音書において当てはまる。〔第四福音書を〕はじめの三つの福音書に同化させることで、その生命力や、キリスト教運動の起源に関する理解への貢献が奪われてしまう。新約聖書学者たちが先の三つの福音書に与えたまさにその称号が、四番目の福音書の特殊性を強調している。共観福音書という呼称がそれである。この称号は、その三書が共通の視点を持ち、同じような仕方で彼らの主題を理解したことを意味する。ところが第四福音書は共通の視点をもたず、キリスト教正典における三人の仲間からは全く異なった仕方で自らの主題を理解している。言ってみれば、ヨハネ福音書は福音書の中の一匹狼（maverick）である。マタイ、マルコ、ルカが示す見解とはかかわりなく、自由に走り回っている。それは群れに同調しようとしない福音書といえる。キリスト教会の歴史における異端運動の多くが、新約聖書の中で自分たちの権威としてヨハネ福音書を用いたことは不思議ではない。

この序章のはじめにおいて、第四福音書の宗教的思想は初期キリスト教思想の独特なかたちを表していることを強調しておきたい。それは、少なくとも新約聖書の他の文書と比べるならば、異端的なキリスト教のかたちである。このような本福音書の一匹狼的な性格を念頭において、本福音書についての基本的事項のいくつかを検討しよう。簡潔に述べておくべき問題は二種類ある。

第一の問題群は、あらゆる読者が手にすることのできる証拠にかかわる。それは文学的な証拠である。文学的な証拠は二種類ある。(一)第四福音書の言語と文体、(二)福音書の文学的構造——福音書がイエスとその宣教をどのように語っているかである。第二のタイプの証拠はもっと歴史的なものであり、(一)第四福音書と共観福音書との関係、(二)第四福音書の目的、その執筆時期と宛先、および歴史的な状況を含む、一群の主題である。以下の記述は実のところ、これらの事柄に対する私の見解である。これらは本福音書の宗教的思想の検討に進む際のコンテクストとなる。読者は本書を読み進めていきながら、福音書自体の中にある証拠によって私の見解を検証するよう求められている。

第四福音書の言語

《読者の準備》 ヨハネ福音書をざっと一読する。その言語と文体に注意する。福音書の大筋を捉える。

ヨハネ福音書を他の福音書と同じように読まず、素直にそのまま読めば、すぐにその言語が異なったものに感じられ始める。それがどのように違うかを述べるのは容易ではない。なぜならば、ヨハネ福音書を読んでいて得られる経験を名付けるような語彙を、我々のほとんどは持ち合わせていないからである。福音書に見いだされる言語にみられるいくつかの顕著な事柄に注意を払うことはできるだろう。もちろん、我々の観察は個人的かつ主観的であるかもしれないが、それで問題ない。読者が自分で説明する気になるよう促す意味で、ヨハネ福音書の言語に関する私の経験のいくつかを分かち合いたい。

第一に、言語は詩的な響きをもつ。テクストは、言語のもつ音で我々を刺激する（以下では、「詩的」という表題でくくれる、テクストの他の特徴を挙げることにする）。もちろん、テクストが詩的に響くためには、それを大きな声で読むか聞くかしなければならない。それによって言語は「印刷されたページを離れ」、我々の意識に入り込める。ヨハネ福音書の最初の18節（「プロローグ」と呼ばれる部分）における単語の韻律に耳を傾けることを勧めたい。

どのように単語が繰り返され、文同士や短い単元の間を結び合わせるかたちで用いられているかに注意しよう――それはまるで鎖でつながれているかに思える。英訳では、最初の五つ（正しくは1―4節か）の節は人称代名詞「彼が（he）」と「彼を／彼に（him）」で結合されており、この二語は、1節で導入された「言《ことば》」を受けている（代名詞である）。「初めに」という語の繰り返しが、1節と2節をつなぐ。1節は「初めに」おける言の存在を告げ、3節はこの神秘的な「初めに」言を通してなされる創造を述べる。そして言は「命」であると告げられ、それはさらに人間の「光」となる。この「光」は、「闇」との対照を際立たせているのだろう。

突如、「光」という語が、続く二つの節（6、7節）との別のつながりを生む。それの節は別の人物である（洗礼者）ヨハネを紹介するが、彼が「光である方」と間違われてはならない。光のテーマは続き、この語は光の「到来」というイメージとともに、次節においても繰り返される。いまや主導権は別の語に渡される。「世」という語が、言《ことば》は世および「自分の民」のところにやってきたが拒絶されたという告知とともに現れる。しかし拒絶とは反対のことが、言《ことば》を受け入れた人々に対して言《ことば》がもたらしたものとの関係で述べられている。
12b―13節のイメージに耳を傾け、現れている対置に注意しよう。

……自分を受け入れた人、
　その名を信じる人々には、
神の子となる資格を与えた。
　この人々は血によってではなく、肉の欲によってではなく、人の欲によってでもなく、
神によって生まれたのである。

これらの対置を以下のように図式化できるだろう。
拒否↕受容＝信仰↓
　そこから力が来る↓
　　神の子を生む力↓
　　　つまり彼らは神から生まれたのであって↕
　　　　人間の肉や意志でない↕神の意志である

これらの句が示すすべての対置を考えよう――これらの節の組み合わせを対照させてみる。

神を通してつくられた――神を通してつくられない（3節）

光――闇（5節）

光ではない――光の証人（8節）

真の光――彼を知らない（10節）

これらの節の言語は、繰り返しと対置を挑発的に用いて、単語をつないで一種の詩をつくりだしつつ、いくつもの宣言をひとつに結んでいる（後の章で、しばしばヨハネの二元論と呼ばれている、光と闇のような対立する二つの実体を結び合わせることの歴史的な状況について探求する）。

第二に、ヨハネ福音書の言語は内輪の言語である。第四福音書の章句には、しばしば説明のできない不明瞭さを感じる。特に、解読に鍵が必要な一種の秘密コードのように思うことが多い。そのような不明瞭さの例は大量にあるが、おそらく最良の例が一四―一七章の「告別説教」にいくつか見いだされる。たとえば一四章1―7節でイエスは弟子たちに、彼の「父の家」に弟子たちの「場所」を準備するために、自分は彼らから去ると告げる。トマスは自らのため、また読者のために、「イエスさま、どういうことでしょうか。どこへ行かれるのか、私たちには分かりません。どうして、その道を知ることができるでしょうか」と尋ねる。イエスの答えはあまり助けにならない。彼はただ、「わたしは道であり、真理であり、命である」と宣言するだけだ。ひとつの謎が別の謎におきかえられるだけなので、フィリポは自分たちにその「道」を示すようイエスに願う。

読者——特に現代の読者——は、どうすればイエスがいったい何を語っているのか理解できるというのだろうか。もちろん我々は、イエスはある事柄を特別の目的のために語っていると考えることに慣れてしまっている。しかし、もしイエスやヨハネについて聞いたことのない者の前にテクストを置いたとしたら、我々みなが経験していることが何であるか、よりはっきりとするだろう。イエスは、ある読者たちには理解できないようにされた、難解なある種の隠語で話しているのである。この言語的特徴は、〔三章におけるニコデモのような〕誤解という出来事を信じるに足るものとしてくれるのであり、時には今日の読者をも実際に力づけるものとなる。

イエスの言葉の曖昧さは、福音書記者がもともと念頭においていた最初の読者に関する歴史的な問いを引き起こしてきたが、それらの問いはまだ探求しないことにする。むしろ、そのような曖昧さが我々に与える影響について考えてみよう。まず、それは第四福音書を読もうとする努力を萎えさせるかもしれないし、実際少なからぬ人々が本福音書に落胆してきた。ヨハネ福音書におけるイエスの曖昧さは、テクストが全く的外れで価値のないものであるか、あるいは我々の通常の理解を超えたメッセージを有しているかのいずれかを示唆している。言い換えれば、イエスは生の秘密を包み込んだ一種の超越的な言語によって話していると、我々は考え始めてよいのである。ヨハネ福音書でのイエスを読んで理解しようとする格闘は、生の意味は簡単ではなく、分かりやすいものではなく、容易に受け入れられるものではないという〔福音書記者の〕感覚のゆえかもしれない。言い換えれば、この言語は我々に、これは「聞く耳」のある者たちのためのものであって、我々も内部者になりたいと考えさせようとする。くりかえすが、この言語がなぜこのような特徴を持っているかを説明しようとすることが要点ではない。むしろ、この言語の謎めいた性質を認めることで、さらなる学びへと我々は誘われるのだ。仏教が絶えず主張してきたことによれば、信者になろうとする者は、解決不能と思われる問題と格闘することによって自らの信仰への道を見いださねばならない。補足としてのみ触れておくが、現代のヨハネ研究者には、ヨハネの言語と、いわゆるグノーシス的福音書（たとえばトマス福音書）のいくつかに見られる言語とが類似していることに興味をそそられている人々がいる。

第三に、ヨハネ福音書の言語はどうしようもなく曖昧であることがわかる。当然ながら、詩の言語はしばしば意図的に曖昧にされている。「曖昧」は、一つの単語ないしいくつかの単語の組み合わせが多くの異なった意味を取りうるということである。私があなたに、本書を批判的（critically）に読むよう求めたら、当然ながらあなたは「批判的」という語によって私が何を意味しているかを尋ねるだろう。私はあなたに、本書を注意深く評価してほしいのだろうか。あなたは本書の間違いを見つけるべきなのだろうか。私が含意しているのは、本書が絶対に必要だということだろうか。本書が差し迫った重要性を持っているということだろうか、それともあなたの研究の方向を変えるものだということだろうか。これらすべては、「批判的」という語の辞書的定義である。学生たちは、教授が試験で課した質問が「曖昧だ」と言い、その質問は多種多様な意味に解釈できるものだ〔から正しく答えることができない〕と主張するかもしれない。

学者たちはしばしば、複数の意味をもつ語の用例を挙げており、本書でもそれらの多くを吟味するつもりである。たとえば、四章におけるイエスとサマリアの女の会話で、イエスは女に向かって「もしあなたが、神の賜物を知っており、また、『水を飲ませてください』と言ったのがだれであるか知っていたならば、あなたの方からその人に頼み、その人はあなたに生きた水を与えたことであろう」と言っている（10節）。「生きた水」と訳されているギリシャ語表現は曖昧である。一方では、それはたんに（山の泉のような）「新鮮な」、「流れる水」を意味しうる。そこで、女が「あなたはくむ物をお持ちでないし、井戸は深いのです。どこからその生きた水を手にお入れになるのですか」とイエスに尋ねるのは全く正しい。他方、「生ける水」は創造者とともに存在するという意味での「命」を与える水を意味するのであり、たとえば二〇章31節にみられる「命」という語の意味の一種である。「生きた水」という表現によって、イエスは救いの賜物について語っているのに対し、女は（理解できることだが）イエスが井戸の水について語っていると考えているのである（R・E・ブラウンはサマリアの女とのこの会話を「ヨハネ的誤解の完璧な例」と呼んでいる［*The Gospel according to John*, 1:170］）。「生きた水」は、第四福音書に数多く見られる曖昧な表現の一つである。

しかしある意味では、あらゆる言語は曖昧である。我々がコミュニケーションのために言葉の曖昧さを取り除こうと努力する一方で、言葉の意味は、異なった時、異なった人々に、異なった内容をもつ可能性がいつも残る。これが、ある言語学者や哲学者たちがときに「言語の不安定性」と呼ぶものを強調する理由の一つである。これはただ、言語はコミュニケーションにおいてどうしようもないほど異なった意味を伝達しうるということを意味するにすぎない。さらに、言語を解釈しようとするときには、さまざまな解釈を思いつく。言語が持つこのような弱点の例があるかといえば、創世記一章と二章における〔二つの〕創造物語が今日に至るまで幾世紀にもわたってどのように読まれてきたかを挙げることができる。言語の不安定性はさまざまに理解されうる。もし言語が我々の言うほど曖昧であれば、お互いにコミュニケーションを取ることをやめたほうがましだと結論する人々もいれば、我々の中には、結論は正反対だと答える者もいる。我々は、言語の断片に対するさまざまな異なった解釈を共有することで、そこに現れるニュアンスの豊かさに触れられるようにする必要がある。本書の結論は、ポストモダン思想がもたらす恩恵の一つである、この〔読みの〕豊かさを示すことになろう。

第四福音書と共観福音書との関係

共観福音書との比較を通してヨハネ福音書の特殊性を強調するため、まず両者の相違点を検討していく。その後、ヨハネ福音書と共観福音書の類似点を指摘したい。

《読者の準備》（一）マタ一―二章、マコ一1―11、ルカ一―二章を読み、ヨハ一1―18と比較する。（二）ルカ一一14―20とヨハ五10―24を読み、比較する。（三）共観福音書のたとえ話の一つ（たとえばルカ一〇29―37）とヨハネのメタファーを用いた話の一つ（たとえば一〇1―18）を読む。（四）マタ六章とヨハ八章を比較する。（五）マタ九18―26とヨハ一一章を比較する。

福音書の冒頭部

第四福音書の独特さは、各福音書の初めの数章を読むだけで明らかになる。マタイとルカはそれぞれ、イエスの誕生と系図を提示している。マルコはイエスの宣教へとただちに入っている。すなわち著者はイエスの誕生については説明せず、洗礼者ヨハネの教えから始めているのである。マタイやルカと同様に、第四福音書記者は洗礼者ヨハネの説教報告にまえがきを記しているが、なんと独特なまえがきだろうか。誕生物語はない。処女懐胎もない。系図もない。それどころか、読者は宇宙という舞台へと足を踏み入れる。それは「はじめに」から始まる。関心は言《ことば》とその活動に置かれている。言ははじめに神とともにある。言は創造に参加している。言は肉となる。洗礼者ヨハネは、この受肉した言とは別の存在だが、言を証言する者として紹介される。

ヨハネ福音書の宇宙的な状況設定は、読者を大いに驚かせる。マタイとルカの著者がそれぞれの福音書の主役〔イエス〕の由来について神の役割を強調しているとすれば、ヨハネはその主役の永続的地位を強調している。イエスは生まれたのではない――聖霊の介入による驚くべきやり方によるというのでさえない。彼は常に存在している。彼は永遠の言の肉体的な現れに過ぎない。それゆえに、第四福音書はまず初めにイエスの人格にとって考えうる最も高度な主張を行っている――彼が神的性質を持っているという主張である。

文体と言語の相違

第四福音書のプロローグ（一1―18）はまた、ヨハネ福音書と共観福音書の間の文体と言語の違いを示唆する。命、光、闇、真理、世、父、息子といった語を用いていることにお気づきだろうか。これらは第四福音書の著者が好む表現の一部である。他には、知ること、見ること、ユダヤ人がある。この福音書記者は「アーメン、アーメン」（たとえば「まことにまことに」と訳される）という表現によってイエスの発言を始めることを好む。さらに、イエスはしばしば「私は……である」という強調形で語る（これらの表現については第一章で検討する）。これらの語のほとんどは共観福音書にも見いだせるが、それらはヨハネ福音書においてイエスの言葉が担っているような特徴的な役割は持っていない。たとえばある研究者たちは、共観福音書と第四福音書においてイエスが父としての神に言及する回数を数えた――そんなことをする時間があった人たちだ。彼らの発見が教えるところは大きい。つまり「父」が神を指しているのは、最初の三つの福音書では六四回、第四福音書では一二〇回である。

さらに、共観福音書において重要な語のいくつかは、ヨハネ福音書では二次的な役割に追いやられている。「神の国」（マタイ福音書においては天の国）、悔い改め、使徒、律法学者、ファリサイ人、取税人、姦通、悪霊、相続するなどは、共観福音書ではしばしば用いられるが、第四福音書ではまれな語、あるいは全く用いられない語の例である。

我々はどう結論づけることができようか。簡単に言えば、ヨハネ福音書の著者は固有の語彙を持っていたのである。それは含蓄があって深遠であり、何にもまして独特である。

時間的・地理的な相違

第四福音書に関する第三の特徴として、時間的なもの（事柄の順序）と地理的なもの（地域やその特徴への言及）が挙げられるだろう。一見ささいなことのようだが、しかし非常に重要であると考えられるのは、過越祭に言及する回数である。共観福音書では一回だけ言及される。それはイエスの逮捕、裁判、十字架刑において頂点を迎える、イエスのエルサレムへの旅という機会である。しかし第四福音書では、過越祭は三回言及されている（二13、六4、一一55）。これらの時間に関する言及は、イエスがその宣教においてガリラヤよりもユダヤで時間を長く費やしたことを暗示する。これは共観福音書とはかなり対照的である。共観福音書では、イエスは時間の多くをガリラヤで費やし、ただ一回のみ、奴隷状態からのイスラエルの解放を祝う祭り、つまり過越祭のためにエルサレムに旅するのである。

ことによると単純な地理的相違よりもはるかに重要なのは、ヨハネ福音書におけるイエスの宣教の場所の変更が、共観福音書に見られる基本的パターンからかけ離れている点である。共観福音書での構成（おそらくマルコ福音書に由来し、マタイおよびルカ福音書も追随した）は、イエスの宣教を二つの部分、ガリラヤとユダヤに分ける。ヨハネ福音書の著者はこのようなパターンに全くこだわらず、イエスをこの二つの地域の間で自由に行き来させている。

ヨハネ福音書の時間軸を、書いてある通りにそのまま受け取るならば、イエスの宣教は三年にわたるもので、一回の過越祭への言及についてそれぞれ一年が対応すると解釈できよう。とすれば、共観福音書の時間軸は、イエスの宣教が一年のみであることを示唆することになる。第四福音書の時間軸には神学的な重要性があるらしい。一方で、第四福音書の著者は、イエスの宣教との関係で過越祭を強調したかったのであり、その理由は、イエスの宣教がヨハネ共同体にとって新しい出エジプト、新しい過越を祝う機会を表すものだったということにあるのかもしれない。他方では、イエスの宣教が一年を超えていたという可能性の方がより高いようにも思われる。しかしこのような示唆については、さらなる研究を待たねばならない。

時間軸に関するもう一つの違いは、注意深い読者には明白である。共観福音書によれば、イエスの逮捕・裁判、そして最終的な十字架刑に先立つ弟子たちとの最後の食事は、他のユダヤ人たちが過越の食事を祝っているまさにその時である。しかしながら第四福音書では、最後の食事は実のところ二四時間早く行われており、イエスの十字架刑と埋葬は〔過越の〕食事の前に完了している。共観福音書およびヨハネ福音書に見られるイエスの生涯におけるこれらの出来事と過越祭との関係を図序・1に示す。

十字架刑と過越祭

共観福音書と第四福音書の間にある明らかに重要な差異をあまりにも簡単に片付けてしまわないよう、この〔二種類の福音書の〕比較点についていくつか触れておこう。まず共観福音書の説明では、弟子たちとの最後の晩餐は過越の祝いであった。そこでは、最後の晩餐というサクラメントの制度はユダヤ教の過越の遵守という文脈において理解することができる。第四福音書は、その〔最後の晩餐の〕出来事をその週の一日前に設定することによって、この最後の晩餐と過越祭の間の重

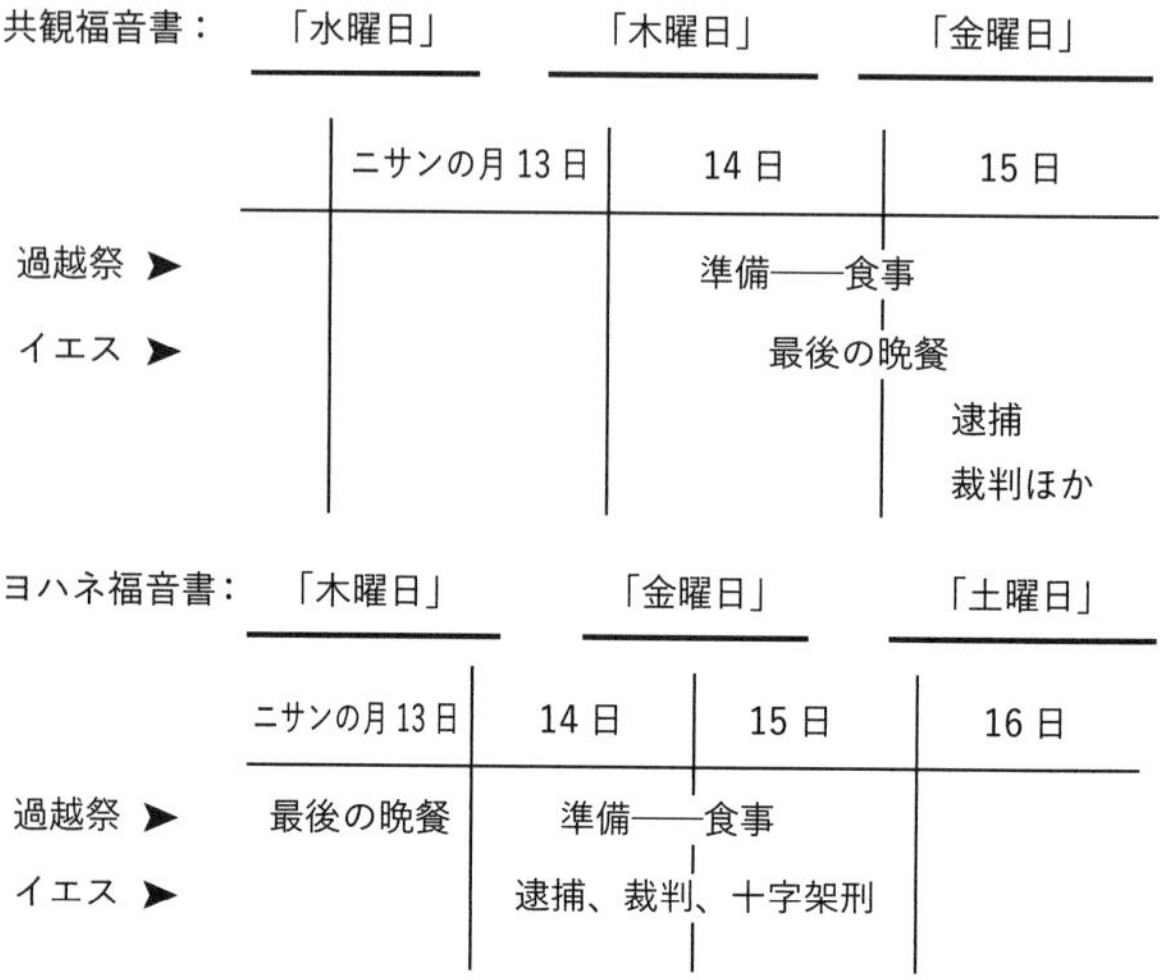

図序・1

要な関係性を失った。そのため第四福音書においては最後の晩餐の公式な制定〔場面〕は存在せず（本書第四章を参照）、さらに最後の食事の出来事も過越の食事そのものとは関係づけられていない。

　第二に、十字架刑と過越祭との関係について、ヨハネ福音書が他の福音書から大きく異なっている結果に注意してほしい。第四福音書によれば、過越の食事の準備が整ったまさにその時にイエスは十字架につけられる。当然のことながら、この〔食事の準備という〕行為は、続けて行われる食事のための過越の小羊を屠ること、およびその調理を含んでいた。過越の小羊が屠られるのとまさに同じ時に、イエスが殺されるのである！　これは偶然の一致だろうか。あるいは、この並行はイエスの死の性質についての熟慮されたほのめかしとして理解されるべきだろうか。この並行を、洗礼者ヨハネのイエスについての証言「見よ、世の罪を取り除く神の小羊だ」（一29）と関連づけるべきだろうか。

実のところ、最後の食事の日付に関するこのささやかな相違（ここで考察することはできない）が、一連の問い全体を呼び起こす。イエスが弟子たちと分け合った最後の食事は、過越の遵守であったのか。第四福音書記者は、当時の大多数のユダヤ人が用いていた暦とは異なるユダヤ暦を使用していて、それゆえに同じ出来事に共観福音書とは異なる日付を与えたのだろうか。この相違は、著者の側での意図的な歴史考察なのか、偶然の筆の滑りなのか、あるいは神学的意味を目的とした意識的な変更なのか。この十字架刑の日付に、我々は何か象徴的な意味を読みとるべきなのだろうか。もしかすると、第四福音書記者は、イエスの十字架刑と過越の小羊の屠りとの並行関係に神学的な意味を見いだすよう我々に促しているのだろうか。共観福音書と第四福音書の、いずれかの説明が歴史的に正確であるとすれば、それはどちらだろうか。

第四福音書で、宮清めが（共観福音書と）異なった場所にあることはすでに述べた。興味深いことに、共観福音書ではこの事件がイエスの最後の公的な振る舞いである。これは彼の敵対者たちにとっては「最後の藁一本」である。敵対者たちは、イエスがこの恥ずべき行いをした後すぐに、自分たちの間からこの厄介者を取り除く方法を探し求め始めるように描かれている（マコ一一18）。つまり共観福音書での宮清めは、イエスの生涯の最後の日々という筋書きにおける転換点となる事件である。しかし、ヨハネ福音書の著者はこれをイエスの最初の公的な活動とする（公的な出来事としてのカナの婚礼を除く）。ヨハネの説明において、イエスの生涯（の終わり）についての筋書きへと導く転換点となる公的活動は、ラザロの復活である。皮肉にも、死者を命へと回復させるこの恵み深い行為が、イエスの反対者たちに、彼を破滅させる方法を探すよう促す（一一47―54）。ここでは、第四福音書において宮清めが象徴的な役割を与えられているということを再び指摘する以外に、この違いの理由を探求することはできない。宮清めがイエスの宣教のまさに始めにおかれていることからして、彼の宣教には全体としてユダヤ教を清める意図があったということを示唆しているようである。

イエス像

次に、イエス像の違いについて考えてみよう。まず、共観福音書の枠組みにおける一連の重要な出来事について、第四福音書が何も語っていないことに注意しなければならない。第四福音書から失われているものは以下の通りである。（一）洗礼者ヨハネによるイエスの洗礼（洗礼者ヨハネは、キリストの証言者以上でも以下でもない）、（二）荒野での誘惑（ヨハネ福音書では、イエスは誘惑を全く受けず、そのような困難にはまるで縁がないようである）、（三）イエスがペトロから「あなたは、メシアです」という宣言を引き出したフィリポ・カイサリアでの信仰告白（マコ八29。ヨハ六66―71も参照）、（四）〔山上の〕変容、（五）ゲツセマネの園における苦悶（しかし一二27を参照）、（六）最後の晩餐の制定、（七）十字架上での、〔神に〕捨てられたことへの叫び（「わが神、わが神、なぜわたしをお見捨てになったのですか」［マコ一五34―35とマタ二七46］はこれら二つの福音書に記録された、十字架上のイエスの唯一の言葉）。

他方、共観福音書には何も語らないけれども、第四福音書には見いだされるいくつかの例に注意してほしい。それらは(一)カナの婚礼、(二)ニコデモとの対話、(三)サマリアの女との出会い、(四)ラザロの甦り、(五)弟子の洗足、である。

これらの偏りには関連がある。共観福音書ではイエスの宣教は洗礼者ヨハネが逮捕されるまで始まらない(マコ一14、マタ四12、ルカ三19—20)。しかし第四福音書では、イエスの宣教は洗礼者ヨハネの宣教と同時に行われている(ヨハ一35)。特にルカ福音書とは著しく対照的で、第四福音書ではイエスは祈る必要がない(一一41—42)。共観福音書からは、ラビとしてのイエス像が得られる。彼は当時の教師たちと、安息日の遵守(マコ二23—28)、断食(マコ二18—22)、離婚(マタ一九3—9)といった問題について議論する。そこから得られる印象は、ヘブライ語聖書(旧約聖書)の教師であり解釈者としての姿である——確かにそれは過激なものではあるが。しかし第四福音書においては、イエスのラビ的な性格はほとんど目立たない(しかし完全に失われてはいない)。たしかにイエスはユダヤ教指導者たちと論争しているが、その議論はほぼ常にイエスのアイデンティティという問題についてである。議論に律法解釈が含まれるのは、「イエスとは何者か」という問いに適切な理解を与えるときのみである(たとえばヨハ五21—29を参照)。さらに、共観福音書(特にマルコ福音書)は「メシアの秘密」と呼ばれてきた大変おもしろい特徴を含んでいる(たとえばマコ一34、三11—12)。その大部分は、イエスに癒してもらった者に対する、沈黙を守り、彼の驚くべき行いについて誰にも語らないようにというイエスの忠告と関係している(たとえばマコ一43—44)。このようなことはすべて第四福音書では失われており、唯一これと比較できそうなものは、イエスが周りの人たちから常に誤解されるという記述である（たとえば八27）。

これらの違いは、ヨハネのイエスは明らかに神的で天的な存在であるという印象を残す。第四福音書のイエスは誰が見ても明らかに人間を超えた存在である。彼は自分が誰であるかを知っており、常にそれについて語る。共観福音書がほのめかしているのはイエスが自分は何者であるかを示すのをいくらか躊躇していることだとすれば、第四福音書はそのような躊躇をぬぐい去っている。さらに、第四福音書ではイエスの尋常ならざる力が強調されている。我々はそれを、イエスに帰された驚くべき行いにおいて見いだすが、その主題については後述する。目下のところ、ヨハネが描くイエスの肖像は徹頭徹尾、驚異的な者であるという観察で十分である。この男は祈る必要がない（一一41を参照）。他の者たちが話す前にその考えを知る（一47、二25）。敵対的な群衆の中でも、捕まることなく歩くが、それは「イエスの時はまだ来ていなかった」（七30、八20）からである。共観福音書におけるイエス像は超人間的側面を欠いていると言いたいのではない。それは事実ではないからである。またヨハネ福音書のイエスが、純粋な霊であって人間的側面を持たないと言いたいわけでもない、それも事実ではないからだ（たとえば一一35、一九28、二一9—13）。それにもかかわらずヨハネのイエスは言わば、共観福音書における描写を越えた、超人間的存在である。

共観福音書および第四福音書におけるイエスの説話は、このガリラヤ人の肖像について対照的な特徴をもう一つ示している。イエスの説話を読んで拾い集めた類いの証拠を一般化してみたい。共観福音書におけるイエスの言葉には二つの種類があるように思われる。すなわち簡潔な言葉と譬《たとえ》である。共観福音書の中の拡大された説話（たとえばマタ五—七章の山上の説教）は、短く簡潔な言葉の集成であると思われる。譬はしばしば拡大され、時には短くなる。あるものは物語形式の譬であり（たとえばルカ一五3—32）、別のものは単純な比較である（たとえばマタ五13）。

ヨハネ福音書では、イエスの言葉はかなり異なっている。第一に、物語形式の譬は、少なくとも共観福音書に用いられている形のものは、完全に失われている。比較〔による譬〕はなされるが、それらはしばしば精巧なイメージを帯びており、共観福音書の対応する譬が持っている簡明さを失っている（しかし、共観福音書に類似した比喩である一二24を参照）。さらに、主題が移行している。第四福音書においてメタファーを用いた説話の主題は常に同じ——すなわちイエスのアイデンティティである（八12、一〇1—18、一五1—10）。対照的に、共観福音書における譬の主題は、一貫して神の国である（たとえばマタ二五1）。共観福音書にみられる、短く簡潔なイエスの言葉も失われている。そのかわり、イエスの説話は長く拡大された——退屈してしまうかもしれないほど長い——講話である。イエスはどんどん前に進むように描かれる（大学や神学校の教授のように、と付け加えてもよいだろう）。良好なコミュニケーションという視点からみれば、彼は繰り返しや曖昧さに陥る傾向がある。さらに、これらの講話の論理は全く明快ではない。もしそれらが少しでも論理的であると言いたいなら、その論理は直線的発展というよりもらせん的である。譬における比喩と同じく、イエスの講話の主題は限られている。それは彼のアイデンティティ、彼の出自、彼と父との関係である。

最後に、共観福音書においてはこれらの簡潔な言葉の多くが（通常イエスの敵対者との）短い対決や議論の結論に見出される。例として、有名な安息日についての言葉がある（マコ二23—28）。学者たちは時に、これらを「宣言文（pronouncement sayings）」と呼ぶ。ヨハネ福音書の講話の多くには、たとえイエスの対話相手が不満をつぶやいたり、もっぱら物珍しそうにイエスを誤解したりするだけであったとしても、対話的な性格が見いだせる。それは、イエスが再びその主題を取り上げ、さらに先へと進むきっかけにすぎない。これについて注目すべき例外は、四章におけるイエスとサマリアの女との議論である。この会話は、三章におけるイエスとニコデモの会話と明らかに対照されている。

第四福音書におけるイエスの講話は、キリスト像に関する異なった理解や、彼の教えに関する異なった見解を示唆している。彼は究極的には啓示者であり、その言葉は人間の救済のために不可欠な知識となる。彼は人間的な教師たちからは距離をとっているが、それは自らの告知と自分の人格とが切り離せないものだからである。つまり、ヨハネ福音書のイエスの言葉に含まれている啓示は、告知する者のアイデンティティと関わる。

我々はついに、イエスの驚くべき働きを表現する際の、共観福音書と第四福音書との間にある違いを確かめることにまで辿り着いた。確かめるべき点は四つある。第一に、共観福音書においてイエスに帰せられている驚くべき行いに共通する形式は、悪霊祓い――つまり悪霊を追い出し、人に憑いている悪霊に打ち勝つことである。悪霊祓いは、とりわけマルコ福音書においてイエスの驚くべき行いの中心を占める（一23―28、五1―10、七25―30、九19―27を参照）。実に奇妙なことに、ヨハネ福音書では悪霊祓いが欠けているという点が目を惹く。イエスは悪霊に憑かれていると言われるが（八48）、彼は決して悪霊を追い出すことがない。

第二に、概してイエスの行いが驚くべき性質を持っている点を第四福音書は強調している、と言うのは正当である。ヨハネのイエスによって行われた癒しは、共観福音書によって主張される例よりもさらに目をひく。癒された者の病気は、より長期にわたる。しばしば生まれた時から病気であると、患者から教えられる（たとえば九1）。自然に対して行われた驚くべき行いは、より極端な感じを受ける。つまり、自然に対してのイエスの不思議な働きは、人間に対してのものよりも、もっと驚くべきものとなる。その例は、水からぶどう酒への変化（ヨハ二1—10）や、尋常ならざる漁獲（ヨハ二一1—11）である。

共観福音書から最も明らかに異なっているのは、死者のよみがえりについての比較である。読者は、マタイ福音書九章の指導者の娘のよみがえりの説明と、ヨハネ福音書一一章のラザロの復活のそれとを比較するよう求められていた。マタイの説明からは、娘の状態はよく分からない。娘は死んでいる、と父が宣告した（18節）にもかかわらず、イエスは「少女は死んだのではない。眠っているのだ」（マタ九24）と主張する。ラザロの場合は疑問の余地がない——彼は死んだのだ。彼は墓に四日間入っている（ヨハ一一39）。この事実は元来の読者に、ラザロの霊（彼の命の息）はすでに去ってしまったということを示唆したであろう（当時のユダヤ教思想には、死者の命の霊は完全に去ってしまう前に、墓の周りを三日間漂うという考えがあったらしい。Brown, *Gospel according to John,* 1:429を参照）。嘆く者たちは墓から石を取り除くことを嫌がったが、それはすでに肉体が腐敗し始めていて、とても嫌な臭いがしているはずだからである。この物語は、ラザロが本当に死んでいたことをはっきりさせている。このように、これは共観福音書の物語に見られるような、ただの蘇生ではない。本当に死んだ者の復活である。

第三に見るべき点は、イエスの行いがもつ驚くべき性質を拡大して強調しないよう抑制していることである。重要なことに、第四福音書でイエスに帰されている驚くべき行いの数は、共観福音書よりも少ない。イエスの奇跡はマルコ福音書の重要な要素である。対照的に、第四福音書は八つの行いしか記録していない。

一　カナの婚礼（二1―11）
二　役人の息子の癒し（四46―54）
三　ベトザタの池での癒し（五2―9）
四　大勢への食事提供（六1―15）
五　水上歩行と驚くべき上陸（六16―21）
六　生まれつき目の見えない男の癒し（九1―7）
七　ラザロのよみがえり（一一章）
八　奇跡的な漁獲（二一1―11）

二一章が福音書への後の付加であるなら（ある人々はそう信じている）、福音書はもともと七つの奇跡行為だけを含んでいたと言えよう。数は少ないけれども、それらはなんと力強いことか！

共観福音書によく見られる悪霊祓いは、ヨハネ福音書では完全に失われている。ヨハネにおける奇跡行為は、数は少ないものの、その驚くべき性質によって強められている。つまるところ、第四福音書におけるイエスの奇跡行為は、最初の三つの福音書におけるそれとは明らかに異なった機能を持っている。ルカ福音書を読むと、悪霊祓いは重要である。それが神の支配の到来を知らせるからである(一一14—20)。共観福音書のイエスによってなされる奇跡は、神の国の始まりについてのイエスの宣言という文脈に置かれているため(マコ一14—15)、この世界におけるその新たに告知された神の支配の現実を指し示す。これらの行いは、イエスを超えて、彼の宣教によって開かれた神の国が今ここにあることを指しているといえるかもしれない。

ヨハネのイエスによって行われた奇跡はそうではない。それらは神の支配ではなく——第四福音書には神の国についての話はほとんど存在しない——、行為者その人のアイデンティティを指し示す。事実、それらは多くの箇所で「しるし」と呼ばれ(二11、四54、二〇30—31を参照)、イエスの真のアイデンティティを示すものと理解されている。それらを行う者〔イエス〕の主張に対し、信仰という応答を呼び起こすように意図されていると思われる。こうして奇跡は、イエスの言葉と同様、啓示の性格を与えられている。すなわち、啓示者としてのイエスのアイデンティティに関する真理を明らかにするのである。第四福音書におけるイエスのしるしと働きがもつ機能と関わる、さらに複雑な問題もあるが、それらは後で見ることにしよう。今のところは、イエスの驚くべき行いが共観福音書と第四福音書とでは異なって扱われている、という点にのみ注目すればよい。

第四福音書と共観福音書の相違点については、これでもう十分である。ここまでは物語の半分となる(より大きな「半分」であると、私は信じている)。残りの半分は、一匹狼福音書〔ヨハネ福音書を指す」と他の三人の仲間との間に驚くべき類似性が存在することである。ここではほんのわずかな類似性を提示するが、共観福音書と我々の福音書との関係を見定めるという課題をより明確にするには十分であろう。

第四福音書と共観福音書の間で最も明らかな類似点は、受難物語についての説明である。共観福音書に従って、第四福音書は基本的に同一の物語を記録している。それはイエスの弟子たちからの分離、逮捕、宗教集団と政治的支配者の前での裁判、処刑、埋葬および最終的な復活である。もちろん、それぞれの福音書にはその説明のあちこちに独自性がある（たとえば、ルカ福音書ではイエスが大祭司の家に連行されたが、大祭司の前での聴取については説明がない――二二54を参照）。ヨハネでは、イエスはアンナスのもとに連行されるが、尋問するのはカイアファである、もっとも、その対話内容への言及はない（一八13―24を参照）。しかしヨハネでは、19節と24節とを比較すると分かるように、一八章19―24節の「大祭司」はカイアファなのかアンナスなのか不明瞭である。これは第四福音書の受難物語が、共観福音書の説明と基本的な構成を共有しつつも、それと相違している点をひとつ示しただけである。

第二に、時間的なずれがあるとはいえ、なおヨハネ福音書はマルコ福音書と同じような仕方で受難物語を語っている。（多くの者が信じているように）マルコの順序にマタイとルカが従ったとすると、少なくともいくつかの点で、第四福音書もマルコの順序を真似ているらしい。その基本的なパターンは以下の内容を含んでいる。

一　洗礼者ヨハネの説教（マコ一4―8とヨハ一19―36）
二　ガリラヤへの移動（マコ一14―15とヨハ四3）
三　群衆への食事提供（マコ六34―44とヨハ六1―13）
四　水上歩行（マコ六45―52とヨハ六16―21）
五　ペトロの信仰告白（マコ八27―29とヨハ六68―69）
六　エルサレムへの出発（マコ九30―32、一〇1、32、46とヨハ七10―14）
七　エルサレム入城と油注ぎ（マコ一一10、一四3―9とヨハ一二1―8、12―15）。しかしヨハネは出来事の順序を逆にしている。
八　最後の晩餐（マコ一四17―26とヨハ一三1―一七26）
九　受難物語（マコ一四43―一六8とヨハ一八1―二〇29）

（この並行内容リストは、C. K. Barret, *The Gospel according to St. John* が提供しているものの要約である。）すでに指摘したような相違点があるとしても、〔マルコとヨハネの〕並行は明らかである。

これ以上に類似点を〔探すことを〕読者に強いたりはしないが、それでもなおはっきり分かるものはある。たとえば、マタイ福音書八章5―13節における百人隊長の息子の癒しと、マルコ福音書七章24―30節のシリア・フェニキアの女の癒し、およびヨハネ福音書四章46―54節の役人の息子の癒しを比較してみよう。これらにおける登場人物は異なるものの、驚くべき類似点がいくつかある。また共観福音書とヨハネ福音書とで、洗礼者ヨハネについてよく似た人物描写がなされる。すなわちすべての福音書が彼をほぼ同じように提示し、またすべての福音書が彼をメシアの出現を告げる者としている。

最後に、ヨハネ福音書と共観福音書とで、イエスの言葉における並行は存在しないだろうと思う人がいるかもしれないが、そのような例はある。以下を比較してみよう。

ヨハネ福音書

「自分の命を愛する者は、それを失うが、この世で自分の命を憎む人は、それを保って永遠の命に至る」。（一二25）

「はっきり言っておく。わたしの遣わす者を受け入れる人は、わたしを受け入れ、わたしを受け入れる人は、私をお遣わしになった方を受け入れるのである」。（一三20）

〔手足の不自由な者に、イエスが言う〕「起き上がりなさい。床を担いで歩きなさい」。（五8）

共観福音書

「自分の命を得ようとする者は、それを失い、わたしのために命を失う者は、かえってそれを得るのである」。（マタ一〇39）

「あなたがたを受け入れる人は、わたしを受け入れ、わたしを受け入れる人は、わたしを遣わされた方を受け入れるのである」。（マタ一〇40）

〔手足の不自由な者に、イエスが言う〕「わたしはあなたに言う。起き上がり、床を担いで家に帰

りなさい」。（マコ二11）

またイエスによって用いられたメタファーにも、麦の粒（ヨハ一二24）や塩（マタ五13）や種まき（マコ四3）といった類似のものがいくつかある。さらに共観福音書にあるそれと類似したパターンの対話もある。たとえばヨハネ福音書七章3節とルカ福音書一三章31節では、イエスとの対話は彼に近づく人物のほうから開始される（さらなる類似点については、C. H. Dodd, *Historical Tradition in the Fourth Gospel* を参照）。

これらの類似は、第四福音書と共観福音書の間に驚くべき並行があることを確信させるのに十分であろう。並行は、ときには共観福音書の一つだけに対して、ときには共観福音書に共通するパターンに対して存在する。それゆえ、先に強調した共観福音書とヨハネ福音書の間の相違は、これらの類似点によって緩和されねばならない、と結論すべきである。しかし、まさにそれが問題となる！　もし我々が他の〔福音書〕を持っていなければ、第四福音書を解説するのはもっと簡単だったろう――他のものが、イエスの宣教について全く異なった説明をしていても、あるいは〔第四福音書と〕完全に調和のとれた説明をしていても。相違点と類似点の両方が存在するがゆえに、我々ははるかに大きな問題を抱えている。

どうすれば、これらの類似点と相違点を同時に説明できるだろうか。一匹狼福音書と他の正典の仲間たちとの関係について、三つの説明方法を提案する。第一の説明として、第四福音書記者は少なくとも一つの、おそらくすべての共観福音書を知っており、その一つないしいくつかにある程度依拠している、という議論がなされてきた。この説によれば、著者は「補完的な」福音書を書こうとしていた。本福音書は、共観福音書に見られるようなイエスについての説明をいくらか知っている読者に対し、その説明についていわば黙想〔聖書をもとにその解釈・意味を考えること〕を提供したのである、と考えられた。この提案によれば福音書記者は、共観福音書では隠れている新しい側面を強調しようとする「神学的」ないし「霊的」な文書を書こうと試みていた。この見解は長年にわたって影響を与え、いくつかの学派においてはいまだ支持されている。

この最初のものと正反対の提案は、第四福音書記者は共観福音書を全く知らなかった、というものである。著者は最初の三つの福音書記者の証言の助けを得ることなく、ある程度個人的な知識と記憶によって書いた、と考えられている。この二つ目の案によって、相違点は明らかに説明できるが、類似点についてはやや解決が難しくなる。我々の第二の案は、共観福音書と並行するいくつかの箇所で、第四福音書記者は共観福音書の証言とたまたま一致するような思い出を報告している、と提案しようとする。

第三の見解は、第四福音書記者は共観福音書伝承と結びついた伝承に触れていたと提案する。この説は非常に複雑で、純粋に理論的なものではあるが、注目に値する。イエスの言葉と行動についての変化に富む口頭伝承は、いくつかの異なった形を持っていた〔共観福音書の間における相違そのものがそれを示唆するように〕。その伝承のうちのあるものが、我々の福音書記者に届いた。著者〔ヨハネ〕に届く時までに、その伝承は共観福音書に取り入れられたかたちからはかなり違うものとなっていたが、しかしそれらは共観福音書の諸資料と同じ口頭伝承の溜まり場の中で生み出された、という証拠をいまだ示している。図式的には、この見解は図序・2に示したように簡略化できるだろう。

十字架刑ののちに生じた口頭伝承は、常に拡大し成長していく一連の言葉や物語である。この発展は、歴史のイエスの宣教に自らを関連づけて理解しようとする、教会の努力に基づく。それはまた、イエスが教会の中に今も生きて活動しており、キリスト教の預言者や教師たちを通して語っているという信仰の結果でもある。こうして「イエス資料」の蓄積は、彼の宣教を目撃した者の単純な記憶によって固定化されたのではなく、変化に富み、成長していった。どういうわけか、その〔イエス資料という〕伝承が主に二つに分かれて発達したようである。一つは今日、共観福音書のおかげで我々に知られているものであり、もう一つは第四福音書に少なくとも部分的に取り入れられているものである（我々はさらに、パウロの手紙が示す第三の伝承や、外典福音書のいくつかに証言された第四の伝承について語ることもできるだろう）。もしかしたら、地理的な問題が共観福音書の伝承とヨハネ福音書のそれとの分離の原因となったかもしれない。その相違はことによると、第四福音書が生まれてきた共同体に特有の関心や性格に起因するものであったかもしれない。伝承の二つの流れは、お互い完全に独立していたわけではない。共通の源をもつ以外に、それらの間に交わりがあった可能性もある（図序・2において伝承の二つの直線の間の交差している矢印によって示唆されている）。結果として、二つの伝承はお互いにかなり異なっていたが、それでもいくらかの並行と類似があった。

伝承は、おそらくさまざまなかたちで我々の福音書記者に達した。おもな関心をイエスの驚くべ

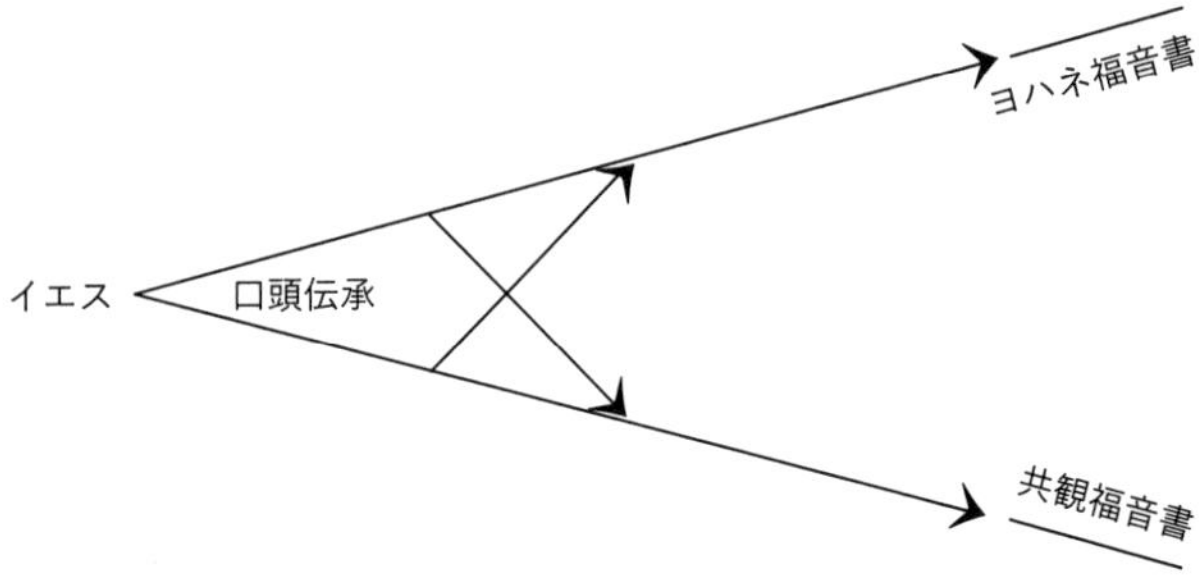

図序・2

き行いや彼の七つのしるしの物語においていた文書〔しるし資料〕のような、福音書記者が本福音書に取り入れた文書資料がいくつかあったかもしれない。さらに（受難物語のような）他の文書がいくつか、第四福音書記者が属していた共同体に伝えられたかもしれない。しかしもちろん口頭伝承は、我々の福音書記者が活動していた時にはまだ非常に豊かで変化に富んでいた。これは、キリスト教共同体の生活の中で著者が聞いたことの多くはいまだ書き記されておらず、次世代の信者への恵みとして口頭で伝えられていたことを意味する。

この豊かな伝承の恵みを用いて、我々の福音書記者は福音書を書こうとした（利便性のため引き続き福音書記者を「ヨハネ」と呼び続けるが、著者が男性だったと仮定しているわけではない。付録B「ヨハネ福音書の女性たち」を参照）。この人物は、自分が知っていた伝承資料に忠実であること、および自分が文書の宛先である共同体の関係者であることの両方を、同時に実現したかった。第四福音書記者は、焦眉の問題に答えるために自らの宗教の遺産を忠実に説明しようとする、今日の善良なキリスト教神学者（ないし説教者）たちと異なってはいなかった。

第四福音書の文学的構成

《読者の準備》　福音書全体をざっと読み、主要な部分を見つけ、それらが互いにどのように関連しているかに注意する。以下の問いを考えること。（一）物語は何をひとつにまとめているのか。（二）これを魅力的で読みやすい物語にするために、著者は何を行っているか。

いくつかの歴史的な問題に対する蓋然性の高い答えを求めて第四福音書の背景をさらに調査する前に、本文そのものをもっと十分に検討する必要がある。ある人物の背景についてさらに多くを学ぶには、まずいま目の前にいるその人物と知り合いになる必要がある。ある人物の歴史は、それが何を生み出したかを知らなければ、意味をなさない。古代のいかなる文書についても同じことがいえる。そのため、ヨハネ福音書の背景を追究する基盤として、現在の構成について簡潔に検討してみよう。ここでの我々のおもな関心は、イエスについての福音書の物語の流れであり、どのようにそれが一つに結び合わされているか、どのようにして著者が読者を話の順序に従って導いているかである。どのように我々、つまり読者が物語を経験するか――物語がどのように我々を引き込み、我々の感情に影響を与えるかということに注目しよう。

本福音書を注意深く読むと、まず一種のまえがきから始まっていることに気づく。福音書の最初の一八節は、次に続く物語に向けたある種の方向付けに思える。本のまえがきはしばしば読者に、読書を進めるときに何を知るべきか、何を意識すべきか、何についてよく考えるべきかについて、注意を促す。ヨハネ福音書一章1―18節はまさにそれであり、福音書についての情報を多く含んだ、方向付けとなるまえがきである。しかし、それはまえがき以上のものである。ギリシャ悲劇で、俳優たちが立ち位置を決めて演じ始めようとする前に、合唱隊が舞台に現れるのと同じ雰囲気を与える。言い換えれば、このまえがきは我々に、これから目の前で始まるドラマについてのヒントを与えている。

このまえがきは、主人公はじつのところ誰なのか、彼はどこから来たのか、ということを我々に教える。これを知った上で、物語中の多くの登場人物たちが見つけようとしている秘密に入っていこう。彼は神の言《ことば》そのものであり、その出自はまさに初めから神と共にいることだ。しかしそれ以上である！　彼自身が神である（一1、18）。しかしまだそれ以上のことがある！　このまえがきにおいてあらかじめ注意を促されているのは、物語中の神的な中心人物が、世界の存在に責任ある者でありながら、まさに自分のものであるはずの人々によって拒絶されるということである。それでも、彼を受け入れて拒絶しなかった人々には、神の言《ことば》である彼が大きな恵みを授ける。それは神の子となる力である（一12）。

イエスのアイデンティティ、彼が拒否される可能性、彼を受け入れることによる恵み――これらは我々が物語にそって旅を始める前に託された、重要な情報の断片のいくつかである。これらの断片が、物語中に自らの無知によってつまずいている登場人物がいるときでも、何が起こっているかを我々が把握できるように導いてくれる。著者は特別の贈り物を我々に与え、我々を〔物語の〕いわば内部におく。そこで我々は、物語をより深く、十分に理解しながら知ることができる。そして一章18節でプロローグは唐突に終わり、我々は物語そのものへと投げ込まれる。続く一の章を通じて、我々は奇妙で魅力的なドラマに参加する。神の言《ことば》と同定された者が驚くべきことをいくつか行っても、我々は驚かない。彼は何が人々の中にあるかを知っているようであり（一47、四17—9）、普通の水を最上級のぶどう酒に変え（二1—11）、絶望的に病んだ者を癒し（五2—9、九1—7）、僅かなパンと魚を群衆のための食事に変え（六1—14）、死んだ友人をその墓からよみがえらせることすら行う（一一1—44）。

また、この英雄が奇妙な言葉を発しても、我々は驚かない。彼は自分が別の国で生まれた者のように、まるで別の惑星から来たエイリアンのように語る。彼の言葉は謎めいており、挑発的である。「人は、新たに生まれなければ、神の国を見ることはできない」（三3）、「わたしが与える水はその人の内で泉となり、永遠の命に至る水がわき出る」（四14）、「わたしが命のパンである」（六35）、「わたしは世の光である」（八12）、「わたしは復活であり、命である」（一一25）。この人物には神秘的な雰囲気がある——非常に独特な何かが！

だから、彼が引き起こす論争も想定外ではない。我々は彼が神的な人であることを知っており、物語の中で神的人物がもたらす尋常でない出来事を期待する。我々は、なぜ彼に対する人々の反応が複雑なものであるかを理解できるし、すぐに宗教的権威者たちと問題を引き起こすことになるだろう、と考える。彼は神殿を荒らし、このような驚くべき建築物を三日で建てることができると主張する！（二19）彼は安息日への敬意を示さず、「父」が安息日に働くから自分も働くことができる、と主張する（五17）。六章で語られる、彼の肉を食べ血を飲むという奇妙な言葉から実際に反対者が騒ぎ出し（六60）、この時点以後、彼についての意見は極端に分かれている（七12）。さらに悪いことに、彼を死に追いやるという話が広まっているのである！（七1）一一章の終わりに達したときには、そのうわさは本格的な筋書きとなっている（一一45—54）。

我々読者はこのことに驚く。もちろん、この風変わりな男がなんらかの論争を引き起こすであろう、ということは理解できる。さらには、まえがきにあったように、この物語での英雄が拒絶されるであろうということも思い出す。我々は彼のアイデンティティについての秘密を知っているとはいうものの、〔イエスの〕自らについての主張のいくつかには我々もとまどった。それでも、英雄を殺すことはとんでもない間違いであろう。避けがたい結末に向かって進んでいく悲劇という印象を受けるのだ。

一二章が始まるとともに、悲劇は頂点を迎えつつあるように思われる。イエスはマリアの手による自分への油注ぎを、自分の埋葬の準備であると解釈する（一二7）。そして我々は、「時が来た」という言葉を聞く（一二23）。以前イエスが、「時」が来つつあると語っていたことが思い出されるが（四21、23、五25、28）、その時はまだ来てはいなかった（二4、七30、八20）。今こそその時である！　敵対者たちは、なすべきことをなすだろう。我々の英雄は何をしようとするだろうか。一二章32節で彼は再び、「挙げられる」ということを語るが、それは三章14節と八章28節にもあった。しかしそれが何を意味するのか、我々にはまだぼんやりとすら分からない。ことによると今、我々は学ぶのであろう。良い物語にはしばしば解決点がある——〔物語の〕筋が、避けがたい結末へと動き始める転換点が。一二章はこの物語における決定的な山場であるように思える。しかし、一三章において突然、物語は回り道を始める。イエスは物語のほとんどの部分で公の場所に姿を見せていたが、今や弟子たちとともに私的なところへ後退する（敵たちから隠れているのだろうか）。ここで我々は、反対者たちがイエスを殺そうとする筋書きを実行しようとするのかどうか、もし彼らがそれを試みようとするならばイエスはどのように答えるだろうか、ということを知りたくてたまらずにいる。この恐るべき緊張はただちに解決せず、物語はイエスとその仲間たちとの私的な会話に五つの章すべてを費やしている。

それゆえ我々は、どのような結末を迎えるのか知りたくなって、最後のページまで飛ばそうという誘惑に駆られる。しかし、そうしてはならない。というのは、割り込んでいる章が重要であると判明するからである。一連の会話において、謎を秘めたこの英雄が我々を失望させることはない。第一に、弟子たちの足を洗うという、当惑させる行為がある（一三1―20）。それから、彼が言わねばならない多くのことが、物語の登場人物たちの頭の中を通っていくのと同時に、我々の頭の中をも流れていく。彼は、栄光を受けること（たとえば一三32、一六14、一七5）や「去ること」について（一四28、一六7）、また「弁護者」なるもの（一四16、26、一五26、一六7）について語る。彼が公の発言で用いてきた、とらえどころのない言語は変わっていない――「イエスは言われた。『わたしは道であり、真理であり、命である。わたしを通らなければ、だれも父のもとに行くことができない』」（一四6）、「わたしはまことのぶどうの木、わたしの父は農夫である」（一五1）。我々はプロローグにおいて伝えられた秘密の情報――世における言《ことば》、拒絶、受容――に頼り続ける。ここまでと同じくそれは有用だが、しかしすべての問題を解決するわけではない。著者が、我々が参照できるような用語集を本の末尾につけてくれたらよかったのだが。

一七章のイエスの長い祈りが終わるとともに、先の緊張には解決の時がやってきたようである。ユダの卑劣な行為によってイエスが逮捕されたとき、我々はほぼ安堵する。しかし、ピラトがイエスの運命について何度も考えをめぐらす間、再び待たされる。あたかも悲劇は避けられつつあるかのように見える。ピラトは宗教指導者たちが計画した道を閉じようとするが、それはイエスが潔白だと考えるからである（一八38）。しかし、ピラトがイエスと「ユダヤ人」（それが誰であれ！）との間で苦闘しているのを見ているうちに、別の悲劇が起こってくる。断固たる態度をとっているのは宗教指導者たちである。ピラトは自分自身の良心を傷つけることなく彼らを満足させようとするが（一九1—5）、それは成功しない。自分の支持者たちに対する怖れからピラトは屈服し（一九8）、ついにイエスを宗教指導者たちに引き渡す。

我々はまだ、この神の人（God-man）が指をパチンと鳴らし、すべてを終わらせるだろうと思っているが、彼はそうしない。彼は十字架につけられる。尊厳ある死なのは確かだが、それでも彼は死ぬのである。十字架につけられてなお、その言葉によって我々をまごつかせ、挑発しつつ、「息を引き取られた」（一九30）。

悲劇的な最後の場面は演じられた。世はこのよそ者を、そして彼に対する我々のあらゆる希望を打ち砕いた。続く筋書きは突然のどんでん返しを示す。「わたしは復活である」（一一25）という奇妙な宣言を、我々はもっと注意して聞くべきだった。ラザロに対してなしたことに、もっと注意を払うべきであったのである。なぜなら、今や彼は墓から復活するのだから。彼は、最初にマグダラのマリアに現れる。彼女は空の墓の入り口に泣きながら立っており、イエスは自分の復活を他の弟子たちに告げるよう、彼女に命じる（二〇11―18）。それから、隠れ家にいた臆病な弟子たちの何人かに、一度のみならず二度、ひょっこり現れる（二〇19―23、24―28）。弟子たちはすべてを日常に戻すために漁に行くが、イエスは湖の岸で再び彼らに現れ、朝食を準備し、そしてそのうちの一人と長い会話をする（二一1―23）。この物語は、復活のイエスが、予期しない時と場所で弟子たちに現れるところで終わる。

著者はこの物語全体を、読者が「イエスは神の子メシアであると信じるためであり、また、信じてイエスの名により命を受ける」（二〇31）ために報告したと記している。これはもはや、ただの物語ではない。我々に変化をもたらそうとする意図をもった物語なのである。読み終えて本を置き、「ああ、面白かった」と言うだけで済ませることはできない。我々は、この物語が、著者が主張するように「真実」である（二一24）かどうかを判断しなければならない。そしてもしこれが真実なら、我々は「信じる」。この物語の目的は、その筋書きにおける登場人物たちが導かれたのと同じ分かれ道に我々を連れていくことだ。それは、主人公が本当に自ら説明しているとおりの存在であると信じるか、あるいは彼に反対する者の側につくかである。

ヨハネ福音書は魅力的な物語を語っている――それは、ある点では預言的であり、他の点では緊張感をはらんでいる。我々が物語から離れ、くつろいでその全体を考える時、いくつかのパターンが明らかになる。物語は一一章と一三章の間で分かれており、一二章は二つの部分を結ぶ一種のつなぎとなっている。前半（一―一二章）では、六章が決定的な転換点、すなわち敵対者が勢いを得て、英雄に対抗する筋書きが展開していくことになる点として機能している。後半（一三―二一章）では、一三―一七章における重要な中断部分のあと、中心的な筋書きに戻ってきたことを一八章が示している。終章（二〇―二一章）において筋書き全体がひっくり返されるが、前触れが全くないわけではない。我々は、イエスが十字架につけられ、その後に死を克服するとは聞かされていないけれども、そのような趣旨の謎めいたほのめかしは物語全体のあちこちに見られる。たとえば、イエスが「挙げられる」と語ることによって意味していることを、我々は理解し始める。そうだとしても、大団円になるに違いないと思っていたものが、まず絶望的な死へと我々を投げ込む。それから、彼とともに我々を引き挙げることになる。

物語から離れ、それを読んだ我々自身の経験を振り返ることができるようになると、物語が特徴的なリズムを持っていることが理解できる。著者はまずイエスの公的な宣教を、第二に彼の弟子たちへの私的な教えを、第三には公の裁判と処刑を、最後に弟子たちへの一連の私的な顕現を物語る。イエスの公的な働きと私的なそれとの間のリズムは、物語のもつ抑揚である。

ヨハネによるイエスの物語全体は、図序・3のような図式で理解できるだろう。

ヨハネ福音書の構造

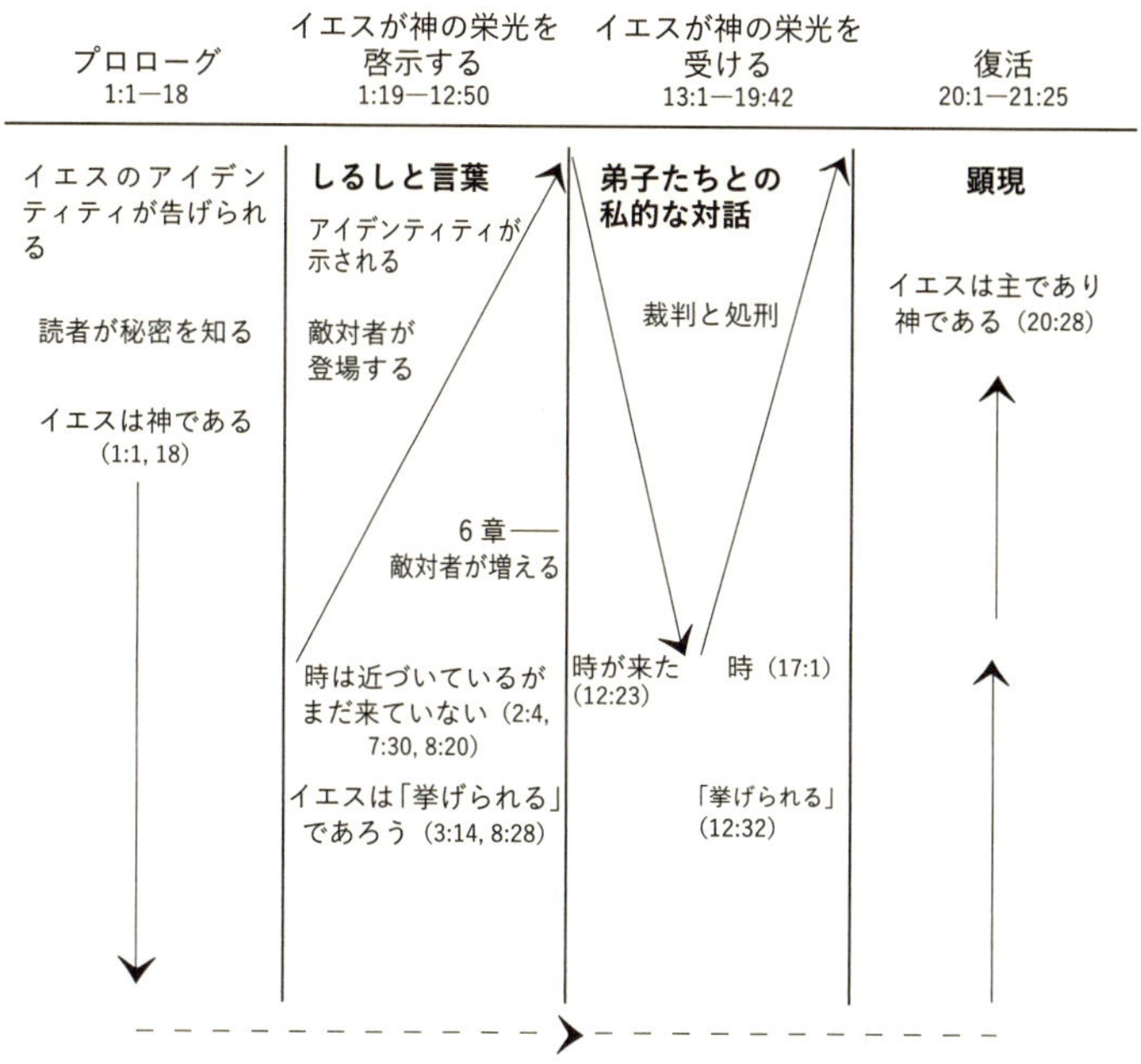

図序・3

第四福音書の目的・宛先・史的状況・執筆時期

《読者の準備》　次の箇所が、本節で扱う問題に関する、本福音書の重要な章句である。（一）二〇30―31、（二）九章、（三）六22―58。

目的は何か

何のために、このたくみに構成された物語は書かれたのか。本文の構造を越えて、我々の想像を歴史へと向かわせ、本福音書の起源へと進めよう。著者は何を成し遂げようとしたのか。本当は、この文書は誰に対して宛てられたのか。これらの問いは二つのステップで取り扱うべきである。第一に、著者は福音書のどこかで目的を明確に記しているだろうか。第二に、明確には述べていないとしても、目的と宛先を暗示するようなその他の章句があるだろうか。

福音書の構成に関する議論の中で我々はすでに、明確な執筆目的が二〇章30―31節に述べられているらしいことには気づいている。福音書に書かれている内容は、読者が信仰を得ることを目的としている。本福音書は、イエスこそがユダヤ教の期待するメシア（キリスト）であり、唯一の神的啓示者（神の子）であることを読者に説得しようという努力がかたちをとったものである。これらの章句によれば、福音書記者はこの信仰に対する新しい信者を勝ち取ることを望んでいた。その目的は、宣教のわざに用いられるための文書、まだ信仰を抱いていない者たちのうちに信仰を呼び起こすような文書を生み出すことである。それゆえ第四福音書記者は、言葉の現代的な意味での福音書記者——改宗者を勝ち取るためにキリスト教信仰を宣べ伝える者——であった。

しかし、福音書の目的に関するこの明確な記述は、いくつかの点で適切ではない。まず、二〇章31節における目的の記述は、「信じる」と訳されたギリシャ語動詞の形がさまざまであるゆえ問題がある。古代の写本のいくつかは、NRSV〔新改定標準訳〕のように「信じることに至るように」と翻訳できる動詞形（pisteusēte〔未来形〕）を示す。しかし他の写本は、「信じることを続けるように」（pisteuēte〔現在形〕、NRSVの脚注を参照）のように訳すべき、別の形を示す。この二つのギリシャ語の違いはただ一つの文字（シグマ、σ）のみであるものの、それぞれの形の解釈から出てくる意味は重要である。もし最初の読みがとられるならば、福音書は未信者を信仰に導くために書かれたことを示唆する。他方、第二の読みがとられるならば、福音書の目的はすでに信者である者たち〔が信仰を〕を維持するためのものであろう。残念なことに、我々が手にしている古代の写本に基づいて最良のギリシャ語本文を確立する責任を負う者たち〔本文批評家〕は、どちらの動詞の形がオリジナルとしてより適切かという問題では意見が分かれており、福音書の目的を定めるためにはこの句はあまり役に立たない。

第二に、福音書を全体として検討すると、これがまず宣教文書であるという印象は受けない。たしかに福音書のいくつかの部分は、〔宣教が〕それらの書かれた目的であるかのように読める。そのような章句で最適の例は、イエスのいわゆる「しるし」である。二〇章30—31節が示唆するように、それらは信仰を呼び起こすために語られたとされているからである。しかし福音書の残りの部分は、別の目的を念頭に置いているような印象をもたらしている。たとえばイエスの語りは、非信者のために意図されているにしてはあまりに複雑で洗練されている。やや類比的に語るとすれば、しるし部分はビリー・グラハムが彼の福音的な目的のために書くたぐいのものであるが、語り部分のほとんどは神学者――たとえばパウル・ティリッヒとしよう――が信仰理解を他の信者に伝えるために書くたぐいのものに似ている。

第三に、もし「あなたが信じることに至るように」はもともと著者が書いたものだとしても、この言葉そのものは福音書記者が用いていた伝承の一部であった可能性が高い。二〇章30―31節は福音書記者が用いたしるし資料集成の末尾にもともとあったものだ、という提案がある。いま仮に、そのような資料がイエスの不思議な行いを七つ、順に語った宣教文書であったとしよう。二〇章30―31節は、この文書の末尾に存在した、明白かつ正確にその目的を示す宣言であったかもしれない。第四福音書記者は、この資料からしるし記事を用いつつ、資料に忠実に従うことを意識して、いま福音書の末尾にその結論を付け加える。しかし実際には、それが元来の〔しるし資料での〕位置にあったときは適切であったが、本福音書の場合には適切な〔位置〕ではなかった（ロバート・T・フォートナが、著書 *The Gospel of Signs* においてこの見解を主張している）。

本福音書の目的を探るための第二の対象は、文書全体におけるほのめかしである。読者には、宣教という目標は福音書の目的としては必ずしも適切でないと当面認めていただくことにしたうえで、福音書の残りの部分に見いだせるその他の示唆を見ていこう。多くの箇所にほのめかしはあるが、もっとも明確なのは九章の目の見えない男の癒しの物語においてである。この物語において示唆的なのは、癒しそのものではなく、それに続く内容である。イエスによるこの男の癒しは、我々が考えている福音的な目的に合致しているらしい。癒されたばかりの男の証言に対する権威者たちの反応に関する話は、興味をそそる。イエスが彼を癒したこと、またイエスは神に由来する者に違いないと再び証言したあとで、権威者たちは「彼を外に追い出した」(九34)。それから彼はイエスに再会し、完全な信仰を告白する(35—38節)。この物語の半ばで、この男の両親は恐れており、それは「ユダヤ人たちは既に、イエスをメシアであると公に言い表す者がいれば、会堂から追放すると決めていた」(22節)からだと言われている。

ここで、我々の前には分かれ道があり、どちらの道に進むべきかを決める重大な決断が委ねられている。数世紀前に聖書学者たちは、読者はそれぞれの文書の歴史的背景についてできるだけ知るべきであると決めた。言い換えれば、テクストに対して次のように問い始めたのである。「どのような状況において、何のためにこれは書かれたのであろうか」。この問いは、のちに聖書の歴史批評的解釈と呼ばれるようになるものの最も重要な部分であり、読者が歴史的状況や章句の目的を知らなければ、「真の」そして元来の意味を認識できない、という確信から生まれてきたものである(終章を参照)。

「状況」(あるいは場面設定)への関心は、聖書学者にとって標準的な問いとなっている。パウロが書いたのは都市にある諸教会に向けてである。詩編は礼拝参加者たちのためにつくられた。福音書はある地域におけるキリスト者の関心に応じて書かれた。しかし、もし聖書文書が特別な歴史的状況に対してではなく、当時のあらゆる場所におけるキリスト者のために書かれたとしたら、どうだろうか。これはとりわけ、我々の新約聖書の四福音書にとって重要である。四人の福音書記者の中に、ただ一つの特定の教会のために、苦労して（費用もかけて）福音書全体を書いた人がいる、などという可能性があるだろうか。数年前、ある学生がまさにこの質問を私にもちかけたのであり、今日ある研究者たちは、そのようなことはない、と答えている。彼らは、それぞれの福音書はギリシャ＝ローマ世界のできるかぎり多くの教会で回覧されるために書かれた、と推論する（参考文献のリチャード・ボウカムによって編集された本を参照）。

もしこの「普遍的な」動機が第四福音書にあてはまるならば、我々は一世紀末頃のキリスト教運動全体の全般的状況を描写することが必要となるだろう。しかし他の研究者たちは、ヨハネ福音書の本文にはもっと具体的な状況が見て取れるという考えに与している。それゆえ、聖書本文がその読者たちの状況について何を暗示しているかを問う必要がある、というのである。思うに、そのような考え方がいちばん容易なのは、あれこれの法律がなぜ施行されたかを問う場合である。なぜ、小学校ではガムを嚙むことが許されていなかったと思うか。チューインガムを嚙む何人かが、ときに騒々しくガムを嚙んだり、嚙み終えたガムをひどく乱雑に捨てたりするからではなかっただろうか。学校でガムを嚙むことに関する規則のおおもとは、非常に特殊で具体的な状況から生まれたのである。

この問題は、紙幅の限られた本書では扱わない。私が思うには、第四福音書が書かれた特定の場所や状況に対する関心は、啓蒙主義時代に生まれた比較的古い見解の表現なのかもしれない。ある事柄の（またあらゆる事柄の）歴史が、その事柄を理解するために不可欠だというのである。ポストモダン主義はこの仮定に挑戦してきた。この点については、本書の終章においてもっと具体的に述べよう。しかしさしあたっては、聖書の歴史批評的解釈に携わっている研究者たちがヨハネ福音書についてどう説明しているかを知る権利が読者にはあると思う。

第四福音書が書かれたのは、どのような具体的状況で、またどのような目的だと考えられるだろうか。ヨハネ福音書の目的についての証拠を探し求めていくと、福音書記者および〔仮説上の〕ヨハネ共同体が経験したある種の状況が見えてくる。紀元一―二世紀において、キリスト者とユダヤ人はお互いに少しずつ分離していったことが知られている。キリスト教に改宗したユダヤ人は、その結果として、もともといたシナゴーグから離れた。ありうる想定としては、時には自らの決断によって離れたのだろうし、また時にはシナゴーグにおける〔ユダヤ教徒の〕兄弟姉妹からの圧力の結果として分離が起こったのだろう。使徒言行録はそれを幾度か示唆しているし（使九1―2、一四1―7、一七1―9、一八4―7、一九8―10を参照）、マタイ福音書は第一福音書記者〔＝マタイ福音書の著者〕がユダヤ人とキリスト者の間にある論争を知っていたことを示している（一〇17、二三34―36を参照）。ヨハネ福音書九章の物語は、イエスをメシアと信じるユダヤ人と信じないユダヤ人との間で実際に争いがあったことを暗示しているかもしれない。ユダヤ人キリスト者の中には、彼らの新しい信仰は自分たちの〔これまでの〕ユダヤ教的生活および実践と両立する、という確信のもとに、シナゴーグでの礼拝を続ける者もいた。しかしいくつかの地域におけるシナゴーグのメンバーは、そのような立場を喜んで受け入れようとはしなかったようで、キリスト教信仰を保持するあらゆる者を彼らのユダヤ教礼拝共同体から追放した。言い換えれば、第四福音書記者が執筆した町にあるシナゴーグにおいて、キリスト者たちと〔ユダヤ教徒の〕兄弟姉妹たちの間に緊張関係があったかもしれない。緊張は高まっていった。さらに、推測されるところでは、その緊張が相当多くの人々に大きな苦しみをもたらしていた。ユダヤ人キリスト者たちは、彼らのユダヤ教的ルーツへの忠誠と、イエスこそが待ち望んでいたメシアであるという新しい確信との間で、身動きがとれなくなっていた。

こうしてキリスト者たちは、自分たちが以前にいたシナゴーグにおけるユダヤ教の仲間たちとの論争に巻き込まれた。ヨハネのキリスト者たちとシナゴーグの会員たちとの間の紛争がエスカレートした理由を示すために、のちほどこの議論に戻ることにしよう。このような状況は、一世紀末頃、ラビの協議体によって作成された公式の宣言〔十八祈禱を指す〕に起因する、と提唱されてきた。しかし、そのような宣言があったという証拠はないとする歴史的研究のおかげで、その説はもはや支持されない。

この理論が何らかの形で反ユダヤ主義的に解釈されることのないよう、いくつかの点を明らかにせねばならない。第一に、これがユダヤ教の内部における違いであったことを認識しよう。キリスト者たちはユダヤ人キリスト者であって、シナゴーグにおける他の者たちとの違いは「家庭内の問題」であった。第二に、ユダヤ人全体がユダヤ人キリスト者たちを広範囲において拒絶していたという証拠はない。さらに、第四福音書におけるユダヤ人に対する論争的な表現のいくつかは、ほかでもないキリスト者の共同体についてより多く語っている、ということを理解せねばならない。

この背景が、第四福音書記者の置かれていたと考えうる状況や執筆目的への洞察を与えてくれるかもしれない、と提案している人々もいる。もしこれが正しければ、ユダヤ教のシナゴーグとキリスト教ユダヤ人共同体の教会との間の緊張という提案は、ヨハネ福音書について多くのことを明らかにしてくれる。数点のみをここに示そう。

・我々が描きだした緊張関係は、なぜ福音書がそれを「ユダヤ人」の行為と語っているかを説明できるかもしれない。第四福音書においては、この語は民族的なものを述べているのではなく、当時のヨハネ教会に対するおもな敵対者たちをほのめかす表現である。

・この理由から、福音書はときにイエスとモーセを互いに争わせているように見える。あるいは、少なくともイエスがモーセに優っていることを示そうとしているように見える（たとえば一16―17、六32）。

・イエスを神から遣わされた者として、また神的な地位を持ちながらも父に従う者として描こうとする絶えざる努力もまた、ヨハネ福音書について提案されたこのような状況から説明できる。これは、キリスト者がイエスと父という二つの神を信じている、というユダヤ教指導者からの非難に対する福音書記者からの応答とは言えないだろうか。

・またおそらく、第四福音書を支配している、イエスの死に至る筋書きについても説明できるだろう。共観福音書とは逆に、第四福音書ではそのような筋書きが早い段階で現れることを読者は思い出すだろう（たとえば五18、また暗示として二23―25）。

・ニコデモ（三章）は、福音書記者自身の時代に何人かのユダヤ人がどのように行動していたかの例となるかもしれない。彼らはひそかにキリスト者となっていたか、隠れてキリスト教信仰の可能性を探っていた。しかし、仲間たちが自分たちの意図に気づかないように、彼らは闇に隠れて行動していた（この提案は、J・ルイス・マーティン『第四福音書の歴史と神学』に見いだされる）。

ヨハネ福音書の思想と象徴についてさらに探求していくと、福音書が執筆された状況についてのこの提案はある程度理にかなっていることがより明確になってくると私は思う。ただし、福音書を適切に解釈するためにはその歴史的状況を知る必要がある、とすればの話である。福音書記者は、地域のシナゴーグとのきわめて重大な論争に巻きこまれた共同体に仕えた。ちょうどユダヤ人の間でのキリスト教宣教の努力がシナゴーグの安定性を脅かしたように、ユダヤ教側の敵対者はキリスト教共同体を脅かしていた。

このユダヤ人キリスト者とユダヤ人との間の分離が本当に起こっていたならば、結果として双方の共同体は自衛していただろう。福音書記者は、自らの文書をまずキリスト教共同体のメンバーに宛てることによって、この共同体の防衛に貢献した。入手できた伝承を用い、その伝承を共同体の人々に適用することで、福音書記者は最初の読者たちに適切な使信を与えた。著者は彼らに、キリスト教に対してなされた非難に応え、ユダヤ教徒である隣人といかに議論するかを示した。著者はイエスを、自分を受け入れず最後は死にまで追いやった他のユダヤ人たちと格闘した者として、ドラマチックに描いた。著者は福音書の最初の読者たちに、イエスはモーセの伝統に反対したのではなく、いかにそれを完成したかを示した。幾人かの（全員ではないにせよ）読者はユダヤ教の流れに属する者であったから、この点はとりわけ適切であった。

最近、ヨハネ研究の地平に別の提案が現れた。それはキリスト教徒の争いの基礎をシナゴーグからローマ権力へと移すものであるが、たいへん筋が通っている。まだ十分に展開されてはいないけれども、この枠内で短く言及できる程度には知られている。ウォーレン・カーター教授（参考文献を参照）は、第四福音書の状況はキリスト教とシナゴーグとの関係ではなく、ユダヤ教、キリスト教両者とローマ帝国との対立である、と提案している。彼は、ローマ帝国におけるすべての宗教集団が類似の課題――彼が言うところの「ローマ帝国世界との交渉」――に直面していた、と主張する。この課題は、土地の人々が自分たちの信仰に堅く立っている時でさえ、人々を支配する権力との「相互作用」や「参加」を要求する。

ユダヤ教もキリスト教も、ローマ帝国の中で自分たちがいかに生き延びるかを問わねばならなかった。シナゴーグはあらゆる種類の政治的・文化的問題を扱う場所であり、それは地位や名誉を保つための努力、また権力への道をも含んでいた。第四福音書は、自分たちの主は皇帝よりも偉大であると主張しつつ、支配的な帝国権力とともに生きようとする〔ユダヤ教の〕下部集団が残した記録であったのかもしれない。彼らはローマ権力をなだめつつ、自らの尊厳をなんとかして保たねばならなかった。しかし、これはユダヤ教とキリスト教とが等しく担っていた「家庭内の」事柄であった（参考文献のステファン・ムーアの著書、*Empire and Apocalypse* も参照）。

帝国説とシナゴーグ説のどちらが正しいにせよ、福音書のそもそもの目的は福音を伝えるものでも宣教のために用いるものでもなかった。それは、尊敬されていた指導者の一人によってキリスト教共同体に向けられ、その地域の状況の中でもがいていた人々を力づけるためのものであった。言ってみれば教会内の文書であり、共同体という家族のための福音書であった。もちろん福音書記者は、キリスト教信仰に興味を抱いていたユダヤ人たちがこの文書によって説得されることを願っていたかもしれない。それゆえ、二〇章30―31節において著者が宣教を意図していたと解釈することが不適切というわけではない。しかし、福音書記者は改宗させるよりも育てることを、伝道よりもすでに信仰ある者たちを励まそうとしていたようである。

なぜ福音書なのか

これはやや余談になるかもしれないが、我々の議論においてこの箇所でこの問いを出しておくことは重要である――なぜ福音書記者は、福音書を書くことを選んだのだろうか。すなわち著者はなぜ、文書の目的を達成するために、当時利用可能だった多数の文学類型の中から、我々が福音書と呼ぶようになった、このむしろ独特なキリスト教文書の様式を選んだのだろうか。もちろん、著者がこの作品を「福音（書）」と呼ぶ箇所はどこにもない（マコ一1とは異なる）。それでもなお、本福音書記者は物語のかたちでイエス像を描くことによって、本文書の目的を達することを選んだのであり、その物語は少なくとも歴史的な順序で示される。パウロやおそらく他の著者たちが書いたような、牧会的な手紙という形式を選んでもよかった。あるいは、何年か後にパトモス島のヨハネによって用いられたように、危機にあるキリスト者を励ますために、黙示という様式を選んでもよかったはずである（補遺Aを参照）。

もし、第四福音書記者が他の福音書を、このような文学様式としては知らなかったならば、この問題は複雑になると思われる。本福音書記者は、おそらく福音書形式のもとになった伝承（口頭および文書のもの）は知っていたが、キリスト教の福音書そのものを見たことはなかっただろう。我々がマルコと呼ぶ福音書記者が（おそらく福音書に似たある種のヘレニズム文学の知識を踏まえて）キリスト教伝承において福音書という様式をつくりだした、と我々は思っている（しかしそれを「証明」することはできない）。もし第四福音書記者がマルコ福音書やその他の福音書を見たことがなかったとしたら、なぜ福音書というジャンルを選んだのだろうか。このような問いは、第四福音書記者がどの共観福音書の文学様式にも依拠していないという主張は偽りであると非難するものだ、と言う人々もいるかもしれない。しかし、私が思うに他の可能性もある。

第一に、多くの優秀な研究者たちは、第四福音書記者がこの文書を書くときに用いた「しるし資料」自体が福音書というジャンルの初期の形態だったと信じている。つまりその資料は、イエスの驚くべき働きを他の物語的な素材とともに「歴史的な順序」に従って詳しく述べていたというのである。その目的は、信仰の「良い知らせ」――もちろん「福音」という語の文字通りの意味――を宣言することにあった。第四福音書の著者は、資料からその文学様式をそのまま取り入れ、さらにイエスの言葉および追加の物語（おそらく受難物語を含む）で膨らませたのである（参考文献に挙げられたロバート・T・フォートナの著作をもう一度参照せよ）。

第二の可能性として、私にはより蓋然性が高いと思われるのは、福音書記者が知っており、また用いた口頭伝承はすでに我々が呼ぶところの福音書の様式をとっていた、というものである。それゆえ、その伝承をできるかぎり忠実に再提示しようとして、福音書記者は福音書という文学様式をとるに至った。これは、福音書という文学様式の創造は、書かれた素材（マルコ福音書およびヨハネ福音書）の著者の才能というより、初期キリスト教共同体が手にしていた資料を保存するための漸次的な、計画的というには程遠い努力だと述べているのである。とすれば、ナザレのイエスについての歴史的な記憶に基づく口頭伝承が、おのずから福音書という形式になったことになる。歴史的な素材を、伝説や神話、また生けるキリストと彼らが信じていたものに由来する新しい教えによって膨らますことで、初期キリスト教徒は文字化される以前の伝承の中に徐々に福音書の様式を形作ったのである。

余談から話を戻すと、ここまでの議論では、第四福音書の目的、そして福音書執筆の要因として提案されてきた二つのおもな具体的な状況に関する私の見解を説明してきた。同様に我々は、本福音書が福音書記者の属していたであろうキリスト教徒の共同体に宛てられていることも明らかにした。この共同体は、さまざまな背景をもったキリスト教徒で構成されていると考えられる。すでに示したように、ユダヤ人もいれば、まちがいなく異邦人出身の者もいる。そのために、福音書記者はすべての読者がヘブライ語を解すると考えることはできなかった。その結果、いくつかのヘブライ語の単語を翻訳するよう、たとえば一章38節および42節のように、注意が払われている。さて、我々にはもう一つ考察すべき点が残っている――それは福音書記者の知的環境である。

知的環境

もしあなたの友人の奇妙な反応――たとえば異性に対しての――について理解したければ、その友人の両親や兄弟についてなにがしかを知るのがよいだろう。そうやって初めて、その友人の振舞いは理解することができる。同じことは一つの文学作品にも当てはまる。シェイクスピアの劇を読むときに、作者についてなにがしか知っていることは助けとなる。アルベール・カミュの人生およびフランス実存主義の影響について知っていると、彼の小説を読む際にいろいろなことが分かるようになる。

ヨハネ福音書にとって本質的に重要な背景をいくつか考えてきたが、この文書の思想に対する知的影響という問題がまだ残っている。福音書記者はどのような種類の思想に触れていたのだろうか。どのような文書が、この著者の思想を形成したのだろうか。福音書の中には、どこかから借りてきた思想や表現があるだろうか。これらすべては、第四福音書記者が仕事をしていた知的環境――福音書記者が息づいていた概念世界の空気――について問うやり方である。しかしそれらをつきとめることは容易ではないし、福音書に見出される証拠から導くことのできるいかなる結論も、まちがいなく確かなものだとはいえない。福音書記者が書いていたであろう状況がすでに、我々が自分たちの目的のために知る必要のある本質的に重要な事柄を示唆している。

まず、私が思うに、福音書記者はユダヤ教思想に大きく影響を受けていた。つまり、ユダヤ教の聖書や聖書外文書が、著者の知的な栄養の一部であった。しかし、第四福音書記者が知っており、かつては信奉していたかもしれないユダヤ教は、紀元一世紀以後に主たる伝統となったラビ＝ユダヤ教だけではなかった。ヨハネ思想と死海文書において発見された文献との並行関係は、福音書記者が非常に多様な形式や表現を含む様々な型のユダヤ教に親しんでいた、と確信させるに十分である。この福音書には著しくラビ的な特徴が見いだせるかもしれない。たとえばある人々は、六章の表現がラビ的な聖書解釈に類似していると論じる。しかし福音書の二元論的思想は、紀元一世紀におけるラビ的思想の主流として我々が知っていると考えるものからはかなり異なっているようである〔第二章を参照〕。

ここで、この立場について長々と議論することはできない。これを、話を続けていけるようにするための暫定的な仮説として受け入れていただくようお願いするしかない。福音書記者はそもそも「多様なユダヤ教」の影響下にあった。それは、一方で厳格なファリサイ派を、他方で〔死海文書を残した人々のように〕黙示的な狂信者を許容することのできたユダヤ教である。キリスト教運動さえも〔セクト〔分派〕として〕、しばらくはその中にいることを許していたユダヤ教である。

しかしそのようなユダヤ教は、息を吹き返したギリシャ哲学、〔いくつかは東方に由来する〕輸入された神秘宗教、思弁哲学、またさらにはローマ皇帝崇拝といった、ヘレニズム世界の影響から自由ではいられなかった。これらの宗教的信仰、あるいは宗教に類した信仰の形態のすべてが、先の二世紀間にもそうであったように、紀元一世紀のユダヤ教と触れ合った。アレクサンドリアのフィロンの書物は、そのような「ヘレニズム化されたユダヤ教」思想の例である。結局、第四福音書記者に影響を与えたユダヤ教がヘレニズム思想から自由でなかったのは、今日の〔米国〕民主党があらゆる共和主義から自由でないのと同じである。

このようにさまざまな思想やお互いの影響が混ざり合った結果、第四福音書記者が所有する概念の倉庫はあふれるほどであった。この著者が自由に用いることのできた諸思想は、種々異なる伝統に由来する数々の暗示をはっきりと光り輝かせている。手近な例は、福音書の導入部で用いられている含蓄豊かな概念、すなわち言《ことば》あるいは（ギリシャ語を使えば）ロゴスである。ロゴスはギリシャ哲学、とりわけストア主義に深く根ざした用語であるが、それはまた、ヘブライ語聖書にある神の言《ことば》という概念に深く根ざしており、知恵についてのユダヤ教的な思弁によって肉づけされた。それゆえ、福音書記者はしばしば多くの宗教的また哲学的遺産の影響の産物である象徴や思想を利用している、と想像することができる。我々の著者は、これら数多くの思想の豊かさを意識していたかもしれない。また、福音書の思想や表現のいくつかはよく知られていたものであったため、そのような豊かさは著者と読者の双方において当然と思われていたかもしれない、と想像することもできる。いずれにしろ、その結果として浮かび上がるのは、刺激的な概念や謎めいた深みをもつ福音書を書く特別な能力を持つ一人の福音書記者である。まさにこのことが、要因のすべてではないにせよ、初期キリスト教文学の一匹狼である作品の誕生に貢献したのである。

これでおわかりであろう。著者は、念入りに作られた概念や象徴体系を豊かに与えられた者であり、価値ある刺激的な伝承を支える者であり、もしかするとキリスト教共同体にとっての危機的状況に置かれていた。このすべては純粋に推測であって、福音書記者が書いた時の状況が実際にそのとおりであったと「証明すること」は誰にもできない。

執筆時期

ともあれ、私が述べてきたものがヨハネ福音書の状況であったと仮定しよう。このような状況がいちばんありそうなのはいつであろうか。確信を持って述べることは、不可能ではないにせよ、難しい。またある意味、福音書の執筆時期を確実に定める必要もない。第四福音書は二世紀前半にエジプトにおいて流布していたことが分かっている。それは、我々が手にしている新約聖書資料の最古の断片が、この地域で発見されたヨハネ福音書の小片だからである〔パピルス五二番、一二五年頃のものと推定〕。ある研究者たちは、この事実は福音書が世紀の変わり目〔一―二世紀の間〕以前に書かれていたことを意味する、と主張する。また、ユダヤ人とローマ人との間の戦争においてエルサレム神殿が破壊された紀元七〇年以前に書かれたのではない、と仮定することもできよう。本福音書の神殿に対する言及の仕方のゆえに、多くの研究者がそれを確信している（二13―22を参照）。

おそらく、七五―八五年頃を想定するのが安全であろう。しかし、正確な執筆時期を断定しようとすると、我々が答えることのできない困難な問題にぶつかる。もちろん、福音書の執筆時期は絶対的に必要な情報ではない、ということも認めねばならない。

ただ一つの可能性として、以下のように純粋に仮説的な、しかし興味をひく状況を描いてみよう。ある町のシナゴーグで、（我々がキリスト者と呼ぶ）メシア信者たちはそれなりの期間容認されていた。この異端的なシナゴーグにおいては、見知らぬ見解をもつ別の信者集団を受け入れることも、いまだ容易であった。二つの出来事があったために、主流の信者集団は、自分たちの寛容さを問い直し始めるようになったのだろう。ひとつはたぶん、キリスト教徒になったユダヤ人たちの失敗であった。彼らは他のユダヤ人たちに対し、さらに熱心に宣教するようになっていた。またおそらく、彼らが最終的に福音書に取り入れられることになった資料を使うことも、〔その他のユダヤ人たちの〕不満をかきたてた。宗教共同体において、お互いが十分に尊敬し合っている時には、異なる見解を受け入れることも一つのあり方である。しかし実際に、その構成集団のうちのひとつが次のように言い始めた時にはどうなるだろうか。「我々の考えはあなたたちのものよりも真理に満ちているし、我々のような考えをもたないのだからあなたたちは宗教的に我々より劣っている」。寛容さは薄らぎ始めた。理解できることではあるが、シナゴーグにいるユダヤ人たちは、彼らの間にこれらのキリスト者たちをかくまっていることに不満を増していたかもしれないし、キリスト教徒になったユダヤ人たちも、自分たちがユダヤ教の兄弟姉妹たちと仲良く生きていけるのかという疑いを抱き始めていた。

あるいは、状況はさらに次のようなものであったかもしれない。ローマ権力に協力せよという圧力は大きくなり、もはや我慢の限度を超えていた。その地域のユダヤ人およびユダヤ人キリスト者の経済的状況は悪くなり続け、彼らがかつて持っていた独立への意思は、ほんの僅かなものであっても弾圧され続けていた。ユダヤ人とキリスト者はローマの抑圧者に対し、お互いの力を結集しようしたのであり、彼らがなんらかの意味で独立と尊厳を回復することが急務であった。この状況は、六〇年代における革命〔第一次ユダヤ戦争、六六―七〇年〕への序曲であった。

その後、西暦七〇年のエルサレム神殿の破壊は、ユダヤ人およびキリスト者の共同体に衝撃を与えた。神殿なしのユダヤ教とは何か。ユダヤ人になることの意味は何か。ローマによる神殿破壊はユダヤ人に対する神の審判であると主張（ヨハ二13—22を参照）したことで、ユダヤ人キリスト者の立場はより悪くなったことだろう。シナゴーグのメンバーたちの自問と、おそらくその共同体に属するキリスト教徒のメンバーたちに対する考えが、衝動的な振る舞いを生んだのは無理もない。「家を清めよう。このシナゴーグで我々が生み出そうとしている自己理解以外の見解を持つ者たちは、どこかよそに行くべきだ」。皮肉なことに、キリスト者がシナゴーグから追放されたのは、神殿の破壊によってユダヤ人の自己認識が生まれたのと同じく、キリスト者が抱いた新しい問いのゆえかもしれない。そして、それがキリスト者に自分たちのアイデンティティという問題を突きつけた——イエスを長く待ち望んだメシアであると信じる「ユダヤ人」でないならば、我々は何者なのか。このすべてが、その地域のいくつかのシナゴーグの中で起こっていただろう。それゆえ、福音書が七五年から八五年の間に書かれたと想定することは妥当であろう。

著者のアイデンティティ

なぜ通常「ヨハネ」として知られている福音書記者のアイデンティティについて少しも触れることなくここまで進んできたのかを、読者は不思議に思っているかもしれない。引き延ばしてきた理由は、この序章においてこれまで示してきた項目以上に、著者についてはほぼ何も語ることができないと思われるからである。この人物は歴史の影のはるかかなたに立っているために、漠然とした概要以上のものを明らかにすることができない（Alan Culpepper, *John, the Son of Zebedee: The Life of a Legend* を参照）。それゆえ福音書の著者は、永久に無名の者であり続けるだろう。批判的な研究は正しくも、第四福音書記者は共観福音書から知られるゼベダイの子ヨハネである、という伝統的な関係づけに疑問を投げかけてきた。私はまた、福音書記者は神秘的な「イエスの愛した弟子」と同一人物である、という意見にも懐疑的である（もっとも、多くの人々が私と同じ疑いを抱いているわけではない）。我々が向き合うべきなのは他ならぬ文書そのものであり、その行間から正当に読みとれる内容に限られる。我々は、本福音書を書くという任務にうまく合うような、著者の背景を描き出そうとしてきた。さらに、第四福音書記者が利用することのできた伝統が、十分に豊かなものであったと主張してきた。著者についてこれ以上のことを主張するのは、想像のか弱い羽に乗って無駄に遠くへと冒険することであろう。この著者が女性である可能性を否定することは不公平であるし、それは数世紀にわたるこれまでの〔著者は男性に違いないという〕偏見をさらすものである（第四福音書記者が本当に女性であったという可能性を簡潔に擁護した説明については、付録B「ヨハネ福音書の女性たち」を参照）。

結論

この序章では、第四福音書が正典福音書における一匹狼であること――つまり、共観福音書に比べて「逆立ちして歩いている」ことを主張しようとしてきた。第四福音書は独自の文学構成を示しており、共観福音書とは別個の読書経験を我々に引き起こす。さらに私は、この福音書の一匹狼的な性質にはいくつかの理由があると提唱した。この福音書は、共観福音書に含まれているものとは（全く異質ではないが）全体として別個の伝承に基づいて書かれている。この福音書は、多様なユダヤ教から生まれ、ヘレニズム思想からも影響を受けた、膨大で多様な概念や象徴を独自に身につけた福音書記者によって書かれた。この福音書は、新しくて急進的な考えを求める状況の只中にあるキリスト教会に向けて書かれたのだろう。これらのすべてが、最終的に生まれたもの、すなわち〔当時〕発展し続けていた標準的なキリスト教とは容易になじまない福音書に貢献した。我々は、初代教会が第四福音書をその正典から取り去らなかったことに感謝したい。もし取り去ってしまっていたなら、我々ははるかに貧弱になっていたことであろう。

しかし、気をつけよう！　我々は第四福音書の歴史的状況についての提案を見てきたのであり、それは相当数の研究者たちが支持している。しかし、近年では歴史的研究がよって立つ基盤が弱まってきており、それがもう崩れてしまっているケースもある。時にポストモダン主義と呼ばれる文化の時代の特徴の中でも、歴史観は劇的に変えられた（終章を参照）。それは、歴史の「文学的転換」や歴史の思想的転覆と呼ばれてきた。簡単に言えば、この新しい歴史観には野心も確信もはるかに少ない。それが依拠する仮定とは、我々の歴史的な再構築は、おそらく過去のことよりも我々自身についてより多くを語っているだろう、というものだ。我々の誰も、主体性というウイルスに侵されることなく歴史を構築することはできない。我々の誰も、過去を研究し構成することにおいて完全に客観的であることはできない。我々は過去を見る際に、自分自身の文化的視点や個人的な好みを注入しがちである。批評家たちの指摘によれば、こういった過去の解釈は、歴史家の権力や偏見を守ろうとする歴史家たちの狡猾な努力なのである。我々は本研究の中で、ポストモダン主義の影響に再び出合うだろう。ここではとりあえず、過去について我々が描き出すものを重んじすぎないことが、また過去は決して確実に知ることができない類いのものであると知っておくのが、もっとも安全だということに同意しておこう。

さて、この福音書の宗教的思想や象徴についての説明へと向かう時である。この説明は、この序章で指摘した点、つまり第四福音書は異なった種類の初期キリスト教思想だということをさらに明らかにするであろう。

第一章　父の御子――ヨハネのキリスト論

宗教の歴史は、数々の宗教運動の並外れた指導者たちの話で満ちている。世界のほとんどの（すべてではないものの）主要な宗教的伝承は、一人の創始者に根ざしている。これらの伝承はその創始者を振り返り、その宗教の基準となった真理の宝石箱を開いた者としての役割を認める。創始者たちは何らかの特別な啓示ないし霊感を持っていたと主張される。この見解は、宗教の組織的な構造を通じて後の世代へと保存されてきた。少なくとも、伝承の創始者は信仰の歴史的起源と見なされる。

同様に、歴史的人物に起源をもつあらゆる宗教伝承は、創始者による啓示と同様に、その人物の独自性に関する主張を展開する。この主張は精巧であり、また多様である。ある場合には、創始者の経験は、その信仰の敬虔なる信者すべてに手が届く宗教的体験の型をとる。仏教の中にはそういう形態をとっているものがあるようで、たとえばゴータマ〔仏陀〕の〔得た〕悟りはその宗教を信奉するすべての者の目標である。また、創始者の独自性が宣言されるゆえに、反復が可能なのは創始者の経験そのものではなく、創始者の人格を信仰者自身が経験することであるとされる場合もある。伝統的なキリスト教は後者の例であろう。いずれの場合でも、創始者およびその啓示の独自性は宗教の発展にとっての生命であり、創始者の歴史的な姿は自明の事実であると見なされる傾向がある。そのためムハンマド、モーセ、ゾロアスター、ゴータマはそれぞれの宗教によって、その並外れた資質が確実で明白だったと信じられている。

しかし、創始者の独自性についての主張は、これらの伝承において発展したものである。つまり、宗教はその創始者の性質を、最終的で「正統な」見解のようなものが生じるまで練り上げるのである。最終的な見解は、独特な敬虔さを単純に主張するもの（ムハンマド）から、特別な生まれ方（ゴータマ）や神的な性質（キリスト）に至るまで、非常に幅広い。世界的な宗教の間で明らかに類似している点は、そのほぼすべてが、極端な主張をもつとみなされた創始者をもち、その主張が当該宗教の歴史の枠内で発達したことである。その主張がもつ真理は、たいていは歴史の難解さの中に隠れているのだが、その信仰の信奉者たちがはっきりと証言している。

ここで我々が興味深く思うのは、創始者の性質を定義するのは宗教伝統による努力だということである。創始者の性質を説明することは、主要な宗教伝統が現れるときの、初期の非常に重要な段階の一部である。どの宗教についての研究を取り上げてみても、そのほとんどに、その創始者に関する見解の進化という非常に面白い歴史を見いだすだろう。たとえばユダヤ教の伝承では、すでにヘブライ語聖書そのものにおいて、モーセに対する尊敬の態度がみられる（たとえば申三四10）。その後、ヘブライ語聖書の時代が閉じた後のユダヤ教思想には、モーセに関する入念な思索がみられる。伝説は豊富にある。たとえば、モーセは決して死んだのではなく、天に挙げられたと主張されている（『モーセの昇天』を参照）。ある宗教伝統がその創始者についての定義を得るのは簡単なことではない。それは熟慮と議論、また〔伝承の〕形成および再形成という長期にわたる過程の結果である。

初期キリスト教にこれらの指摘が当てはまることは明らかである。ナザレのイエスの性質についてある程度共通の見解を立てようとするキリスト者たちの努力は、その運動の最初期から始まっている。その頂点（しかし終着点ではない）がニカイア公会議とその信仰告白である（三二五年）。新約聖書が我々に提示しているのは、イエスとその人格および働きについて人々が主張したかった事柄を明確に表現しようと初期のキリスト者が努力したことの豊富な証拠である。もし新約聖書からキリストに関する単一で一貫した視点を抽出しようとすれば、問題が起きることであろう。新約聖書はイエスの人格について、多くの異なった内容を語っているように思われる。そこで得られるのは、初期キリスト教思想家たちがキリストに関する自分たちの信仰を表現する適切な言葉を見つけようと苦闘していた姿なのである。

第四福音書は、一世紀のキリスト者の間で生まれつつあったキリスト観に対する重要な貢献の典型である。それはキリスト像を異なった視点から取り上げ、キリストに関するいくつかの先鋭的な発言をなしている。第四福音書によって初期キリスト教思想におけるキリスト観はある方向へと非常に大きな跳躍をした、と言っても差し支えないであろう。実際、その方向は結局、後代の教会がキリストの人格に関する信仰を表現する中で進んでいく道だと判明したのである。それでも、第四福音書はキリストについて単一の一貫した見解を持っており、それを広めようとしていた、という印象を持ってこの福音書に近づくべきではない。この福音書は、その宗教の創始者について、一つではなく、数多くの主張を示している。それらの発言は、近代の神学者が願うようなかたちで相互に完全に常に一貫しているわけではない。しかしそれらは、全体としてある特定の方向へと向かっている。後のキリスト教思想におけるこれらの主張の重要性は、いくら強調してもしすぎることはない。

本章では、第四福音書がキリストの人格と働きについて何を主張しているかという観点から、福音書の数々の側面を見ていくことになる。取り上げる主題は以下の五つで、(一) ヨハネ福音書のプロローグの、ロゴスないし言《ことば》キリスト論、(二) 一章19―51節で用いられている、キリストに対するさまざまな称号、(三) ヨハネ福音書における人の子、そして父と子との関係、(四)「私は……である」句のキリスト論にとっての重要性、(五) 死において完成したキリストの働き、である。

ロゴス・キリスト論

《読者の準備》 もう一度ヨハネ福音書のプロローグ (一1―18) を読む。言《ことば》の性質と働きについて、何を語っているかに特に注意する。

ヨハネ福音書の最初の一八節は、新約聖書の全体の中でも最も重要な部分の一つである。それはまた最も謎めいたものの一つでもある。この句は初期キリスト教文学において最も頻繁に研究された部分の一つである、と言って間違いない。我々はこの句に対する数多くの関心事を無視するつもりであるが、〔本書の〕読者はそれらに注意を促されてしかるべきだと私は思う。第一の点は、これらの節の詩歌的な性格である。第四福音書の研究者の多くがこの一群の言葉は一編の詩のように読めると感じており、何らかの形でキリスト教の礼拝において用いられていたと推測している。このことはさらなる問題を提起する――第四福音書記者は、これらの語を〔独自に〕記したのだろうか、それともよく知られていたキリスト教の賛歌を福音書の冒頭に組み込んだのだろうか（後者ならば、作品の始まりにあたって〔読者の〕関心をうまく摑むものとなったといえるかもしれない）。それとも、この十数節は本福音書が書かれてからしばらく後に付け加えられた、ということもありうるだろうか。これが後代の付加であるという提案には、それを支持する強力な証拠が一つある。つまり本福音書の他のどの箇所においても、言《ことば》がこの十数節での用法と類似したかたちでは言及されていないことである。福音書記者がこの章句を創作したのかもしれないし、キリスト教の賛歌を福音書の導入に使ったのかもしれない。いずれの場合にせよ、著者が福音書の残りの部分をこの導入部分の主張とはっきり一致させた、ということはあり得ないのだろうか。

　私が思うに、この章句の主張は、福音書の残りの部分と一貫するかなり多くのテーマを含んでいる。とりわけ見過ごせないものは、キリストの拒否（たとえば10―11節）や、ユダヤ教が基盤とする啓示よりもキリストにおける神の啓示が優ること（たとえば17―18節）である。こういったテーマが豊富なので、私はプロローグが福音書の残りの部分と密接につながっていると確信している。それはちょうど、オペラの序曲が作品全体の雰囲気を捉えているのと同じである。この特徴のゆえに、私は第四福音書記者ないしヨハネ共同体はその〔プロローグの〕内容の文責を負っていると考えるようになっている。もしこれが福音書に対する後代の付加であるならば、付加した人物は作品全体の雰囲気を完全に正しく理解していたに違いない。その起源がどうであれ、プロローグは福音書全体の重要な部分を成している。それゆえ、福音書記者および（あるいは）ヨハネ共同体によって保持されていたキリスト観について何を語っているかという点から、プロローグを研究しなくてはならない。

すでに序章で、言《ことば》つまりロゴス思想の豊かさには言及した。この概念の歴史的な先駆者を探し求めて多くの時間が費やされてきた。我々の関心は、ロゴスがいくつかの異なった宗教的・哲学的状況に根ざしているという点をさらに詳しく述べることだけである。

第一に、ヘレニズム哲学において流行していたストア主義では、ロゴスは一種の宇宙的理性と認識されていた。それは宇宙の運行に秩序と構造を与えた。この主張によれば、この普遍的なロゴスのかけらは個々人に内在しており、ゆえに一人一人を宇宙の核心に関連づけていたのである。

もちろん、ヘブライ人たちも類似した神の言葉――ダーバール・ヤハウェについての古い伝承を持っていた。創世記一章に埋め込まれた伝承によれば、神の言葉はすべてのものを創りだした。預言者に語りかけ、ヘブライ人に対する使信を彼らに満たしたのは、神の言葉であった。神の言葉は、ヘブライ思想の超越的な神と人間世界との架け橋として機能しているように思われる。

後期ユダヤ思想は、知恵の概念を重要視した。知恵は神とともに住み、敬虔な人に語りかけた。ユダヤ教文学のいくつか、たとえば箴言八章22―31節では、知恵が神的な存在として提示されている。旧約聖書時代の後期およびその後から紀元一世紀の期間を通じて、知恵に関するユダヤ教の思弁は、書かれた神の言葉であるトーラーに関わるものであった。同様に、知恵は神の言葉〈メムラー、アラム語で「言葉」〉と同一視されるようになった。長い歴史を極端に簡略化した形で要約すれば、知恵は人格化され、そして神の言葉についての早期の伝承と結びつけられ、調和が図られた。

この豊かな遺産から、福音書のプロローグの著者〈第四福音書記者〉は意味を引き出した。プロローグの意味は、ストア思想におけるロゴスの重要性と類似していると言いうること、ヘブライ語聖書の「神の言葉」概念と関係していること、また「言葉」はユダヤ思想で考察されていた「知恵」と関係するようになったと言ってよいことが見て取れる。その特定の起源が何であれ、著者はロゴスを豊かで多様な意味をもったものとして描こうとしている。著者は、ユダヤ人と異邦人双方の読者にその含意が鳴り響くよう、思想的な由来を摑みにくいようにしておきたかったのかもしれない。

そうであったとしても、我々の著者はこれらの概念によって、イエスについて何か特定のことを言おうとしている。著者は、ロゴスが含む幅広い宗教的・哲学的類型をイエスに当てはめることで、イエスが多くの異なった宗教や哲学的宇宙観から成る広大な伝承全体を満たしたのだ、と言おうとしている。つまり著者はこう言っているのである。「そう、キリストはこれらすべてである――ストア派のロゴス、ヘブライ語聖書の言葉、ユダヤ教の知恵――すべてが一人の人格に融合されている」。しかし私が思うに、プロローグの要点は、ロゴスがキリスト者にとって一人の人格になったことである。ロゴスは抽象的な哲学概念ではない。宗教的経験の一種でもない。まして思索における宗教的神話でもない。それは人格であって、肉となり、生きている、歴史的な人格である。ここにプロローグの特質がある。抽象性、主体的経験、神話が人格となったのであり、いまも人格として存在すると主張する。これは大変な主張である。それを信じるか否かに関わらず、キリストに関するひとつのキリスト教的主張として、その重要性は認めねばならない。

ともあれ、プロローグそのものに進むことにしよう。この章句は、このロゴスについて何を主張しているのだろうか。言《ことば》については、以下のように言われている。

初めから存在し
　神とともに存在し
　　神であり
　　　創造の仲介者であり
　　　　人間を照らす光であり
　　　　（洗礼者ヨハネではなく）
　　　　　世にいたが、世に認められず
　　　　　　彼自身の所有である者に拒絶され
　　　　　　　神の子となるための力の源であり
　　　　　　肉となって世に住み
　　　　　栄光を啓示し
　　　神の子であり

（洗礼者ヨハネが彼を証しし）
恵みと真理の手段であり
モーセに優り
これまでにない仕方で神を知らせた

これら数多くの主張のうち、特にどれが最も重要であるかについては、検討が必要である。これは、キリスト者がキリストについて宣言した最も高度な主張の一つといえる。つまり「キリストは初めから存在した」のである（私は、ロゴスを男性代名詞〔彼〕で呼ぶが、それは、ロゴスが人格であり先在のキリストが一人の男として受肉した、という宣言に基づいているからにすぎない。実際には、ロゴスは神のように男性と女性の両方であり、受肉においてだけ言《ことば》は男性の形をとった、と考えたい）。ロゴスの先在が主張するのは、彼が天地創造そのものの前に存在したというだけではなく、彼が「すべてのものが始まる」前に存在していたことである。彼の存在は、時間以前の神秘的な時に——人間が概念化することのできない時間の領域に——さかのぼる。他のあらゆるもの以前に存在するということがいったい何を意味するのかは推し量れないが、こう語ることによって著者が何を主張しようとしたかを推し量ろうとすることはできる。キリストは非常に重要であり、その他の人物や物体と同じように生まれたということはありえない。この世界よりも前から存在しているという主張によって、キリストは存在や事物を超越したものとされたのである。マタイ福音書やルカ福音書を書いた福音書記者たちは、イエスの処女降誕や聖霊による懐胎の物語を取り込んだ時に、これに似たことを語っている。彼らは、人々の生において重要な意味を持つキリストが、通常の方法で生まれることはありえない、と主張していたのである。彼の出生は、神の特別な主導権によっている。第四福音書記者（あるいはプロローグの著者）は、同じことを言うのにさらに一歩進んでいる。キリストは被造物ではない。彼は創造以前に存在する。要するに、この主張はキリストの絶対的な重要性という意識を表現した一つのかたちなのである。

プロローグにあるものの中から現れてくるもう一つの主張は、ロゴスが創造の仲介者（agent）であったというものである。「万物は言《ことば》によって成った。成ったもので、言によらずに成ったものは何一つなかった」（3節）。ここでは、キリストに関するキリスト教の思想が非常に面白い形で拡張されている。たしかに最初期のキリスト者は、ナザレのイエスの生と死がもつ贖いという性質を主張していた。彼は新しい種類の生、すなわち人間存在に対する神の意図と調和した生の源である。しかし初期キリスト教思想の発展のどこかで、さらなる段階——あえて飛躍といおう——が訪れた。この贖いの救い主は、同時に神の創造の仲介者である。我々のプロローグが、この考えを文学的に表現した、広く知られる最初のものであったのかもしれないし、そうではなかったかもしれない。その栄誉は、コロサイ書一章15—20節に見られるキリスト賛歌（特に16節を参照）との間で競われている。なんという強烈な考えであろうか！　ここでも、キリストを創造の仲介者と見なすこの概念によって初期キリスト教徒たちが何を言おうとしたのか、と問わずにいられなくなる。彼らは、キリストの働きを神の贖いに限っておいても良かったかもしれない。しかしそうはしなかった。彼らは歩を進め、創造における務めを彼に充てることで、事態を複雑にするしかなかったのである。

たしかにこの主張もまた、人間の生にとってキリストがもつ実存的意味を根源として、そこから生じている。存在の意味および目的にとって、キリストにおける啓示はとても根本的なものであるゆえ、キリストは存在のまさしく初めにおける形成力と考えられるべきなのである。

では、この先在する創造的なロゴスと神とはどのような関係にあるのだろうか。プロローグはここでじらしている。著者はまさに最初の節の言葉において、読者をまるでからかっているようである。ギリシャ語はこのように読める――「ロゴスは神と共にあった」。前置詞「共に」（ギリシャ語ではプロス pros）は関係を示唆する。「そして言《ことば》は神であった」（ギリシャ語の動詞はへーン hēn）。神と言《ことば》は同一である。文の最初の節にあった「神」の前におかれた定冠詞（ギリシャ語でトン ton）は、第二の節では失われている。この小さな文法的細部から、ロゴスと神との完全な同一性を意図しているわけではない、という示唆を読み取った人たちもいる。これは、「ロゴスは神的なものであった」といった意味だというのである。しかし、このような解釈は定冠詞の欠落が意味するところを深読みしすぎている、と私は考えている。

プロローグのこの文は、読者をただちに第四福音書における基本的なキリスト観へと導き入れる。ロゴスは別個の存在であるが、それでいて神と同一である。つまり、神とロゴス（あるいはキリスト）との間の関係には個別性と同一性の両方がある。「神と共に」――「神であった」！　我々はプロローグを、後代の教会のキリスト論的告白のように読ませたくはない。これは、教会が三位一体の概念に取り組むよりもずっと以前に書かれたものである。それでもこの章句を素直に解釈すれば、著者がここで我々をキリストと神との関係の核心に存在するパラドックスへと導き入れている、と理解せざるを得ない。いかにして個別性（区別、分離、二つであること）と同一性（一つであること、等しさ）が同時に存在しうるだろうか。著者は我々に語らない。我々がこれらの語の意味を捉えようと知識を広げている時に、舞台の袖にいるヨハネの笑い声が聞こえてきそうなくらいである。

著者が意味しているのは少なくとも、キリストとは神的存在を表現する次元だということである。ロゴス＝キリストは神が啓示している、外部へと向けられた神の活動である。簡単な類比を考えてみよう。ある人が二つの側面ないし次元を持っている、と言われることがある。その人がどのような者であるかを表す、その人の〔外面的な〕存在という側面がある。友達や近親者に対する行動や言葉において、その人がどのような人間であるかが明らかとなる。しかし人間にはもう一つの側面がある。これは内部の、表出されない（あるいは滅多に現れない）次元である。その人と他者との親密さの質に応じて、個人的存在というこの側面は相当に大きなものであったり、ほとんど無視される程度であったりする。この例をあてはめることを許してもらえるならば、ロゴスとはその、神の外側に表れている側面である。それは、神がロゴスの中で語り尽くされているということを意味するのではなく、（キリスト教徒なら確信しているように）人間にとっての神的存在の意味がこの神の存在表現によって明示されているのである。もしこれがプロローグの著者が心に抱いていたことであるならば、ロゴスは人間が理解できるよう表現された神のそのような〔外から認識できる〕次元である、と著者は述べているのである。

ここから我々は、いま福音書の中にあるプロローグの核心である、有名な14節「言《ことば》は肉となって、わたしたちの間に宿られた」へと導かれる。表れ出た神的存在は一つの被造物の中にその住まいをとり、しばらくの間、他の人間たちの間で生きている。神の存在が表れ出たこの面は、物理的に存在している。触れたり、見たり、聞いたり、感じたりできる、肉的な者となった。この「肉的なロゴス」は、第四福音書記者にとっては、もちろんナザレのイエスその人である。この宣言はキリスト教にとって、受肉キリスト論の規範的な主張である。ロゴスは神であり、いまやロゴスは人間となったと主張されてきた。

キリスト教運動の創始者のアイデンティティを明確化するこの努力の重要性を十全に理解するためには、新約聖書における他の類似した宣言と簡潔に比較してみる必要がある。新約聖書におけるキリスト概念には三つの基本的なものがあると言えよう。その三つを「養子キリスト論」「代理人キリスト論」「受肉キリスト論」と名づけることにする。

養子キリスト論は、イエスは神への従順さのゆえに、神のメシアとして養子にされた人間であるという。この養子化は、イエスの宣教活動中のある時期に起こったのかもしれないが、それが復活の意味だったと言い表されることの方が多い。この見解によれば、キリストの先在やその誕生における神の主導権は存在しない。彼は従順な生涯を送り、神の特別な人、メシアとされた。この種のキリスト論的思考は、私が思うに、キリスト教徒たちが自分たちの創始者を理解する最初の方法であったかもしれない。しかしそれは、新約聖書文書には現在かすかにしか残っていない。それは、キリスト教徒がすぐにキリストのことを（こう言ってよいならば）より高尚な用語を用いて考え始めたからである。しかし、初期の養子キリスト論は、新約聖書の使徒言行録二章36節、三章13節、ローマ書一章3―4節といった章句の背後に潜んでいる（さらにこの立場を擁護するものとして、

J. A. T. Robinson, *Twelve New Testament Studies*, 139-53を参照)。

仲介者キリスト論は、新約聖書においてより一般的に見られる。ある言い方では、このキリスト論は啓示と救済の機能を担う代理者を遣わす策を神がとったと主張する。この種の思考は、神がイエスを「送った」と簡潔に言って事足れりとしている新約聖書のすべての章句に含まれている。興味深いことに、第四福音書が好む表現の一つはこれに類したものである(三34など)。またこれは、他の新約聖書文書、たとえばマタイ福音書一〇章40節やローマ書八章3節などにも現れている。このようにイエスは、使信と使命を受けて送り出された神の預言者として認識されていることがある。マタイ福音書とルカ福音書の誕生物語は、本質的には仲介者キリスト論の表現の一種である。この場合、仲介者は単なる人間を超えた者である。その存在はなんらかの仕方で神が特別に働きかけることによって形作られる。それでもなお、仲介者の性質が、特別に選ばれた人間であれ、人間を超えた存在であれ、その機能は仲介者、代理人、あるいは使節とも言えるのである。

キリストに関する主張で最も大胆なものは、受肉キリスト論という形をとっている。キリスト認識のこの方法では、ある種の先在が主張されている。キリストはこの世界に人として現れる前から存在していたと考えられている。これは受肉キリスト論の中心テーマである「神的存在が人間の姿になった」と同じくらい重要であり、またそのテーマの論理的必然である。とすれば受肉キリスト論の貢献は、キリストの神的な性質を主張すると同時に、この神的なキリストが人間の形をとったと主張することである。第四福音書のプロローグは、新約聖書における受肉キリスト論の最も完全かつ最も明快な主張である。けれども、コロサイ書一章15—20節は、その受肉の主張においてこの

型	天の／人間の生涯	宣教	高挙
養子キリスト論	従順な生涯	神の養子	天での報い？
代理人キリスト論	従順さ	神の宣教	天での報い？
受肉キリスト論	神の「子」としての先在	神の啓示	天での地位

図1・1

プロローグにほとんど匹敵する。フィリピ書の賛歌（二6―11）はしばしば議論されるが、これに類似した見解を示しているかもしれない。

図1・1は、新約聖書に見られる三種類のキリスト論の相違点及び類似点を述べようとするものである（この図に加えて、Reginald Fuller, *The Foundations of New Testament Christology*, 243-46を参照）。

そうすると、第四福音書のプロローグは初期キリスト教の受肉思想の最も洗練された実例を我々にもたらしていることになる。ここでは先在のロゴスの神的な性質が最も明確に主張され、またそのロゴスが人間となった、あるいは肉体をとったことが断固たる形で宣言されている。一章14節は人間となったことを宣言しているだけでなく、より多くのことを述べている。「住んだ」（新共同訳「宿られた」）と訳されている動詞（ギリシャ語eskēnōsen）は、文字通りには「野営をする」（あるいは「天幕を張る」）といったことを意味する。これが暗示するのは、ロゴスは旅の途中にあり、その旅の一部分としてしばらくの間この世界に滞在する、ということである。ここにキリスト教の使信の核心が述べられている。我々の務めは、この使信への賛成や反対を論じることではなく、このような思想を生み出した宗教的精神（あるいは共同体の精神）を指摘し、それに驚くことだけである。私はプロローグの内容を、最初のキリスト神話と呼びたい。ここでなされているキリストについての主張は必ずしも真実でない、と主張したいわけではない（もちろん、「神話」という語のこの誤った用法は永遠に葬られねばならない）。私が言いたいのは、宇宙的でこの世を超えたロゴスの存在やその振る舞いに関するこれらの主張は、その最も深い意味において詩的かつ想像力をかきたてるものだ、ということである。それらはキリスト教共同体の個々人の生におけるキリストの意味と位置とを表現する手段である。プロローグは、初期キリスト教徒および彼らの現実認識に関する何かを語るため、日常的で歴史的な、「事実に関する」描写から成っている。神話は、存在を性格づけ体系化してくれる、人間の生と世界についての見方である。生に意味や目的を与えるものを言い表そうとする時、人は神話的に話す。そうすることは、信仰者の経験や姿勢と正確に合致する世界理解の一つのモデルを示すことである。

これこそ、プロローグのキリスト神話がその神話の誕生した共同体において果たしていた機能である。それは〔生の〕意味と目的の手本となるものをはっきりと述べ、礼拝共同体の経験すべてを包含する宇宙的な視点を提示している。それは、ひどく恐れたり、完全に絶望してしまうことなしに命を生きることが可能となる視点をはっきりと述べている。実際、どの宗教共同体もこのようにして生に意味を与える神話の中で自らを説明しているのである。我々のプロローグは、キリスト教を起源とするそのような神話の秀逸な例である。

一章19—51節におけるキリスト論的称号

《読者の準備》 一19—51を読む。この部分においてキリストに関して用いられているすべての称号を一覧にする。またここで彼に関してなされている他の主張もすべて記録する。

本福音書の第一章には、キリスト論的な主張が溢れそうなほどに詰め込まれている。プロローグでは、ロゴスとその受肉に関係づけられた主張に相対した。プロローグに続く数節の章句では、一連の称号すべてがキリストに適用されている。実際これらの称号を見渡すと、それらは実のところ、第四福音書が自らのキリスト理解を説明するのに用いている多くの主要な呼称を要約したものである。

この章句において我々が出合う、キリストに対する最初の称号は、洗礼者ヨハネの口に入れられている「神の小羊」である（29、36節）。この称号から思いつく意味として可能なものは実に様々なので、概観しておくだけにとどめよう。新約聖書のあちらこちらでキリストについて用いられている称号の大多数がそうであるように、この称号は多くの意味を持ちえた。

過越の小羊は、おそらくこれらの意味の中で最も明らかなものであり、これについてはすでに序章で言及した。小羊は過越の祭儀と特別な関係があり、束縛から人々が解放されるというイメージを呼び起こす。

犠牲の小羊もまた考えうる。洗礼者は「神の小羊」という表現の意味を、「世の罪を取り除く」者と言うことによって限定する。これは、この表現の意味が過越の小羊ではなく、犠牲の小羊（あるいは犠牲であると理解された過越の羊――一コリ五7を参照）であることを示唆する。彼の死は、礼拝者の深い悔恨の象徴となる。その死はある意味で贖罪である。つまり小羊は神に捧げられ、その捧げ物が罪を取り除くのである。過越の小羊と犠牲の小羊とは関連づけられているかもしれない。もっとも、過越の小羊の死が犠牲の一つの形と考えられていたかどうかには議論の余地がある。

「神の小羊」称号と関連する三つ目のものは、ユダヤ教黙示文学に現れる。この文学には、終局時のドラマの中に小羊がいることが多く、しばしばこの世界の中で悪が破滅する際に中心的な存在である（この種の小羊イメージの一例は、黙示録五章に見られる）。

最後に、第二イザヤの苦難の僕（四二1―4、四九1―6、五〇4―9、五二13―五三12）は、ある箇所において小羊として描かれている（五三7）。多くの者が初期キリスト者はこの苦難の僕像という文脈の中でキリストを解釈したと考えているので、中には当然ながら、「神の小羊」称号のこの使い方にも〔苦難の〕僕への暗示を見いだす者もいる（以上、この称号が持ちうる意味についての要約の一部は、Raymond Brown, *The Gospel According to John* に拠っている）。

では、我々の手元には何があるのか。「神の小羊」という称号を用いることで、福音書記者はキリストが次のいずれか、あるいはすべてである、と言おうとしているのかもしれない。(一)神から与えられた、束縛からの新たな解放をもたらす新しい過越の象徴である。(二)その苦難と死によって人間の罪を取り除くことができるようになった、罪なき犠牲者。(三)世の終わりに、世のすべての悪を打ち負かすために現れる人物。(四)その苦難が他者の罪を償う、神の僕。悪に勝利する者という黙示思想的なキリストは本福音書にも言及されているが(例として一二31)、それは重要なテーマではない。過越への言及という説が魅力的なのは、本福音書記者の図式によれば、イエスは過越の小羊が食事の準備のために屠られるまさにその時間に、十字架につけられたからである。この解放という観念は、その死が罪からの解放をもたらす犠牲の小羊と確かに結びつけられている。そしてその観念は、第二イザヤにおける苦難の僕の概念に明らかに根ざしている。

イエスは神の小羊であるという主張によって福音書記者が我々に理解させようとしているのは、イエスは神の代理人であり、その生と死によって〔人間の〕解放が生じるということである。第四福音書では、イエスが罪からの贖いだと見なされていることを示す言葉や思想は極めて少ない。我々の福音書記者にとってイエスの死は、犠牲というよりもむしろ、イエスの高挙のアイロニー的な手段なのである。したがって、おそらく第四福音書記者は、キリストがもつ解放という特徴を、贖いの死というよりも広い観点で理解してほしいのである。「あなたたちは真理を知り、真理はあなたたちを自由にする」(八32)、そしてもちろん、第四福音書によれば真理であるのはキリスト自身である(一四6)。神の小羊は、解放を行い、神を啓示する者である。自由を与える彼の働きは、厳密にはその苦難と死によってではなく、まさにその人格を通じて生じる。イエスを知ることが、自由になることなのである。このように、第四福音書記者は「神の小羊」称号を用いつつ、そこに今までにない斬新な意味を与えている。とはいえ、それはこれまでの様々な意味と連続しているのである。

この章句では次に、本質的にはすべて同じ意味、すなわちイエスがメシアであることを示すいくつかの称号の最初のものに出合う。それらは「神に選ばれた者」(一34の異読)、「メシア」(一41)、「モーセが律法に記し、預言者たちも書いている方」(一45)、そして「イスラエルの王」(一49)である。これらすべては、来るべき神の特別な代理人に言及するやり方であり、公正に支配するであろう理想の王に対するユダヤ教的な期待が詰まっている。しかし紀元一世紀までに、すべてのメシア称号は政治的支配者以上のものを示唆するようになった。そこで含意されていたのは、ユダヤの民を政治的・経済的抑圧から救う者、宗教的な不正や虚偽を正す者、この世の悪の力を破壊する者であり、人間や超人、また天使のような種類の神的被造物など、様々に考えられていた。

これらのメシア称号において福音書記者が強調しているのは、まさにこのイエスが、未来の救済者像に結びついた期待のすべてを成就する者だ、という確信である。福音書記者とキリスト教共同体は、この福音書のまさに冒頭において一つの事実、すなわちイエスがメシアであるということを明確に示すことによって、町の指導者たちからの反論に答えていたのか。メシアに対して用いられている幅広い称号全体は、この点を主張することでひとつになっている。この章句は明瞭に、「我々キリスト者がイエスはメシアであると信じているか否かについて、まだ確信を持てない者がいるのか」と問うているのである。

このことが、49節で用いられている神の子という称号につながっている。ここで問うべきは、歴史的に先行するどのようなものが結合し、福音書記者が心に抱いていたと考えられる意味を生み出しているかである。ヘブライ語聖書における背景からすると、「神の子」はただ、油注がれたイスラエルの王――とりわけ、神によって選ばれた者を意味しているだけかもしれない（例としてサム下七14）。イスラエルの人々は時に「神の子たち」と呼ばれていた（ホセ一10、RSV〔改訂標準英訳〕）。神的な者という意味での神の子という概念は、ヘレニズム世界で生まれた。神人（divine man）は、とりわけ神に由来する権力を与えられた者を意味していた。この称号はキリスト者たちによって、キリストを表す称号として最初期から取り入れられており、神との関係でキリストが持っている特別な地位を伝えるためのものであった（例としてロマ八3）。

この称号をキリストに適用する際、福音書記者はどの程度までキリストが神的であると言おうとしているのだろうか。以下では、「御子」（Son）という一般的な称号の用例を検討しよう。著者はこの称号によって、〔イエスの〕神性が特に重要であることを示そうとしている。しかしここでは、「神の子」称号はメシア称号と緊密な関係を持って現れる。ナタナエルは、「神の子」称号を明らかに「イスラエルの王」の同義語として用いているように描かれている。つまりこの場合は、伝統に沿ったメシア的意味である。福音書記者はこの意味をもっと大きな意義をもつものへと変化させたがっているように見える。その意図はもしかすると、イエスは確かにメシア、神の子、イスラエルの王であるが、さらにそれ以上の者であると示すことなのかもしれない。

第一章後半におけるこの一連のキリスト論的称号の頂点へと進む前に、この部分にある別の問題に触れねばならない。これらの称号とともに、イエスと洗礼者ヨハネとの関係という、繰り返し扱われてきたテーマがある。洗礼者ヨハネのキリストについての証言を描く物語の文脈で、この〔両者の〕関係について以下の四点が示される。

一　キリストは洗礼者より偉大である。これは一度のみならず、二度言及される。洗礼者は、かがんでイエスの履物の紐を解くにもふさわしくない（一27）、なぜならキリストは洗礼者よりもはるか先に位置づけられるからである（一30）。

二　洗礼者は、「彼はわたしより前にいた」（一30）と述べる。これは単にイエスがヨハネよりも年長であったという意味かもしれない。しかしヨハネ福音書にはキリストの先在のテーマがあるので（八58、またプロローグ）、福音書記者はここで、洗礼者にキリストの先在を証言させていると見ることが可能である。

三　洗礼者ヨハネの洗礼は水を用いる。キリストは聖霊によって洗礼を行う（一33）。これは明らかに、まさに聖霊という賜物をキリストが与えたゆえに、キリストが洗礼者よりも優れているという主張である。洗礼者ヨハネの賜物は、悔い改めの象徴としての水による洗礼である。

四　洗礼者は光ではなく、ただ光を証言する者であった（一8）。

なぜ、このすべてがイエスは洗礼者ヨハネよりも優れていることを示そうとするものなのか。第四福音書記者は、洗礼者がメシアであると信じていた人々を知っていたからだと論ずる者もいる。そうすると、この議論はその人々に対する反論ということになる。この可能性はある。なぜなら、洗礼者が一群の追随者たちを惹きつけていたようだからである（35節を参照）。彼らが、特に自分たちの指導者の死後に、洗礼者がメシアであったと主張していたことは十分にありうる。また、福音書記者が、キリスト者に対する非難に応えている可能性もある。その非難は、「あなたたちのイエスは、洗礼者のそれとよく似た預言的な声にすぎなかった。それ以上の者ではなかった！」といったものだったのかもしれない。福音書記者は、イエスは洗礼者とは全く別のカテゴリーの者であると主張することによって、この非難に応える。この応答ができる限り最大の重みを持つよう、著者はそれを洗礼者ヨハネ自身の口に入れている。

　よって、イエスはこれらすべてである——神の小羊、神に選ばれた者、メシア、律法の中でモーセによって、また預言者によって告げられた者、イスラエルの王、洗礼者ヨハネよりもはるかに優れた者。さて、我々はイエスのアイデンティティに関するこの小論の頂点に到達した。キリストについて用いられているこれら一連の称号のうち、最後のものは人の子である。福音書記者が、それ以前に現れる称号すべてをイエスに受け入れさせていることは重要である。ヨハネのイエスは決して、自分に向けられたさまざまな信仰告白に反対したり、それを訂正したりはしない。しかし49節におけるナタナエルの確固たる信仰告白の後では、イエスは「天が開け、神の天使たちが人の子の上に昇り降りするのを、あなたがたは見ることになる」（51節）と答えている。たしかに、イエスはこれらすべての称号が示す意味におけるメシアである。たしかに、彼は洗礼者ヨハネよりも偉大な者である。それでもなお、彼の真のアイデンティティはこの「人の子」という表現のもつ意味の中に隠されている。

この称号の意味については数多くの研究がなされてきた。だが我々にとっては、この称号は単に神の特別な代理人を表しているという点に注意するだけで十分だろう。ユダヤ教の神話は、天地創造の時から神とともにいた天的な人物像というものを生み出していた。この人物は神の選びの時、今の時代が終わる時に、悪を打ち倒し、地上における神の支配を打ち建てるために人間たちの中にやってくるであろう。この人物はメシア的な人物を表しているが、その性質が人間を超えた人物でもある。かつては人間の原型であり、終末において人間性を回復させる者であった。その存在は神秘的であり、歴史に介入してその終わりをもたらすことになっている時までは隠されている(ダニ七13―14を参照。そこにはヘブライ語で「人の子」という表現がみられるが、これをNRSVは「人間」と訳している)。

私の考えでは、福音書記者は「もしキリストに対して称号を用いたいのであれば、最もふさわしいのは人の子だ」と言っているのである。我々の著者は、この章句でイエスに対して用いられている数々の称号のうちで、この称号を明らかに好んでいるようである。そうではないかと思える理由は多数考えられる。第一に、人の子称号は福音書記者が受け取った伝承の中で顕著な位置を占めていたのかもしれない。もちろん第四福音書はこの称号およびその顕著さを、共観福音書と共有している。これは諸伝承が共通に保持していた点の一つである。第二に、福音書記者がこの称号を好んだのは、それが神秘的な存在を表しつつも、〔解釈の〕余地をまだいくらか残していたからなのかもしれない。著者はその曖昧さを利用することができた。もしかするとこの著者は「人の子」の意味を、ヨハネの教会が持っていた伝承に見いだされるキリストについての確信から、またその伝承に対する自分たち自身の解釈から形成したのかもしれない。この称号は、本福音書において見いだされるキリストについての独特の主張――これまで考えられていたメシアについての認識を打ち破る主張――が創造的に発展していく余地を与えたのである。

本福音書が好む、御子（Son）という単純な称号は、「人の子」（Son of Man）称号からつくられたものかもしれない。この称号は、第四福音書においてキリストを表す名称の中で多数を占めており、約一八回用いられている。さらに我々は、御子について、また御子と父との関係についての第四福音書の主張をより深く検討し終えるまでは、ヨハネのキリスト論については触りだけにしてきた。ヨハネ福音書一章19―51節においては「人の子」称号が目立つために（この称号は、六53、九35、一三31など、他の箇所でさらに一二回用いられている）、「御子」称号は福音書全体において「人の子」称号の短縮形として機能していると考えたい。しかし「神の子」もまた七つの章句に現れる（たとえば三18、一一27、そして強力な二〇31）。修飾語のない「御子」称号は、〔「人の子」と「神の子」という〕より長い二つの「御子」称号がもつ内容および関連をヨハネ的に総合したものなのであろう。「御子」称号は共観福音書にはほとんど現れない。現れるのは、マタイ福音書一一章27節、ルカ福音書一〇章22節、マルコ福音書一三章32節、マタイ福音書二八章19節（マタイ福音書に独特の句）である（マタ二四36は、第一福音書記者〔マタイ〕がマルコ福音書に依存していることを示す最も有力な例である）。パウロもまた時折「人の子」称号を用いていることは（たとえばロマ一3、9、八3、29、

32、一コリ一9、15、28、ガラ一16、四4、6、一テサ一10)、それが初期キリスト教伝承では広く知られていたが、ヨハネの伝承における ほど好まれてはいなかったことを示唆しているのかもしれない。

ヨハネ福音書やその他の文書においてこれらの称号がどのように機能しているかを問うのは、ここでいったん止めておこう。それらは、信仰の内容については多くを語っていないのかもしれない。つまり、称号はただそれだけのものであり、それ以上のものではない。それぞれの称号は、その呼称が以前に用いられていた仕方とはかなり異なった、それ自身の意味を帯びている。それゆえに、ヘブライ=ユダヤ文学およびヘレニズム文学における称号の用例を探索しても、我々の目の前にある文書〔ヨハネ福音書〕における意味を見いだすためにはほとんど役に立たないかもしれない。私が思うに、歴史的文脈を基にして意味の根本を定めることは難しいし、ある称号の社会的な意味を見いだすこともまた困難かもしれない。それでは、何が残されているのか。我々がなしうる最大限のことは、本文を研究し、称号というものが特にこの文書において何を意味するかを見定めようとすることである。

人の子、父と御子の関係

《読者の準備》 ヨハネのキリスト論の核心を理解するため、以下に散りばめられた章句を読み、人の子および父と子の関係について何を語っているかを捉える。

一　「人の子」章句　一51、三13—15、五27、六27、53、62、八28、九35—38、一二23、34—36、一三31。

二　父と御子の関係　三16—17、31—35、四34、五19—23、37、六29、38、40—46、七16、28—29、八16、36—38、42、54、一〇17、30—38、一二45—49、一四9—11、20、28、一六5、28、一七8、11—24。

「人の子」および「御子」という称号はヨハネのキリスト論の核心を構成している。第四福音書記者が御子および人の子としてのキリストについて、またその父との関係について語っている内容を我々はどのように理解すべきであろうか。このテーマに取り組むため、関連する章句が語っていると思われる事柄を九つの提題に要約することにしよう。読者はこの福音書の中で検討しておくよう求められていた証拠を踏まえて、以下の主張を確かめてみてほしい。

第一に、イエスは人の子である（九35—38）。これは明白な点かもしれないが、最初に述べておく必要がある。福音書記者は、ナザレのイエスがまさしくこの神秘的な人の子であることを読者に理解してほしいようなのである。

第二に、彼の家は、神のいる天の領域にある。ヨハネ福音書三章13—15節はこの考えを最も簡単に述べている。人の子はその天的な家に起源をもち、人間界に降りてきて、彼の任務が完了した後に再び〔天に〕昇るであろう（三13、六62、一六28）。彼はこの世に属していない。彼の起源は別の場所――すなわち神のもとにある。彼は不思議なことに、どこでもないところから現れ、しばらく人間のうちに留まり、それから去っていく。このため、第四福音書においてはイエスがどこから来たかについて多くの議論がなされる。イエスが、自分は天から下ってきたパンであると主張すると、敵対者たちは混乱した。彼らは、イエスの父と母を知っていると言う。彼らはイエスの出自を知っていて、それは天ではない（六42―43）！　同様に、彼らはメシアがガリラヤから現れることを信じられないが（七41）、それは、メシアはユダヤから出ると考えられていたからである。イエスが、再び天に挙げられることを、「立ち去る」という表現で語ると、聴いていた者たちはさらに混乱した。もしかして、自殺でもするつもりなのだろうか（八22）！　下降と上昇というテーマは、イエスの言葉を群衆が完全に誤解していることを福音書記者がどう描くかの良い例である。メシアの出自は、紀元一世紀のユダヤ思想にとっては重要な身分証明であり、我々の福音書記者はその〔メシアの起源への〕関心を利用して、人の子がこの世から出たものでないという点を繰り返し述べているのである。

　第三に、御子が父によって遣わされたという考えは、御子の出自や目的地が天であることと結びついている。この考えを表現している章句は多すぎてすべてを検証できないが、さしあたって三章34節、四章34節、八章26節、九章4節、一七章3節を見れば事足りる。一種の宇宙的な預言者のように、御子は人間の世に派遣される。神によって派遣された者として、父の代わりを務め、神のために語る。使者に関するこの時代の独特な考えだが、使者は送り出した者の権威を身に帯びている（人の子の権威については、第六の点において述べよう）。外交使節のように、御子は父に命じられて、父の権威を身に帯び、神の代理として行動する。人の子の権威および父の機能を引き受けることについて後に語らねばならないことの多くは、この彼が派遣されたという発想に根ざしている。我々が仲介者キリスト論と呼んできたものは、第四福音書のキリスト論を最も明確に表している。しかしこの仲介者は（洗礼者ヨハネのような）単なる預言者ではない。彼こそが他ならぬ人の子なのである。

第四に、人の子は「挙げられ」、天に昇る。この昇天に関する言葉は二種類ある。

a　第一のものは、イエスが自ら「栄光を受けること」について語っている言葉である。自分の死は栄光を受けることであり（一二23）、自分を誉めたたえることは父を誉めたたえることなのである（一三31）。このアイロニー〔逆説〕はすでに明白である。彼は死ぬのであり、その死は現実に彼の栄光となる。

b　第二の種類の章句は、この逆説を強化する。イエスは自分が「挙げられる」ことについて三度語っている（三13―15、八28、一二32）が、このギリシャ語の単語は曖昧である。それは十字架につけることを意味しうる（つまり、犠牲者を十字架に挙げること）。また、高挙や、ある人に栄誉を与えることをも意味する（たとえば、王が玉座に挙げられること）。自分の死を「挙げられること」としてイエスに語らせることで第四福音書は、屈辱に満ちた十字架刑というまさしくその現場で、イエスは実は栄誉を受けているということを示唆する。それが彼の崇高さなのである。イエスは、自分が挙げられる時に、自分が実は何者であるかが明らかとなり（八28）、天の家へと向かう旅立ちが完遂されるだろうと言う（一二34―36）。

「挙げられる」というこのテーマについては、さらに二つの事柄が観察に値する。まず、これはヨハネ的アイロニーおよび意味の二重性（double meaning）の良い例である。第四福音書記者は、二重の意味をもつ言葉を用いた、ちょっとした言葉遊びを好む。それらを言葉遊びと呼ぶのは、福音書記者が言語をもてあそんでいることを示唆するためであるが、この技法は、常に真剣かつ重要な点を形作っている。「あなたたちは、人の子を上げたときに初めて、『わたしはある』ということ……が分かるだろう」（八28）という句には、確固たる逆説〔パラドックス〕が感じられるほどである。すなわち、「あなたが私を通常の犯罪者として最も卑劣な方法で処刑するときに、あなたは私の高挙、すなわち私の真のアイデンティティの啓示を生じさせることになる」というのである。二重の意味で言葉を用いている別の例は、三章8節におけるギリシャ語プネウマ（pneuma）である。この語は「風」と「霊」の両方を意味する。三章8節ではこの一つで二つの意味をもつ語を使用することで、福音書記者はちょっとしたメタファーを紡ぎ出している。風は自由に動き回り、人間の力によって制御することができないが、神の霊も同様である。

次に、人の子を挙げるというテーマは、十字架に関するヨハネ神学の要点である。福音書全体を通して（特に受難物語の叙述において）、著者はイエスの死が彼の正体を啓示していることを強調する。ゆえに、その意味は、十字架刑は人の子を、その本当の姿ゆえに誉めたたえている、ということにある。もちろん、何度も言われてきたことだが、ヨハネの受難物語においてイエスは被害者のようには行動していない。彼は軽蔑と屈辱に耐える者を演じてはいない。むしろ、訴訟手続きにおける最高の君主のように振るまっている。ヨハネの視点からはまさにそうである、なぜならヨハネにおける受難物語は、王が自分の戴冠式に進む物語だからである。それは、名前を伏せていた君主が自らの正体をすべての臣下に対して明示する、という物語である。結果として、屈辱のテーマはヨハネ福音書にはほとんど見いだされない。イエスが屈辱を与えられているように見えるとすれば、その屈辱は高挙の過程の一部なのである。人の子、ヨハネ福音書のキリストが、屈辱を受けるということはあり得ない！　人の子が人間の影響下に置かれることは、自らが栄光を受けるための手段としてそれを許す時以外にはない。

ヨハネ神学のこの側面は、第四福音書をルカ福音書および使徒言行録の視点と比較することで明らかになる。ルカの物語は、十字架刑と復活を昇天から明瞭に区別している。四〇日間、復活したキリストは弟子たちに現れた（使一３）。それから、彼らが見守るなかキリストは「天に上げられたが、雲に覆われて彼らの目から見えなくなった」（使一９）。他方、ヨハネ福音書の大部分が示唆しているのは、十字架刑がその「挙げること」だという点である。復活したキリストは高挙のキリストと区別されていない。十字架刑は高挙を意味しており、それを表現したのが復活である。このように、ヨハネ福音書において十字架刑と復活は結び合わされている。復活そのものが、十字架刑のもつ意味である。復活とは十字架刑がもたらす高挙である。したがって、第四福音書記者は使徒言行録に見いだされるような昇天の場面を用いない。

だが我々は、証拠がこれほどしっくりとはしていないことを告白せねばならない。ある章句は、復活後の昇天について語っているようである。復活したキリストはマリアに対して「わたしにすがりつくのはよしなさい。まだ父のもとへ上っていないのだから」と語る（二〇17）。この将来の昇天についての言及は、ヨハネ思想の図式のどこにもしっくり収まらない。二〇章17節では福音書記者が古い伝承を繰り返しているのだろうと見ることもできるかもしれない。福音書記者自身は、昇天が十字架刑―復活において実際に起こったと考えていたとしても、復活したキリストの将来における昇天への言及は繰り返されている。もしそうだとすれば、第四福音書に見出されるいくつかの矛盾を説明できるかもしれない。それらは一方では共同体の伝承を保存し、他方ではその伝承の新しい解釈を詳しく述べるという、著者の二重の努力の結果かもしれないのである。

人の子および父と御子の関係についての第五の主張は、御子の働きは神の働きということである。父は御子に、神の特権のためとっておかれていると通常は考えられている任務を託した。したがって、通常は神が行うと期待されていることを、御子が行う。ひとつの例となるのは、裁きの問題である。御子は父の代わりに裁きを行う（三18、五22、27）。同様に、人の子（あるいは御子）は命あるいは永遠の命を与える者である（三13―15、六27、53）。要するに、それは本物の存在という贈り物であり、人間存在の真の性質、あるいは創られたあるべき姿としての人間存在なのである。ヨハネにおいて、イエスはそのような命を贈与する者である。同様に、御子は神の栄光を啓示する。ヘブライ語聖書では、栄光はまさに神の存在を象徴する。御子が神の栄光を啓示すると述べることで（一三31）、福音書記者は、イエスの存在の中に神が存在している、と主張する。神の自己啓示は御子に委任されている。父の働きは御子の働きであり、そこから我々は第六の点へと導かれる。

御子は父のすべての権威を帯びている。父は御子に神的な「認証」を与えている（六27）。御子の権威も、イエスが栄光を受けることは父が栄光を受けることであるというヨハネの主張の中で述べられている（一三31）。御子に存在するこの神的な権威が、おそらく一章51節の謎めいた宣言の意味であろう。その弟子〔ナタナエル〕が「天が開け、神の天使たちが人の子の上に昇り降りするのを……見ることになる」、という主張は何を意味しているのだろうか。これは難解な概念であるが、これだけは確実に言えるだろう。すなわち、御子は神の領域における権威を持っている。御子は父との明瞭な連絡方法を持っている。あるいは、御子と父の間の関係においては連絡の回路が常に開かれていて稼働しているのである。それゆえ御子は神の権威の保持者なのである。彼の言葉が、彼の行いが、そしてまさに彼という人間が、神ご自身の力を持っている。

父と御子は一体だとされるが、別々の個性を持つ。これが第七の点である。我々がプロローグに関する議論において主張していたのは、父とキリストとの間に同一性があることを語るのがヨハネの特徴的なキリスト論である、ということだが、しかしそこには個性もある。この点は、父と御子の間の関係について語っている章句を検討すると見えてくる。一方では、一連の章句がこの両者の同一性について語っている（一〇30と38、一七1と22）。両者がひとつであることははっきり語られており、さらにその働きがひとつであることも強調されている（五19）。両者はいわば、ひとつの行為を行う共同体を形成している。御子が行うことは父が行うことである。御子は父が示すままに働く。それゆえ、少なくとも表面的には、第四福音書は父と御子が存在と行いとにおいてひとつであると主張している、と結論づけてよいかもしれない。

他方、明らかに父と御子の間の区別を述べている章句がある。御子は父に従うと言われている(四34)。そのような宣言は、御子が独立した者であり、父に従うことを選ぶ自由をもった仲介者であることを示唆するものであろう。従うということは、個性を暗示する。同様に、愛は個性を暗示する。父は御子を愛する(三35)。関係性というものを想定せずに、愛は存在しうるだろうか。その関係性は個性を当然必要とするのである。最後に、父は御子よりも偉大である(一四28)。たしかにこれもまた個性を示唆している。それは、御子が明らかに父に従属しているとはっきり述べているのであり、これは第四福音書において父と御子が完全にひとつであり同じである、といういかなる結論にも矛盾する。

私は、福音書記者が父と御子の関係をこう叙述したのは混乱していたからだとか、それが三位一体神学をはじめて意識的に言い表したものだとか主張することは避けたい。そのどちらも正しくない。福音書記者は、我々が考察したこれらの言葉を提示するにあたり、自分が何をしているかを知っていたに違いない、と私は考える。これらの章句によって示唆されている逆説的な関係を、第四福音書記者(この人物は逆説を好んでいたように思われる。Kysar, *Preaching John* を参照)は決して見失っていない。かといって、この福音書記者は、父と御子の間の一貫した論理的な関係を詳述することに関心がある近代的な神学者でもない。著者はいかなる人間的なつながりとも似ていない独特の関係について語ろうとしていた、というのがおそらく事実だろう。

ともあれ、ヨハネ福音書は読者に対して深遠な逆説を残している。御子は父とともにいる者であるが、同一のものではない。彼は神的な存在であるが、ある意味では神に従属している。福音書記者は自分の信仰の創始者〔イエス〕の、神に対する関係を定義しようと格闘しているが、適切な解決案を提供できていない。このこと〔答えを見つけようとする努力〕に対して、我々は著者を称賛せねばならない。明らかなのは、御子が父と存在を共にする神的な仲介者でありながら、彼自身の明確な個性を持っていることである。結局のところ、この関係は謎である。

第八の点はもっと単純である。福音書記者はイエスを「独り子」と呼ぶ（三16、18、そしておそらく一18）。ギリシャ語モノゲネース monogenēs（NRSVでは only と訳される）は「その種のもののうちの一つ」を意味している。福音書記者はこの形容詞を多用してはいないが、その二箇所ないし三箇所において「御子」の意味がこの語によって限定されていることは重要だと思われる。この限定はもしかすると、イエスが〔神の〕子であることと、人間を神の子であると見なす考え〔彼らは「神の子ら」〔一12〕となれるから〕との間の厳密な区別を示唆するためかもしれない。人の子、キリストが御子であるという性質は、全く比類なきものである。これと比較できるような性質は他にない。それゆえその意味は、他にいかなる神的存在があったとしても、イエスは比類なき御子であるという点で、それらを超えているということなのかもしれない。ヘブライ書の著者は、イエスはたんに天使たちのうちの一人である、というような議論に対して戦うことに意を用いていた（ヘブ一章）。我々の福音書記者もまた、キリスト者たちがメシアと呼ぶイエスはせいぜい天使である、という非難に応えようとしていたのかもしれない。第四福音書記者は答える。そうではなく、彼は神の比類なき唯一の御子である、と。

最後に、第四福音書記者が読者に対してひとつの使信を声高にかつ明瞭に伝えようとしていることは明らかである――イエス、すなわち御子に応えることは、神、すなわち父に応えることなのである（五23）。ヨハネにおけるイエスが何者なのかという議論の要点は、純粋に神学的なものではない。福音書記者の要点は実践的なものである。いかにあなたが御子と父の間の特別な関係を定義したとしても、御子に対するあなたの応答が、神に対するあなたの応答なのである。御子を受け入れれば、神を受け入れたことになる。御子を拒絶すれば、神を拒絶したことになる。あたかも著者は、こう言っているかのようである――「まあ私は、御子と神との関係について自分が考えている以上のことを語れるような神学者ではない。しかし我々キリスト者が確信していることがある。それは、自分とキリストとの関係が、自分と神との関係をつくりあげるということだ」。このキリスト論的な議論から、高度に実践的な主張が出てきているのである。

それゆえ、第四福音書においてキリストが御子であることは、自らがまさに神と存在を共にする（それゆえに神的な）者であるということで、神との比類なき関係を意味している。ヨハネのキリスト論は、二つの異なったテーマの創造的な結婚（＝融合）である。ユダヤ思想では、神の子になることはなによりも従順の問題であった。神に従順であることが、人を神の子とした。今日でさえ、バル・ミツヴァないしバト・ミツヴァ〔ユダヤ教徒が男子一三歳、女子一二歳を迎えた時に行う儀式〕という表現は、〔律法の〕掟に従順に従うときにその息子ないし娘になるということを意味している。他方ヘレニズム思想においては、神の子であるということは宇宙論的ないし存在論的な問題である。神の子になることは、その人のうちに神の性質をもつことであった。神の子らは、神話的には神々によって生まれた。そのゆえに（単純化しすぎかもしれないが）、ヘレニズム思想においては、神が子であることはその人の本質の問題であるが、他方ユダヤ思想では、神の子であることはその人の務めないし行動の問題である。福音書記者はこの相違の橋渡しをするかたちで、イエスを御子として描いている。イエスはほぼ間違いなく、父に対する自らの従順のゆえに父の御子である（四34）。しかし彼は、それ以上の者である。まさしく彼の本質が父の本質なのである（一〇30）。我々は、後代の本質主義的な〔もののなりたちは、決定的で、それ以外には考えられない、一つないしは複数の特性（本質）によるという考え方〕言語を、我々の福音書記者に押し付けたくはない。それでも、著者はヘレニズム思想とユダヤ思想における子であることの意味の違いを認識した上で、イエスが御子であるということがその両方を満たすようにした、ということは認めてよいであろう。

「わたしはある」表現のキリスト論的意味

《読者の準備》　ギリシャ語において「わたしはある」表現が見られる、最も重要な章句は以下である。

一　述語なし　八24、28、58、一三19。
二　暗示的な述語を伴う　六20、一八5。
三　明確な述語を伴う　六35、51、八12、18、23、九5、一〇7、9、11、14、一一25、一四6、一五1、5、おそらく四26。

いくつかの箇所については、NRSVの翻訳を書き換えた以下のものを読む方が良いかもしれない。「わたしはある」語法を判別できるよう、より逐語的に訳したうえで、ギリシャ語「わたしはある」を強調し、傍点をつけてある。

六20「しかし彼は彼らに言った、『わたしである、恐れるな』」。

八18「わたしは自らについて証言を行うものである」。

八23「わたしは天からのものである。あなたたちはこの世に属しているが、わたしはこの世に属していない」。

八24「わたしはあるということを信じなければ、あなたはあなたの罪によって死ぬだろう」。

八28「あなたたちが人の子を挙げるとき、わたしはあるということを理解するだろう」。

一三19「それが起こる前に今私はこれを告げる、それが起こる時にあなたたちがわたしはあるということを信じるように」。

一八5「イエスは答えた、『わたしである』」。

ヨハネのキリストは、受肉した永遠の神の言葉である。彼はユダヤ教のメシアそのものであるがそれ以上の者、つまり父〔なる神〕の御子、また人の子である。そのような者として、彼は神と存在を共にしていながらも、父とは別の個性を持つ。第四福音書におけるこのキリスト像には、さらに他の要素、すなわち謎めいた「わたしはある」言辞のキリスト論的意味を付け加えねばならない。この表現はさまざまな角度から検討されるべきであるが、この短く入門的な概観においては、それらが第四福音書におけるキリスト観について何を示唆しているかのみを扱うことにする。

まず、「わたしはある」言辞とは何か。それはイエスの言葉だとされているもので、ギリシャ語においては強調を込めた語法（エゴー・エイミ egō eimi）で現れる。コイネー・ギリシャ語（新約聖書で用いられたギリシャ語の形態）において「わたしはある」と書く時の通常の方法は、エイミ eimi である（一人称代名詞「わたし」は動詞の変化形に含意されている）。強調したい時には、一人称代名詞エゴー egō を加えることができる。つまり文字通りには、「わたし自身である！」のような意味となる。しかしこの独特な語法は、単なる代名詞の強調以上の意味を持つように思われるということがわかってくる。

この強調を込めた語法は、第四福音書において三つの方法でイエスの口に入れられている。

a　第一のものは、明確な述語を伴う「わたしはある」である。例としては、六章35節「わたしが命のパンである」。

b　他の形は、述語が暗示されているように思われる「わたしはある」である。この形の例は六章20節である。NRSVが「それはわたしだ」（It is I）と述語（「わたし」）を補っているのはきわめて正しい。しかしギリシャ語は単にエゴー・エイミ、「わたしはある」とのみ書いてある。暗示された述語を伴う形の意味は、「わたしがその者である」というようなことなのであろうが、それでもこの強調表現は、福音書記者が何か特別なものを考えていたことを示唆している。

c　その特別な意味が明らかに意図されているのは、いわゆる絶対用法の「わたしはある」言辞、すなわち暗示的であれ明示的であれ、いかなる述語も伴わないものである。ヨハネ福音書八章24節はこの例となる。イエスは「あなたたちは、わたしが彼であることを信じなければ、自分の罪のうちに死ぬことになるからである」と語る。ここでも、NRSVは述語「彼」を補って読者を助けている。仮定されたその述語は極めて適切なものかもしれない。もっとも、ギリシャ語では「あなたたちは、わたしはあるということを信じなければ、自分の罪のうちに死ぬだろう」と書かれている（共観福音書からの例には、マルコ一四62とルカ二二70が含まれる）。

ほとんどの第四福音書の解釈者は、「わたしはある」言辞が単なる強調表現ではないことに同意している。彼らは、第四福音書がこの形式を深遠なキリスト論的意味で用いていると見ている。問題の核心は、絶対用法の「わたしはある」言辞（述語を伴わないもの）である。絶対用法という形式の意味は、明示的ないし暗示的な述語を伴う形式が持つ、より深い意味を示唆しているのかもしれない。

「わたしはある」表現の意味については、他の宗教伝承に見られる類似の表現との関係からヒントを得られるかもしれない。紀元一世紀のヘレニズム世界における諸宗教では、啓示者である神々は強調を込めたエゴー・エイミを用いて語る。イシス神は碑文において、述語を伴う「わたしはある」言辞を用いて引用されている（Howard Clard Kee, *The Origins of Christianity: Sources and Documents,* 83-84を参照）。同様に、ヘルメス文書と呼ばれる一群の文書、特にポイマンドレースが自らをヘルメスに啓示する箇所に並行例が見いだせる。マンダ教文学が関連していると主張した人々もいる。実際にはその〔マンダ教〕文学は紀元一世紀よりもかなり時代が下るのであるが、その宗教運動はキリスト教の起源と同時代に遡ると論じる人々がいる。ヘレニズム諸宗教におけるこれらの並行例のほとんどは、ヨハネ福音書における述語をともなう「わたしはある」と比較できる。たとえば、ヘルメス文書には「わたしは光の使者である」「わたしは宝である、命の宝である」のような例が見つかる。マンダ教文学には「わたしは自分の羊を愛する羊飼いである」「わたしは……する漁師である」という例を見いだせる（これらの例はほとんどがルドルフ・ブルトマンの『ヨハネの福音書』から引用されている）。

したがって、そのような強調を込めた「わたしはある」表現——少なくとも述語を伴った形——を神に帰するのは、ヘレニズムの宗教思想や宗教行為に先行例があったようである。第四福音書の「わたしはある」言辞はヘレニズム諸宗教のこれらの用例を意図的に模範とした、と見る人々もいる。彼らはさらに、第四福音書記者はヘレニズム的な神々が主張する事柄と対比して、キリストのアイデンティティを示している、と述べる。それゆえ、イエスが強調しつつ「わたしは良い羊飼いである」（一〇14）と語るとき、この表現はヘレニズム世界における神的な地位に関する他の主張と対照されるよう意図的に作られているというのである。それが事実であるかはさておき、啓示者である神について強調を込めた「わたしはある」表現を用いている先行例をヘレニズム諸宗教が提供していることは明らかである。神の口にのぼるそのような宣言は、その神が与えるべき真理の啓示が発せられていることの目印となった。

「わたしはある」言辞の先行例を求めてヘブライ語聖書およびユダヤ教にあたると、絶対用法の「わたしはある」らしきものが見つかる。ヘレニズム文学が提供するのは、述語を伴った「わたしはある」句の並行例のみのようである。ヘブライ語聖書はそうではない。出エジプト記三章14節における、モーセに啓示された神の聖なる名前の意味を思い起こしてほしい。この箇所におけるヘブライ語がどのように訳されるべきかを述べるのは難しい。もっとも蓋然性の高い翻訳の一つは、「わたしである！　それはわたしである。彼らに、わたしである〔という〕者があなたを派遣したと語れ」である。ひょっとすると第四福音書記者は、読者の側における神の聖なる名前についての認識を混乱させようとしたのであろうか。ＹＨＷＨ〔神の名「ヤハウェ」を現すヘブライ語のアルファベット四文字〕は、神の自称「わたしはある」に由来していたのだろうか。

ユダヤ教における並行例の追究がさらに熱を帯びるのは、ヘブライ語聖書のギリシャ語訳に向かうときである。この翻訳〔セプチュアギンタあるいはＬＸＸと呼ばれる〔七十人訳〕〕は、一世紀のギリシャ語を話すユダヤ人やキリスト者の間で一般的に用いられていた。多くの章句で、翻訳者たちが原語であるヘブライ語を翻訳するために強調的なエゴー・エイミを用いているのが見つかる。ヘブライ語聖書が「わたし、ヤハウェ」と読む多くの箇所で、七十人訳は「わたしはある」〔エゴー・エイミ）と翻訳している（たとえばイザ四一4、四五18、ホセ一三4、ヨエ二27）。イザヤ書においてヘブライ語が「わたし、わたしはそれである」と書いているいくつかの箇所は、ギリシャ語訳では「わたしは『わたしはある』である」となっている。これらの章句すべては神の直接発言と関係している。それらすべてが神の実在の唯一性を強調している（レイモンド・ブラウンの「わたしはある」に関する秀逸な補遺に感謝する。*The Gospel according to John*, 1:533-8.）。

一世紀の宗教的文学において用いられる「わたしはある」形式の先行例と考えられるものにざっと言及したが、ここからヨハネにおけるこの表現の意味を考えていくことができる。第一に、ある程度安心して主張できるのは、「わたしはある」形式が神の語りを指し示していることを諸用例は示唆しているようだ、ということである。我々の著者は、ヘレニズム的背景とユダヤ教的背景の双方から、この構文を神的な啓示と結びつけて用いるという着想を引き出したのかもしれない。この構文の存在は、神顕現――神の出現と啓示（語り）を示す。福音書記者は、ヘレニズム世界の読者とユダヤ人キリスト者である読者の双方の心に警鐘を鳴らすためにこの形式を用いているようである。どちらの読者がこの荘重な「わたしはある」を読んでも、人間に対する神の啓示を思い出したのである。

第二に、本福音書は「わたしはある」言辞を用いることによって、キリストについての独占的な主張を行ったと結論づけることができる。他の宗教的な主張との対比はおそらく、「よい羊飼い」（一〇11）や「命のパン」（六35）のように述語を伴う「わたしはある」表現のいくつかで暗示されている。第四福音書記者は読者に対し、他にどのような主張を聞いていたとしても、イエスこそが真の神的な啓示者である、と語っているようである。それゆえこの福音書では、ヘレニズム諸宗教におけるエゴー・エイミの用法が暗に意識されているように見える。しかし、キリストにおける独占的な真理についての主張はユダヤ教的伝統にも根ざしている。我々の書き手は、ヤハウェが真の神であるように、キリストは真の神の啓示者であると述べているようである。他に比肩すべきものはない。もちろん、著者の意図が何であったかを我々は決して知ることができない。

最後に、福音書記者の環境において、この「わたしはある」という言葉の響きは神の名前そのものを含意していたようである。その名前は口にされ得なかった。ユダヤ教の敬虔さは、聖なる名前であるYHWHを発音することを早くから禁じた。だから、イエスが「わたしはある」と言う設定において、実際に語っているのは神の名前そのものなのである。そこに暗示されているのは、彼自身が神だということなのである。彼は、聖なる名前が自分の口から出ることをも許すかもしれない。それは自分こそがその名前の示す者だからである。ヘブライ語聖書においてヤハウェが神名を語るように、キリストはその名前を語ってよいのである。もしそうであれば、新約聖書全体の中で最高の、キリストの神性を語る主張の一つがここにある。そうすると我々は、少なくとも実質的な人間という状態に関する限り、ヨハネの著者がキリストを神と考えていたことの明確な兆候を手にしていることになる。

要約すれば、第四福音書記者はこのじれったさを感じるギリシャ語構文を、十中八九、ヘレニズムとユダヤ教の両方における宗教的意味を完全に理解した上で用いているのである。福音書記者がそれを用いているのは、キリスト教信仰の創始者の神性を主張するため、またその創始者が真理および完全な人間存在の唯一の源であることを主張するためである。キリストが語る時、語っているのは神なのである。これらすべては、ヨハネ福音書の他の部分に見られるイエス観とかなり一致しているように思われる。それは福音書のプロローグと一致し、キリストがユダヤ教のメシア以上〔の存在〕であるという主張と一致し、そして人の子および父と御子の関係についての章句とも一致している。ここでなされているのは、とりわけ神とキリストの機能的な同一性を強調することである。すなわち、そこで実際に言われているのは、人間とのかかわりに関する限り、キリストと神とはひとつであって同一であり、キリストの言葉は神の言葉であり、キリストの行為は神の行為であり、キリストに対する人間の応答は神に対する応答であり、それゆえ詰まるところ、人間にとってキリストの姿とは神なのだ、ということである。第四福音書記者はこのことを一貫して主張しており、謎めいた「わたしはある」言辞はこの点を推し進めているのである。

キリストの死において完成された働き

《読者の準備》一八章から二〇章を再度読み、福音書がイエスの裁判、死、復活をどのように解釈しているかを記録する。

本福音書のイエス理解について我々が垣間見てきたことは、完全なものというわけではない。神学者たちは時折、キリスト論の問題を二つの下位項目に分ける。彼らは第一のものをイエスの「人格」と呼び、第二のものを彼の「働き」と呼ぶ。この区別によって、イエスが（特にその死において）何をなしたかということから、イエスが誰であるか（彼の本質とアイデンティティ）という点を議論のために切り分けることができる、というのである。もちろん、キリストのなしたことと人格とは相互に関係しているため、この区別は明瞭ではない。それゆえ、ヨハネ福音書の著者がこの二つを別々の問題として考えていただろうと期待することはできない。

それでも、キリストに関するヨハネの見解は、キリストが何をなしとげたと本福音書は教えようとしているか、という点抜きに理解することはできない。事実、この問題はすでに我々の議論に入り込んでいるのであり、どう入り込んでいるかをまとめると以下のようになる。

・イエスの死は贖罪としてはほとんど語られておらず、その死は解放であることを指し示すものの方がずっと多い、ということは我々が指摘してきた通りである。
・イエスの死は、栄光を受けることと見なされている。
・イエスの死のアイロニー的な性格は「挙げられる」という奇妙な表現によって典型的に表されている。
・ヨハネ福音書の受難物語は屈辱よりもむしろ戴冠式のように書かれており、それはイエスのアイデンティティの啓示であると主張されている。

これらは皆すでに述べたことだが、さらに我々は断片的な事柄を寄せ集め、本福音書における十字架に関する見解をより組織的な説明へとまとめあげていく必要がある。

実際、新約聖書は十字架についてさまざまな理解を示している。イエスの人格についての見解と同じく、十字架についても最初期のキリスト者たちは単一の見解を定めるに至っていなかった。早くから、十字架はキリスト者たちにとって明らかにちょっとした当惑の種であった。彼らは、なぜ約束されたメシアが犯罪者としてローマ帝国の手により処刑されるという屈辱を被ったのかを理解せねばならなかった。十字架はキリスト者たちにとって「神の力、神の知恵」であるとはいえ、パウロはこれを「ユダヤ人にはつまずかせるもの、異邦人には愚かなもの」と呼んでいる（一コリ一23—24）。

キリスト者たちは、自分たちの主の苦難を人間の救済のための神的な行為として体験したが、それでもメシアが死を経験することを許すという神の「愚かさ」は彼らを困惑させた。十字架はどのように理解されるべきなのか。どんな言葉がその意味を表現することができるのか。新約聖書は、これらの問いに答えようとするさまざまに異なった努力を証言している。たとえばルカ福音書は（少なくとも表面的には）比較的単純なイメージを用いている。イエスは社会の暴力に対する罪なき犠牲としての殉教死を遂げる（ルカ二三47を参照。またマコ一五39を参照）。しかしパウロは時折、ユダヤ教の犠牲儀式から借用した言葉を用いて十字架を語り、これを「贖罪」と呼んでいる（ロマ三25、ＲＳＶ）。ヘブライ書はその比喩を極端に推し進め、イエスを大祭司かつ大祭司が捧げる犠牲と見なしている（ヘブ九12）。十字架を理解するためにユダヤ教の犠牲儀式から引き出されたイメージを用いる仕方は、新約聖書時代が終わろうとする時期において、自ら有力な地位を勝ち取りつつあったようである（さらに一ヨハ四10を参照）。

この事柄についてヨハネ福音書が異なる見方を示していてもよいではないか！　もし十字架についてのヨハネ的な考えを溶かし、他の新約聖書文書から取り出された鋳型に流し込んだりしたら、それは鋳型の範囲に収まろうとはしないだろう。十字架についてのヨハネ的な見解は、独自の思想をもって我々の想像をかき立て、また我々の理解をすり抜ける。ここで、この一匹狼をもっとしっかり捕まえることができるだろうか。

まずは、ヨハネ福音書におけるイエスの受難物語を短く検討してみよう。すでに見たように、ヨハネの物語は他の三つの福音書から知られる受難物語の基本的構成に従っている。しかし独自の点がいくつかある。

第一に、ゲッセマネの園（あるいはオリーブ山――一二27を参照）における苦悩がない。逮捕は共観福音書に見られるような弟子たちの逃亡を強調することなく完了するが、宗教上の取り調べおよび政治上の裁判がこれに続いている点は他の福音書と同じである。イエスの裁判については、ヨハネ福音書と共観福音書の間で二つの大きな違いが目につく。第一は、宗教上の取り調べが大祭司カイアファの義理の父であるアンナスによって行われていることである（一八13―15および19―24）。イエスは、簡潔ながら、宗教指導者の前で自らを弁護する。ペトロの否認は、宗教上の取り調べの物語の間に、二つの場面に分けて語られる（一八15―18、25―27）。その結果、彼の臆病さがイエスの断固とした反論と対照的に提示される。アンナスがイエスを大祭司カイアファに送ったと語られるとき（一八24）、場面は内庭にいるペトロにフラッシュバックし（25―27節）、カイアファの家からピラトの官邸へとイエスが連れて行かれるときに場面が戻る（28節）。カイアファの前での聴取に関する話は全くない。

裁判の場面における二つ目の大きな違いは、ピラトの面前におけるイエスへの尋問が際立つことである。共観福音書では、宗教上の取り調べが六節にわたって詳述されているが、ヨハネ福音書では政治上の裁判が二九節を占めている（一八28―一九16）。ピラトの前での裁判はドラマチックな小悲劇として技巧的に表現されており、八つの場面で語られる。ピラトの致命的な誤りは民衆の支持を危ういものにしたくなかったことであり、最後には十字架につけるようイエスを引き渡す。このローマ人にまだ一つ残っている誠実さのかけらは、十字架に掲げた「ナザレのイエス、ユダヤ人の王」という罪状書きへのこだわりである。抗議を受けたにもかかわらず、それを撤去したり書き直したりしなかった（一九17―22）。

第三に、十字架刑の場面は無駄なく語られる。兵士たちは預言を成就するため、イエスの服をめぐってくじを引く（一九23―24）。イエスは十字架から、彼の母と愛された弟子に語る（25―27節）。イエスは渇き、酢を与えられる（28―30a）。それから「成し遂げられた」と言い、「頭を垂れて息を引き取られた」（あるいはギリシャ語の字句通りには、「その霊（あるいはひとつの霊）を引き取った」）。預言を成就するためにイエスの足は折られなかったが、脇腹は、処刑者が仕事を完了し、イエスが本当に死んだのを確かめるために突き刺された。その傷からは血と水が流れ出た（31―37節）。死体はアリマタヤのヨセフと人目を避けているニコデモによって請求され、新しい墓に横たえられた（38―42節）。それから空の墓の発見と復活したキリストの三回の顕現が続き（二〇1―29）、さらに二一章では別の顕現が述べられる。

ヨハネの受難物語には多くのひっかかる点があるのだが、我々はこの物語がもつ独自の強調点について手短にいくつか総括をすることで満足せねばならない（詳細についてのさらなる議論は、拙著注解 *John* を参照されたい）。

ヨハネの受難物語における第一の強調点は、ピラトに対する注目が際立っていることである。興味深いことに、このローマ総督は本福音書のドラマ全体においてその性格がほぼ完全に示されている脇役である。福音書記者は我々に、このイエスという人物に対して中立でいようとすることの危険性を意識しないままに福音書を読み流してほしくはなかったように思える。

第二の強調点は、イエスの死に対する責任が確実にユダヤ教指導者たちにあるということで、それはまるで祭司長たちが十字架刑を執行しているかのようにさえ聞こえるという、途方もなく極端なところまで達している（一九16における代名詞「彼ら」の先行詞〔が15節の祭司長たちであること〕に注意してほしい）。これは、教会の敵対者たちを攻撃しようとした、福音書記者の関心によるものであろう。この奇妙な発言の理由が何であれ、これをもってユダヤ人全体にキリストの死についての責任があるという歴史的な証拠であると結論すべきではない（ヨハネ福音書におけるユダヤ人についての議論は、第二章を参照）。

ヨハネ福音書の受難物語における第三の強調点は、イエス自身が中心に置かれていることである。カメラはイエスから決してピントを外さない。それはペトロの否認をちょっと覗くために向きを変えたり、ピラトが被疑者とともに舞台に登場したりする時ですらそうなのである。

第四の強調点を取り上げるには、注意深い観察が必要となる。実は、この物語はイエスが死んだとは述べていない！　もちろん、十字架刑の物語は彼の死が実際に起こったと主張している。しかし、イエスは「成し遂げられた」と語る。任務は終了した。そして彼は「息〔霊〕を引き取った」。著者は、誰の霊が引き取られたのかと疑問を持たせることで、我々をじらしている。これは、イエスが自発的に彼の霊を去らせたことを意味するのか。イエスが彼の任務を完了し、神の霊を解き放ったことを意味するのか。あるいは、詩人である福音書記者は再び、意味を重ね合わせた表現を用いていると考えるべきなのか――自発的に命を放棄することで、イエスは信じる者たちに神の霊を渡すのだろうか。この福音書の著者は、読者の仕事を代わって行おうとはしない。読者が自身で迷うままにさせておこう。とすれば結局、この受難物語の主人公を、屈辱を受けた者、あるいは犠牲となった者と性格づけることはほとんど不可能である。確かに、彼は打たれ、あざけりを受けた（一八22、一九1―5）。しかし、このヨハネ的イエスは、尊厳と落ち着きをもって振る舞っている。まさしく、彼は戴冠へと向かう王なのである。

受難物語は、イエスが成し遂げたと第四福音書記者が考えている事柄の意味を考える上での手がかりを与えてくれる。それでも、それらの手がかりから我々は、この謎を解くために福音書全体という文脈へと足早に向かっていくしかないのだが。もしかすると、その文脈を考慮することで、ヨハネ福音書におけるイエスの死の意味を、すでにその大半を扱ってきた一連のテーマに基づいてまとめ上げることができるかもしれない。

第一のテーマは明らかに、十字架はイエスの王としての戴冠である、ということである。このテーマは「挙げられる」という言葉によって示唆されている（三14、八28、一二32―34）。十字架はイエスの恥ずべき死でもあるし、彼の戴冠でもある。この戴冠はさらに、受難物語においてピラトが十字架につけた罪状書きを強調することによっても示唆されている。十字架につけられた者の上に掲げられ、三つの言語で書かれていた罪状書きをそのままにしておくという彼のこだわりは、真理を皮肉な形で言い表している。ピラトは罪状書きで、ユダヤ人指導者を愚弄し、イエスをあざけっているつもりだが、知らず知らずのうちに、また偶然にも、この支配者は真実を書いている。イエスは王なのである！　そしてユダヤの人々の王であるだけではない。そのため、その言葉はヘブライ語、ラテン語、ギリシャ語で書かれている。この者は世界の王なのである。

これらの証拠に、受難物語全体に見られるイエスの王的な態度を付け加えてみれば、一枚の絵ができあがる。イエスは、実は決して犠牲者などではなく、常に自分の運命を支配している（たとえば一九11）。自らの逮捕を許しているし（一八6―8）、本当に死んだわけでは決してない（一九30）。さらに言えば、ピラトによる裁判全体は実のところ、本当の王は誰か、カエサルなのかキリストなのかという議論である（一九14―15を参照）。ヨハネ福音書は十字架を、キリストが人間と被造物全体の王として統治するための、正当なる王座につく手段だと主張しているのである。

十字架とはイエスが昇天し栄光を受けることである。この第二のテーマは、イエスが「去っていく」過程の一部を指し示している（一六7、二〇17）。復活と結びつくと、十字架刑は、啓示者が地上における自らの任務を完了した後に、この世から天に昇るその出発を意味する。下ってきた者は、再び自分の天の家に昇らねばならないのであり（三13）、「十字架刑―復活」はその昇天の表現である。これは容易に把握しがたい概念であり、十字架刑、復活、昇天というルカ的な区分を知っている我々にはとりわけ難しい。

栄光を受けることで、昇天は完成する。栄光を与えるとは基本的に、ある人を誉めたたえることを意味する。第四福音書では、この表現は力と明晰さを備えた神的存在が登場することに関係している。第四福音書における十字架は、神的存在がイエスの上であふれ出るのを皆が見る出来事である（一二28、一七1）。十字架は、その神的な存在を見誤りようもなく明瞭に照らすという意味で、イエスに栄光を与える。十字架は、神の存在をこの世に知らせることによって、神に栄光を与える。これらのテーマにおいて著者が述べているのは、十字架において神はイエスに栄誉を与え、創造者がいま存在するという証拠を示すことによって、この啓示者〔イエス〕の働きと言葉を承認している、ということなのである。

十字架は新しい過越である。我々はすでにこの第三のテーマについて十分に語ってきたが、その証拠を見直してみよう。第一は福音書全体における過越という枠組みであるが、それは場違いな目立ち方をしている（二13、六4、一一55）。イエスの宣教の全体像は過越によって枠づけられている。イエスの死は、過越の小羊が夜の記念の食事を準備するために殺されるその時間に対応している（一九14。序章を参照）。キリストは新しい過越の小羊であり、この小羊によって神はもう一度、そして決定的に、人々を抑圧から解放する。したがって、十字架は新しい出エジプト、すなわち人類が神自身の子供となることを妨げるあらゆる抑圧的な力から人間を解放する、神の新しい行為として示される（一12を参照）。その解放はどのようにしてもたらされるのだろうか。それは神の真の性質が啓示されることによってである。人間は、真に神が誰であるかを知るとき、誤った理解という抑圧から解放される。そのことが我々を第四のテーマに導いてくれる。

十字架はこの上ない愛の行いである。このテーマは三章16節において先取りされ、福音書全体に種々異なった形でちりばめられている。神が御子を遣わす動機は、世界に対する神の愛である——たとえ世界が悪いものであったとしても。この愛は一五章13節にも見いだされる。イエスは彼の天の父の意志に従い、彼の「友」、すなわち信仰者たちに自分の命を与える。こうしてイエスの死は、神に対する人間の関係を変える。彼らはもはや奴隷ではなく、愛された友である（「友」を表すギリシャ語フィロイ philoi は、愛を表す語の一つであるフィリア philia に由来する）。そうすると、十字架は「互いに愛する」（一五12）が意味する事柄の手本ということになる。十字架は愛の模範なのである。

自らを与えるイエスの死において示された愛、およびその表現がこのように強調されていることとの関連で、この福音書にある他の多くの章句がさらに意味を持ち始める。イエスは、自らの十字架刑がすべての人々を自分自身へと「引き寄せる」ことになると宣言している（一二32）。もし十字架が神のこの上ない愛の表現だとすれば、その愛の力が人々をキリストへと引き寄せるのであり、まるで磁石が鉄片を引き寄せるように、人々を引きつけるのである。

神の愛はまた、一二章24節における種についての小さなたとえ話に解明の光を当てる。父と人間との愛ゆえに、イエスは死へと至る。しかし地に落ちた種のように、その死のゆえに新しい何かが芽生える。イエスの死はこの世における神の愛の芽生えである。カイアファが、イエスの死はすべての国民のためである、と意図せずほのめかしている一一章50節も考慮すべきである。十字架につけられたイエスの自らを与える愛は、すべての人々のためのものである。愛もまた、いかにイエスの死が清めとなるかを説明する。我々は十字架の清めを、犠牲の儀式（「血によって清める」という一般的な表現のように）から借用されたイメージとの関係で説明してもよいかもしれない。また、他者との愛において体験される一種の清めとの関係で説明してもよいかもしれない。弟子たちの足を洗うという行為によってイエスは彼らを清めるが（一三8―13）、それは十字架におけるこの上ない愛の行いを先取りする愛の行いだからである。

最後に、十字架は新しい神の家族を創造する。プロローグは、言《ことば》を受け入れて信じる者は神の子となる力（あるいは権威）を与えられる、と告げる（一12）。十字架においてこの告知が実現されている。十字架につけられつつ、イエスは新しい神の家族を創造する。彼は自分の母を愛された弟子の母とし、愛された弟子を自分の母の子とした。イエスの死は、十字架において表された神の愛を中心とする、神の家族の新しい創造をうながす。一対のブックエンドのように、プロローグにおける神の子となる力の付与という主張と、十字架の場面とが、福音書全体を包み込んでいる（この洞察について、アラン・カルペッパーに感謝する。彼の *Anatomy of the Fourth Gospel* を参照）。

これらが、ヨハネの十字架理解をめぐる五つのテーマである。十字架はイエスの王としての戴冠であり、彼の昇天と栄光を受けることであり、解放をもたらす新しい過越であり、神の愛のこの上ない表現であり、新しい神の家族の創造である。

ここで我々はおそらく、十字架においてキリストが成し遂げたことをめぐるすべての議論をもっと簡潔かつ組織的なやり方で要約すべき位置にいるだろう。我々はまず、第四福音書における十字架の意味は啓示の完成であり、啓示は贖いである（つまり、それは人間を神との親しい関係におく）と言うことができる。神の真の自己の啓示はその内部に、人間が神から離反してしまうことに打ち勝つ力を持っている。人間性の壊れは、真理の不在に根ざしている。その真理（神のアイデンティティ）が現れることは、神との関係を再構築させる。こうして、「真理を知る」（八32）ことは神との正しい関係に入ることと同義になる。

それから、十字架およびイエスの宣教全体の啓示は愛の表現であり、愛が解放すると言うことができる。神の真の自己の啓示は、神が人間に対して抱いている愛の表現である。その愛が、罪の束縛と離反を打ち破る力であると知ることによって、人は神と「友」の関係になることができる。十字架に対するこの見解が内包しているのは、神の愛の力の解釈である。

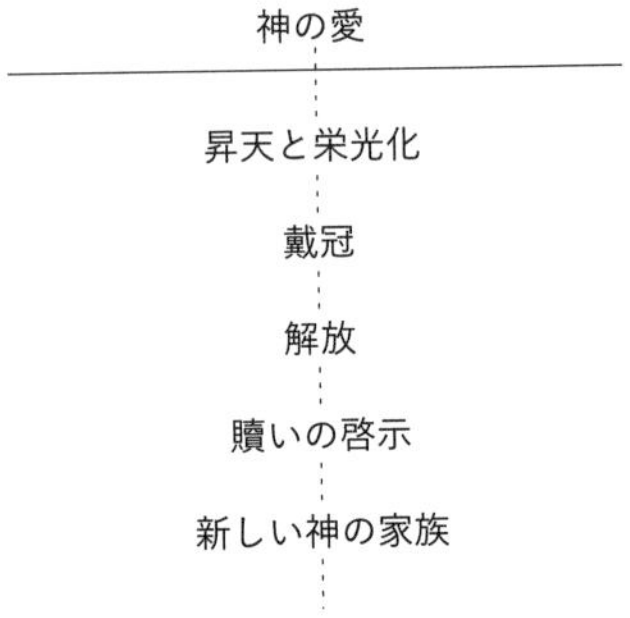

図1・2

最後に、これらすべてはアイロニー〔逆説〕を通じて表される。だから、十字架は神のアイロニーであり、啓示そのものがアイロニー的であると言わねばならない。啓示はアイロニーである。なぜなら、人間が神のようになるために必要なものの正反対を伝えているからである。この啓示の手段が十字架である。神の子の処刑はまさにアイロニーであり、我々人間が考える究極の存在の啓示のまさに正反対である。しかし、この十字架こそが、まさしく神自身が示す証明なのである。アイロニーは、ヨハネ福音書においては文学的技法以上のものである。それは神学的なカテゴリーの一つである、というのも、神の啓示の行為が――人間の目から見れば――アイロニーだからである（ゲイル・オデイの挑発的な本、*Revelation in the Fourth Gospel* を参照）。もしかすると、図1・2がヨハネにおける十字架の意味を要約する助けとなるかもしれない。

結論

ヨハネ福音書は、キリスト教運動の創始者に関するはっきりとした見解を表している。その創始者についてキリスト者が経験したことは、ヨハネ福音書の中で提示されている見解の表現にとって第一の証拠である。つまり、キリストという人物について語られていることは、信仰共同体の中でキリスト者たちが経験しているのは何か、ということを語るための努力なのである。我々は著者に対し、憶測に基づいて話しているという非難を突きつけてよいのかもしれない。ただの歴史的人物、つまりナザレのイエスという男が、実際とは違った何かにされているのである。だが、少しばかりの想像力で、福音書記者の〔考えているような〕答えはつくりあげることができる。ヨハネの信仰共同体は、このイエスという男を異なった仕方で知っている。彼らはイエスを、命に対する全く新しい態度をもたらした者として知っている。イエスへの信仰は、人間の生の真の本質だと彼らが考えるもの、すなわち永遠の命をもたらした。彼らはその創始者を、歴史の中に葬られた者としてではなく、聖霊の働きを通して彼らに伝わる、生きた存在として知っている（第四章を参照）。こうして我々の福音書の著者は、思弁だとか歴史の歪曲だといったいかなる非難も拒絶するであろう。むしろ著者は福音書を、ヨハネの信仰共同体によって経験された現実の表現として擁護するであろう。第四福音書は、キリスト教信仰の創始者は父〔なる神〕の御子以外の何者でもなかったと主張する。これが意味するのは、キリストが自分たちに真理をもたらしたようなかたちで真理を伝えられる者は、神自身のほかにはない、と福音書記者およびヨハネ共同体が結論づけたということである。それは伝聞などでは伝わることのない水準の真理である。それは人間的な預言者を通して濾過された真理ではなかった。神の真理は、イスラエルおよびヘレニズム世界の人々に対し、人間である預言者や啓示者を通して伝えられていた。他方、ヨハネ共同体がこのイエスという男から与えられたとする啓示の中に見いだした真実は、異なる水準を持っている。キリストにおいて、我々は「まことのもの」に出合う。いかなる仲介者もこの真理の責任を負うことはできない。でなければ、それはどうやって信仰者たちをそれほど劇的に転換し、彼らの人生をそれほど劇的に変えることができただろうか。

本福音書はきっぱりと、また恥じることなく、このキリストにおいてのみ人は神の実在を見いだす、と述べる。彼は真のパン、光、命、復活であり、人間存在の真正なる道である。ヨハネ福音書のイエスはこの独占的な考えを、「わたしを通らなければ、だれも父のもとに行くことができない」(一四6)と要約する。このような、究極的存在との独占的な接触の主張は近代人の心を驚かせる。それは教義主義的で偏狭なものに思える。これは、その創始者が究極的存在との新しい関係に至る道であると考えた信仰共同体という文脈においてのみ理解することができる。

福音書記者は、その創始者が父〔なる神〕の御子であると認識している。キリストの神性を主張する宣言はすべて、キリストは父の御子であって父そのものではない、という事実によって限定されている。この著者は組織神学者ではないが、キリストが神と混同されてはならないということをはっきりさせる程度の神学的素養は持っている。キリストは神的なものであり神の存在そのものに参与しているが、父とは区別され、父に従属する。彼は神の存在を表す次元、ないしは父に完全に従属し、父によって遣わされた御子である。我々の著者は、ロゴスの受肉が何を意味しようとも、それは人間があらゆる面で完全に神という存在であるという意味ではあり得ない、と認識していた。ヨハネ共同体はフィリピ書のキリスト論的な賛歌（二7）にみられるキリストの自己無化（ケノーシス kenosis）の概念を知っていて、それを用いたのかもしれない。そうであれば彼らの信仰は、

キリストは神であり、かつ
キリストは個別性と独自性を持っており、神に従属している

という逆説的な主張によって表現される。言い換えれば、キリストは父の御子なのである。

別の言い方をすると、ヨハネ福音書を創造した人々は、キリストは神と機能的に等しいと主張している。存在という点ではこの二者は区別されるだろう。しかし行為という点ではひとつである。人間が関わる限りにおいて、人々の只中にあって、キリストは神である。こうして我々は、この一匹狼なる福音書の主たる関心が、神学的な教義の構築ではなく、むしろ実際的な信仰の支援にある、という認識に至る。この福音書の機能は、実践的で有用な視点を詳しく説明することである。実際

には、キリスト者たちはキリストを、自分たちのただ中にいる神だと考えるかもしれない。こう主張できるのは、福音書が著者自身のキリスト教共同体の現実的で否定しえない経験を反映しているからである。

このように、キリスト教共同体の宗教的経験は、福音書記者がこの福音書の思想を表現するための第一の基礎である。しかし、第二の基礎があるのかもしれない。福音書における共同体の創始者についての徹底的かつ根本的な説明は、キリスト教徒というアイデンティティの追求に対する証言でもあるのかもしれない。もしかするとこの共同体は、キリストを信じる信仰を与えられた自分たちは何者であるかということについて、それほど明確な確信を持っていなかったのかもしれない。何らかの理由により（我々がそれを知ることは全く不可能だが）、福音書記者は、キリストがかつて何者であったか、そしていま何者であるかを強調することによって、キリストに従うことの意味をより明確かつ適切に打ち出しているように思われる。このアイデンティティの追求がヨハネ教会の歴史的状況と関係があった可能性はあるが、それがどのような状況であったかははっきり分からない。ヨハネ福音書のキリスト論が、福音書記者の時代のあらゆる他者に対してキリスト者は特別であるという主張をほのめかしているのは確かである。

我々皆に自らのアイデンティティがはっきりしない時期があったのと同じように、宗教共同体もまたアイデンティティの危機に弱い。たとえば、現代のキリスト教会が直面している危機を考えてみよう。隣人が異なった宗教的信仰を抱き実践しているような時代において、我々は何者だというのだろうか。我々はどうやって、他の宗教伝統を否定することなしに、キリスト教共同体として明確な独自のアイデンティティを主張することができるだろうか。福音書記者が知っていたような若い教会においては、水面下で湧き起こるアイデンティティの危機は珍しいものではないであろう。それでもアイデンティティの危機は、痛みを伴うにせよ、我々にとって創造的かつ生産的なときなのである。ヨハネ共同体と第四福音書記者は、自分たちをよりよく理解するために、新しい方向へと漕ぎ出していく。

こうして、ヨハネ共同体の二つの側面が、我々が第四福音書に見いだすキリスト論を育んだ。キリストについての教会の深い信仰的経験と、より明確な自己アイデンティティを求める教会の懸命な格闘とが、その創始者また指導者についての深く豊かな見解を生み出した。この文書の著者は、信仰深い創造的なかたちで、キリスト教運動の創始者の本質と機能に関する根本的な問いに対する答えを再考した。このようにして、第四福音書記者が行ったことは、建設的な宗教思想家がそれぞれ、歴史のあらゆる新しい段階で行わねばならないことであり、我々もまた今日それを行うよう召されていることなのである。

第二章　二つの異なった世界——ヨハネの二元論

なぜ悪は存在するのか。なぜ人間は絶えず、人生にとって意味がなく、無駄なことに遭遇するのか。なぜ善良な人々が明白な理由もなく苦しむのか。なぜ地震や嵐やその他の自然災害は存在するのか。生の望ましくない局面が、もし人間の無知や未熟さのせいであるとすれば、意味なく我々を襲う自然についてはどうだろうか。それをどのように説明できるか。悪という現実全体に、どんな説明を与えることができるのか。

宗教思想の最も重要な側面のひとつは、悪の問題を理解する、あるいは少なくとも受け入れようとする試みである。最も簡単な宗教的説明は、悪を神々の行為に帰するものであった。それは神々の怒りの現れであり、もし人間が破滅を逃れようとするなら、神的存在をなんとかしてなだめねばならない。悪の最も簡単な宗教的説明からより複雑なものまで、諸々の宗教システムはその信奉者たちに、人間存在のこの謎めいた側面を取り扱う数多くの方法を提供してきた。いくつかの宗教（たとえばヒンドゥー教）では、悪は単に幻影である。それは現実の見せかけに過ぎず、救済とは、見せかけの悪が実際には何であるかを明らかにする洞察である。他の諸宗教（たとえばゾロアスター教）では、悪はまさに現実の存在である。それは神的意思に対抗する、人間を超えたある意思の結果である。この対立は世界の歴史全体を通じて破壊と苦悩をもたらすが、最終的には歴史の終わりの時に克服されるであろう。疑似宗教にすぎない人間の思想や行動のシステムにおいてすら、悪の現実を扱う努力がみられる。それは自然のリズムの一部であったり（儒教）、また完全に人間の決断の結果であったりする（ヒューマニズム）。

悪の問題は、たわいもない思弁にふける者たちのための単純な知的パズルなどではない。それは、すべての人間が遅かれ早かれ出合う、人間の根本的な問題である。その難しさは単に学術的な問題というだけでなく、人間の人格性の核となる部分に根ざしている難しさである。いわば、それは生々しい問題である。つまり、我々が直接に、また強制的に経験するものである。悪の現実は我々を動揺させ、存在には意味があるという我々の確信の基盤を揺さぶる。それは我々の生のあらゆる点に関わる。人は、根本的に望ましくない人生の諸経験と取り組むためにキリスト者になる必要はないが、それでも、生には価値があると主張し続ける必要はある。

初期キリスト教は、その母体であるユダヤ教から、修正された二元論を受け継いだ。キリスト教誕生以前の五世紀間にユダヤ民族が発展させたのは、条件つきの二元論としての悪の理解だったようで、それは、神の意志を妨げる、人間を超えた対抗勢力が存在するという考えである。しかし、この敵対者の運命は短いと考えられていた。その命はあとわずかであった。長らく待ったメシアが現れる最終的な出来事において、主権者である創造主に敵対するすべてが克服されるからである。神は再び、この世界で最高位を占めることになる。それまでの間、悪の力はまさに現実に存在するだけでなく、非常に際立つ存在でもあった。

初期のキリスト者たちは明らかに、ナザレのイエスの生涯における出来事において、サタンの力

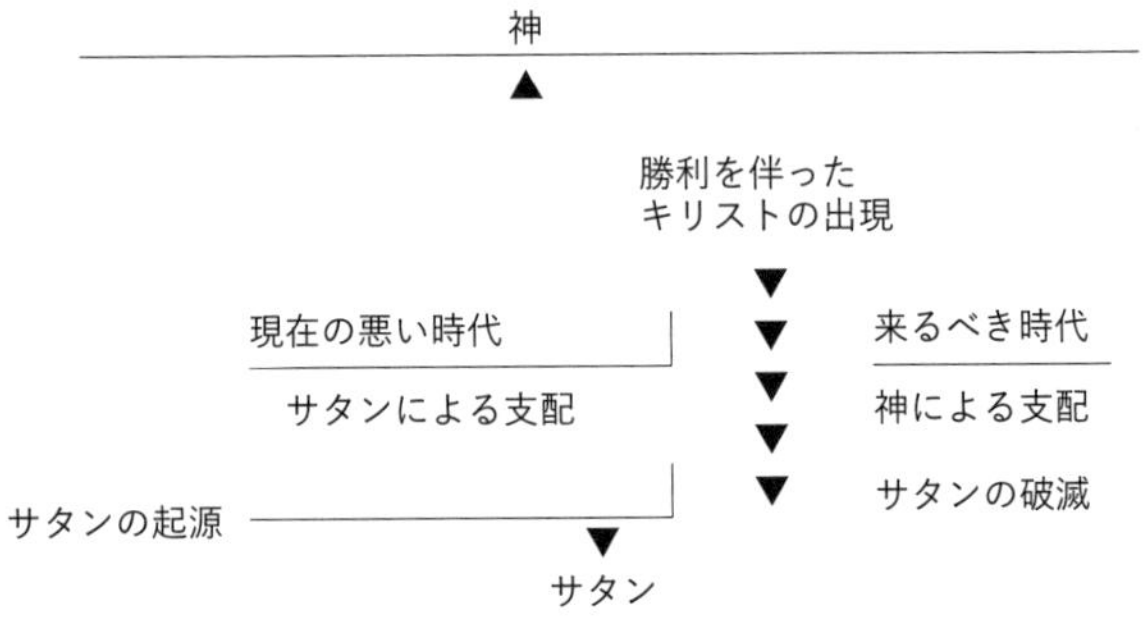

図２・１

ある支配が決定的に打ち負かされたと信じていた。キリストの天からの再臨はあらゆる類いの悪を壊滅させることになる。こうしてこれらの初期キリスト者たちは、キリストが最初に現れて悪を打ち負かした時点と、悪を跡形もなく排除するキリストの再臨の時点との、中間の時を自分たちは生きていると認識していた。彼らの信仰は、悪の力は現実に存在するが、究極的には神と同じような力があるのではなく、結局は消え去るという点で、限定的な二元論であった。

彼らの二元論は、また時間の二元論でもあった。歴史は二つの基本的な期間に分けられる――サタンの力がいまだに支配している現在と、サタンとその勢力が破壊されて神の支配が実現する来るべき時代である。この二重の二元論を、図２・１に示したように考えてもよいだろう。垂直な次元は宇宙的な二元論を表し、水平な次元は時間的（あるいは歴史的）な二元論を現す（ここで「宇宙的」という語は、何らかの時ないし場所において現実に組み込まれるという意味で用いられている）。

いかにも第四福音書らしいのは、全体としてはこの見解を受け入れていないことである。ヨハネ福音書が提示しているのは、新約聖書全般が有している二元論思想の改訂版である。この福音書は、新約聖書の中で最も二元論的な文書の一つであるものの、この初期キリスト教的見解を単純に受け継いだものではない。我々は、第四福音書記者（ないしヨハネ共同体一般）の手による初期キリスト教思想の改訂を、大まかに二つに分類して議論する必要がある。本章ではヨハネ的二元論全般について議論しよう。第四章では、ヨハネ的終末論を理解しようとする際に、このテーマに戻ってくることにする。

さしあたり、第四福音書記者が二元論のシンボルをどのように使用しているかを理解するために、我々の作品〔ヨハネ福音書〕を解体する。それゆえ、我々の議論を以下の三つの部分に分割する。

一　第四福音書の二元論的シンボル
二　「ユダヤ人」に対するこの福音書の奇妙な態度
三　この福音書における決定論の問題

第四福音書の二元論的シンボル

《読者の準備》　ヨハネ福音書を再度読み通す。今回は、現れているすべての対立する組み合わせを見つけてリスト化する。時々、ある語ないし句が、組み合わせの否定的または肯定的な側を表すために用いられていることに気づくかもしれない。しかし、対立する相手が明確でない用例を見いだすかもしれない。これらも同様にリスト化する。探すべきものの一例は、「光―闇」の対立である。

この福音書のずっと内部へと読み進まずとも、著者が二元論的なシンボルを使っていることには気がつく。プロローグは光と闇の二元論を示している。「光は暗闇の中で輝いている。暗闇は光を理解しなかった」(一5)。もちろん、このような対照的な組み合わせは新約聖書やヘブライ語聖書において珍しいものではない。我々の福音書で珍しいのは、それがとても際立っていることである。第四福音書の中で示されている宗教思想のシステム全体は二元論的な枠組みの内側に掛けられており、その枠組みが持っている二つの固定点の間に著者が福音書の思想をまとめ上げているように見えるのではないだろうか。図2・2は、福音書記者によって用いられた最も明瞭な対照的シンボルの組み合わせのうちいくつかを示した、ほんの部分的なリストである。あなたのリストは、この短縮された図が省いたものもいくつか含んでいることであろう。追加するものを書き込んでみてほしい。

ここでは、この二元論の意味を、最も重要なヨハネ的シンボルの一つである「世」(kosmos)を調べることで探ってみよう。まず、福音書記者がこの語で何を意味し、その二元論システムにおける役割をどう特徴づけようとしたかを確かめねばならない。第二に、「世」という語の使われ方に見いだせる意味を用いて、ヨハネの二元論に関するいくつかの概略的主張を述べる。世という概念を選んだのは、これが福音書の思想にとって大変重要であり、文書全体を通じて複雑に用いられて

肯定的な極	聖書箇所の例	否定的な極
光	1:5	闇
上の	8:23	下の
霊	3:6	肉
命（永遠の）	3:36	死
真理	8:44-47	偽り（嘘）
天	3:31	地
神	13:27	サタン
イスラエル	1:19 と 47	「ユダヤ人」(幾例かで)
	17:14	世(幾例かで)

図2・2

いる数々のシンボルの例となるからである。

《読者の準備》 第四福音書記者が「世」を用いる仕方を感覚的に捉える。以下は読んで考えるべき章句の例である。それぞれの場合に「世」が何を意味するかを自らに問い直してみる。一10、三16、八12、23、九32、39、一一9—10、一二25、31—33、46、一三1、一四17、31、一六7—11、一八36。

福音書におけるコスモス（kosmos）の用法は一貫していないことに注意してほしい。我々はこれを、ヨハネの二元論の否定的な極について用いられているシンボルのひとつとして一覧に挙げた。それは時折はそうである。しかし福音書の読者は、この語（そしてその他の重要な語）が用いられている文脈に注目せねばならない。なぜなら、それはさまざまな意味を持ちうるからである。

多くの章句で、この語は中立的な意味、あるいは積極的また肯定的な意味でさえ用いられている。これらの例において、「世」は創造そのもの——地上の物質的な現実を意味している。考慮しうる章句として、一章9節、三章16節、一六章21節、一七章24節がある。これらの例は、この語の否定的な用法によって何が意味されているかをよりよく理解するための助けとなるだろう。この福音書の著者は、物質的な世界そのものについて悲観的な見解を持っていたわけではない。この福音書がコスモスを否定的な意味、また二元論的意味で用いる時には、我々が生きている物質的な世界について言及しているのではない。コスモスは不信仰な世界へとゆがめられたかもしれないが、この創造された大地は神の愛の対象であり（三16）、光が人間を照らす領域である（一9）。この点で、この福音書を大きく誤解してきた過去のキリスト教の解釈者たちがいる。彼らは、第四福音書記者が物質的世界を軽視している、と考えた。そのため彼らは、この福音書はキリスト者たちがこの地上の物質と接触をとらないように求めている、と理解したのである（一七18を参照）。

では、この語を否定的に用いるとき、著者は何を意味しているのだろうか。これらの例では、世は不信仰な世界、つまりキリストにおいて啓示された神の真理を完全に拒否する領域を表す象徴であるように思われる。九章39節、一二章31節、一六章11節では、裁きやサタンとのつながりで用いられている。それは神と、神による人間の救済計画に反対するあり方——生き方——とを象徴している。それは、神との関係を不要で望ましくないものとみなす生き方である。それはブルトマンが「創造の転倒」と呼んでいるものである。「自己・存在・欲求から生まれた狂気妄想は、真理を偽りに、創造を「世」に転倒させる」（『新約聖書神学Ⅱ』［ブルトマン著作集四］邦訳二七二頁）。

もしこれが、「世」のヨハネ的な意味の正しい解釈ならば、人間であることの正しい真正なるあり方が創造である、ということを暗示する。しかし、創造はゆがめられるかもしれないし、実際のところゆがめられてきたのである。その結果が真正でない偽りの自己認識である。「世」の否定的、二元論的な用例において、福音書記者がこの歪曲を念頭に置いている可能性は極めて高い。そもそも区別されるのは、「良い生」を生きている者たちと「悪い生」を生きている者たちとの間の道徳的なそれではない。区別は、現実全体との関係において自らを理解する二つの方法の間——私は誰か、という問いに答える二つの方法の間——に存在する。世は、福音書の二元論の否定的な軸に結びついている時には、我々人間とは何者かという点への誤解を示している。その時（そしてその時にのみ）世は闇に覆われ（八12）、サタンによって支配される（一二31）。

我々はさらに、この語の完全に二元論的な用例と取り組まねばならない。八章23節と一三章1節で、この世はもうひとつの領域と対比されている。この両方の箇所で、イエスの家はこの世ではなく別の世にあることがポイントとなる。「あなたたちはこの世に属しているが、わたしはこの世に属していない」（八23）。「イエスは、この世から父のもとへ移る御自分の時が来たことを」知っていた（一三1）。ここでは、この世は神聖な領域から区別された領域であって、この区別は第四福音書の他のいくつかのものと同義であるように思われる。たとえば、大地と天、下と上である。神聖な区域は、この世とは別のものである。それはどこか他のところである。イエスの家はこのもう一つの場所にあり、彼がこの世の領域へと入ってくるのは一時的でしかない。区別は、人間的な地域としてのこの世と、それと対比される、創造によらない神聖な領域との間にある。前者は従属的で創造によるもの、後者は独立しており創造によらないものである。

上下や天地のような他の軸とともに、天の領域から区別された部分として世を用いることは、ある重要な点を示唆している。第四福音書記者は、この二つの世界によって宇宙的二元論を包み込んでいるようである。新約文書の多くは、一種の三層構造の宇宙を暗示している。すなわち神と天使たちが最上層、サタンと悪霊たちは最下層で、人類と自然はその間に挟まっている。第四福音書ほど、そのような宇宙的二元論が明らかに見られるところは他にない。ある学者たちは、ここで初期キリスト教思想の歴史的な二元論（図2・1の水平面）が宇宙的二元論（図2・1の垂直面）に完全に置き換えられていると述べている。そのように言う理由のひとつは、ヨハネ福音書には歴史的終末論に対する多くの言及が欠けている、という印象にある。つまり、現在の時代の終わりや来るべき時代（永遠の時代）の始まりの暗示は、第四福音書では明らかに失われているのである。その代わりに存在するのは、極端な宇宙的二元論である。それを、水平線を傾けて垂直線となったというふうに考えてみよう。もしそうであるなら、第四福音書記者は初期キリスト教の歴史的二元論を脱時間化し、宇宙的二元論を生み出したのである（この可能性についてのさらなる議論は、第四章を参照）。

しかし、我々はまだいくつかの困難に直面している。時間的な分割の痕跡が見いだせるとはいえ、第四福音書において時間的な二元論は宇宙的な二元論に置き換えられている、という提案になにがしかの真実があるとしよう。ではこの宇宙的二元論は、先に言及した人間の自己理解の二元論とどのような関係にあるのだろうか。神の被造物として忠実に生きる者たちと、神から独立しているかのように忠実でなく生きる者たちという、人間の区別がある。その二元論は、我々が先に見た、上の世と下の世という宇宙的二元論と違っているのだろうか。あるいは問題を別のかたちで提示するならば、第四福音書記者とヨハネ教会はどうやってこの宇宙的二元論を文字通りに採り入れたのだろうか。本当に、二つの異なった世界を信じていたのだろうか。

可能性は二つある。ひとつは、ヨハネ福音書には二種類の二元論があり、どちらも「世」という単語の使用によって表現される、というものである。すなわち、人間的な二元論（自己理解の二つの方法）と宇宙的二元論（存在の二つの領域）である。この場合は、宇宙的二元論をまさに文字通りに読みたくなる。ヨハネ福音書をこのように理解する場合、宇宙的な二元論はほとんど一種のプラトン的な現実の区別だと言ってよいかもしれない。それは肉体的・物質的な世界において生きつつ、他方で非肉体的・非物資的な種類の別の世界があると信じるようなものである。もうひとつの可能性は、宇宙的な二元論は人間的二元論を別の方法で表現している、というものである。つまり、二つの異なった世界――人間の世界と神の世界――というのは絵画的言語であり、それは人間が自らを、神から独立した者と解するか、あるいは神に依存する被造物であると解するかを選択してよい（また選択しなければならない）と告げているというのである。この場合、著者はこの宇宙の内部に文字通り二つの領域があると言いたいのではないだろう。むしろこの二つの領域は、人間が神の支配のもとで生きるか、それともその支配から逃れようと試みるかを選ばなければならない、という確信を詩的なやり方で表現しているのである。それは、ロバート・バーンズ〔一七五六―一七九六年、スコットランドの国民的詩人〕が〔“My Love is Like a Red, Red Rose”（私の恋人は赤い赤いバラのという有名な詩（一七九四年作）において〕自分の恋人が本当にバラであると言いたかったのではなく、詩人が自分の恋人をどのように受け止めたかを比喩的な仕方で「赤い赤いバラのよう」と語ったと解するようなものである。だとすれば、ヨハネ福音書の二層からなる宇宙は、人間の生き方のメタファーということになる。

ここで我々は非常に難しい問題に直面する。困難というのは、宇宙的二元論に対するこの二つの解釈のいずれかを選ぶには、我々が検討しているこの作品の著者がどのようにシンボルを用いていたかについての基本的理解が必要だからである。我々はしばしば、文字通りの描写と詩的描写との区別に固執する。あらゆる分野の近代科学（たとえば、生物学と同様に歴史学も）は、客観的現実を描く時と主観的現実を描く時とを区別しようとする際に役立っている。我々は「事実」について語る一方、他方で詩的なこと、想像によること（主観的な経験ないし理解）を語る。我々はそれらを分けている。研究対象である小さな生き物について、生物学者に個人的な思いを語ってほしくはない。そうではなく、学者には生命のかたちを可能なかぎり正確に描き出してほしい。しかし、詩や小説を読むときには、その主張が「科学的」であるという期待は持たない。

この区別は近代的なものである。紀元一世紀のキリスト者やユダヤ人はそれを知らない。彼らは「歴史的描写」を、歴史的出来事の意味の解釈から注意深く区別はしなかった。新約聖書の著者たちは、事実と主観的意味との間を、いかなる断絶もなく、またその違いを描こうという関心など持つこともなく行き来できた。それゆえ、初期キリスト教文献において、神話的真理と客観的真理は混ぜ合わされている。絵画的言語と記述的言語が同じ文の中に見出される。ポストモダン主義は、これら二つの区別は完全に作為的である、と見なそうとする。なぜなら、主体的な解釈のない純粋な記述は存在しないからである。

これらすべてが示すのは、我々の福音書記者は、この福音書の二元論的象徴を解釈する際に我々がつけようとしている区別を認識していなかったかもしれない、ということである。二元論的象徴は宇宙を描写しているのだろうか。あるいは、人間がいかに自己を理解するかを決めねばならないということを述べているのだろうか。ヨハネのキリスト者たちは、おそらくそのようには考えなかった。もし宇宙的二元論が本当に人間の自己理解についての絵画的言語であるとしても、この福音書の最初の読者たちはおそらく、あえてそのように考えることはなかった。これは最初の読者たちないしこの福音書が我々よりも洗練されていないと言っているのではなく、彼らは科学以前の時代に生きており、我々に押しつけられているような区分によって制限を受けていない、というだけのことである。この福音書が、我々の行うようなやり方で異なった種類の言語に微妙な違いをもたせている、などと期待すべきではない。

私は、ヨハネの人間的二元論はその宇宙的二元論と連続するものであると考えたい。この福音書はまず、人間が二つの逃れがたい可能性に直面していることを指摘し、そしてあの宇宙的二元論が、二つの理由からその言葉づかいに入り込んでいる。第一には、それが人間的二元論の重要性を強調するからである。もう一度主張しておきたいのは、(キリスト論におけるように)神的なもう一つの領域への言及は、この福音書記者およびヨハネのキリスト者全般にとってこの問題が持っていた実存的重要性のしるしだということである。第二に、この福音書は生の二極性をキリスト論に結びつけるために、宇宙的二元論を導入している。キリストは、神的に方向づけられた自己理解の領域からやってくるのである。この語（コスモス）は、人間のもう一つの、偽った種類の自己理解を表現し続けている。こう言ったからといって、私はヨハネのキリスト者が二層の宇宙のようなものを信じていたことを否定しようとは思わない。彼らがそれを信じていた可能性は十分ある。しかし私が思うに、彼らはコスモスの構造についての信仰は重要ではないと言うであろう。重要な問題は、自らを神の被造物として受け入れ、そこに含意されるすべてのことを受け入れるのか、あるいは、自分の人生は完全に自分自身のなすことであるかのように、神から独立して生きられると言い張ろうとするのかということである。

それゆえヨハネ福音書は、歴史的・時間的な領域が、宇宙的な領域、もう一つの、歴史を超えた、時間を超えたそれと結びつけられる物語を語っている。超越性の神秘は、この世的なものと混ぜ合わされている。この物語の主人公は歴史的な人物かつ超越的な領域からやってきた存在でもある。彼に対する人間の応答は歴史的な出来事かつ超越的な価値を持つ出来事でもある。それは、単純な身体的動作（抱擁やキス）が歴史的かつ時間的な出来事であると同時に愛の現実——ひとつの出来事を超えた現実の表現であるというのと同じである。よって、ヨハネ福音書およびその物語のさらなる特徴のひとつは、時間が歴史的かつ歴史を超えてもいるということである。たとえば他の諸福音書（特にルカ）を通してよく知られている十字架、復活、昇天という時間的順序は、第四福音書では不鮮明である。イエスは彼の昇天について語るが（二〇17）、読者はその出来事がいつ起こるか全く分からない。時間に、時間を超えた神的な領域が浸透し、充満している。その結果、時間的な順序は不明瞭となる。全く同様に、人間的二元論と宇宙的二元論とは絡み合っているのである。

《読者の準備》　対立するもの同士の組み合わせが使われる、または暗示されている章句をいくつか読み、それらがどのような意味を持っているか理解する。一14―5、三1―21、31―36、八21―26、九5、一三27―30。

いまや我々は、他のヨハネ的二元論的なシンボルの秘密を解く鍵を手にしている。誤った方向へと導かれ混乱した人間の生の状態を描く、否定的な極がある。福音書はその状態を、闇、虚偽、肉、死、サタンの領域、下にあるものなどさまざまに描く。この福音書記者の「夜」という語の使用さえも、人間の自己理解の誤りを特徴づける闇を示唆しているかもしれない（一三30、三2）。肯定的な極は、光、真理、霊、命と永遠の命、神の支配、上にあるもので象徴される。またもや我々は、二重の二元論を手にしている――すべての現実が被造物の領域と神の領域（特に八23）という二つの領域へ〔分けられる〕宇宙的な区分、そして、人間存在のあり方の区分は、真理―虚偽の二元論に最もよく表れているのかもしれない。

さまざまなシンボルは、すべて同じことを表している。光と闇の二元論と、上のものと下のものとの分離との間に本質的な相違はない。この分離の積極的な方の極が表しているのは一つの点、すなわちキリストにおける神の啓示によって人々は本来の姿になりうるということである。「真理」とは、道を誤った、ゆがめられた存在から人間を救う真理を意味する。神の愛は、人間の真のアイデンティティを顕わにさせる。もし子どもが何らかの理由で自分を犬だと考えたならば、心配した両親はその誤解され、ゆがんだアイデンティティを直すためになしうるあらゆることを行う。神は、人間が被造物であり、彼らの創造者によって存在しているということを、人間に示そうとひたすら努力しているのである。

そうすると、二つの異なった世界に関するヨハネの二元論とは、人間が救いを必要としていることと、その救いの性質に関するこの福音書記者の理解である。それは、世界のすべての悪は自己理解の曲解に根ざしている、ということを述べるための一つのやり方である。この世界の闇と虚偽は、人々が自分の本当の姿以外のものになろうとする結果生まれてくる。これは驚くほど単純に聞こえるが、しかしそれがこの問題についてのヨハネ的な見解であるようだ。なぜ人々は、そのような悪意ある、害を与えるやり方で行動するのだろうか。なぜならば、人間は自らのアイデンティティにとまどっているからである。いかにして人間の悪は克服されるのだろうのか。人間の誤解を正すことによってである。ヨハネが示す二つの異なった世界は、二つの異なったアイデンティティなのである！　ヨハネの二元論に関するこの見解を、簡単な図式によって要約できるだろう（図2・3）。図2・3の形は、福音書記者による人間的二元論が宇宙的二元論に流れ込み、後者が結局のところ前者の表現であることを示唆しようとしている。

我々はサタンについてほとんど語ってこなかった。覚えておられるかと思うが、序章で、第四福音書は悪霊たちについて珍しくも沈黙していることを指摘した。悪霊たちのＣＥＯ（最高経営責任者）たるこの者についてはほとんど何も言っていない。「サタン」称号の用例は一回のみであり、それはユダの卑劣な裏切りの動機を説明するための方法としてである（一三27——ルカ福音書が二二3で説明しているのとほとんど同じである）。ヨハネ福音書においてより一般的なのは、「この世の支配者」という称号である（一二31、一四30、一六11）。悪と不信仰の領域としての世（コスモス）というヨハネ的な理解と同様に、悪は人格化され、この世に対して権威を振るう者と特徴づけられている。この悪意ある者は、もっぱらイエスの十字架刑に関連づけられている。この福音書は悪に責任ある宇宙的人物というイメージにはほとんど興味を示していないのであり、そのような興味を欠いている点で他のほとんどの新約文書とは相当異なっている。我々の福音書は、いかに人間存在が誤解によって歪められているかにより多くの関心を抱いており、また宇宙的な悪を具現化したものに罪をなすりつけることによって、その歪みが生じた責任を放棄しようとする誘惑を回避することに没頭しきっているように見える。

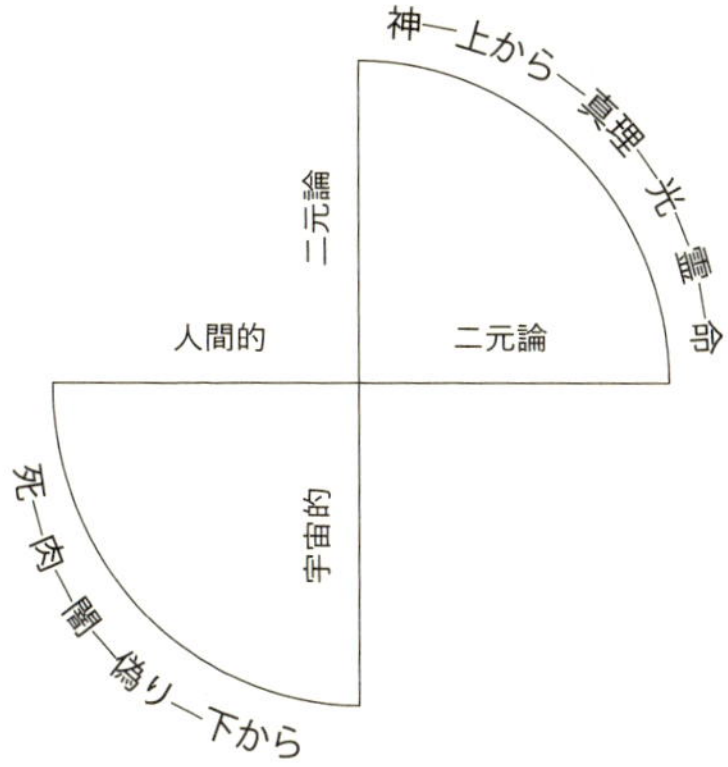

図2・3

　第四福音書の二元論が複雑なのは、人間の自己理解に関するこの問いの中心に横たわる、さらに二つの事柄のゆえである。一つは「ユダヤ人たち」という表現の奇妙な（そして危険な）使い方であり、もう一つは、人間がいずれかの自己理解を持つよう「予め」神によって定められているのかどうかという厄介な問題である。

第四福音書における「ユダヤ人たち」

《読者の準備》　ヨハネ福音書をざっと読み、「ユダヤ人たち」という表現のすべての用例に印を付ける。どの例が民族集団を示す中立的な方法で用いられているか、またどこで軽蔑的に用いられているかを見定めてみる。一一章および一二章におけるこの語の用例と八章の用例を比較してもよい。

この福音書における奇妙な事実のひとつは、共観福音書がそれぞれユダヤ人たちについて五、六回触れている一方、第四福音書記者には七〇回以上の言及があるということである。そのうえ、共観福音書において共通に見られる律法学者・ファリサイ派・サドカイ派の区別は、ヨハネ福音書ではそれほど頻繁ではない。第四福音書がユダヤ人たちに言及する時は、いくらか悲劇的な結果を伴っている。このことは繰り返し、キリスト教的反ユダヤ主義の根拠として用いられてきた。他のどの福音書も、ユダヤ人たちをキリスト者に対する敵としてこれほど極端には描いていないように思える。それゆえ、彼らの敵意に対する責任をとらせるべきだと思う者たちは、ヨハネ福音書の明らかに反ユダヤ的な性格を捉えて、ユダヤ人たちに対する神の怒りを信じることの理論的根拠として用いてきた。反ユダヤ主義のあらゆる痕跡をぬぐいたいと願っているキリスト者たちは第四福音書に困惑している。「ユダヤ人たち」という語の用例は、さまざまな社会的に重要な結果を生んできたのみならず、この福音書における宗教思想の全体的な理解のためにも重要である。この福音書記者がこの表現を用いた背景を理解しようとすることには、二つの重要な理由がある。

第一に、ヨハネがこの語を一貫性を持って用いてはいないことに注意しなくてはならない。読者がこの福音書を読んだ際に、この語が漠然としており、あちらとこちらでは別々の仕方で用いられているように見えることに気づかれただろうか。簡単なものからまず扱おう。時に、この語は単に人々の集団を——国民的に、民族的に、宗教的に——同定するため用いられる。たとえば一一章45節では、この語はいくらかのキリストの信者が生まれた集団を単に同定しているだけのようである。四章22節では、救いはユダヤ人から来る、とイエスが(自分がユダヤ人であると語りつつ)述べる。ユダヤ教における過去の偉大な人物たちが、啓示者の重要な先駆けとして認識されているという事実(五46、八39)によって、このことが補強されている。この点については何の問題もない。この語はユダヤ人をヨハネ的キリストの出現に向けた準備として描き、ユダヤ教と初期キリスト教の継続性を示唆している。

第二に、この表現が論争的な響きを持っている用例に出くわす時、難問が生じる。この福音書において、ユダヤ人たちはほぼ悪党である。彼らはイエスを迫害し(五16)、誤解し(八22)、石打ちにしようとし(八59)、逮捕と十字架刑に責任がある(一八12、一九12)。一番の特徴として、彼らはイエスを信じることを拒否する者たちである(一〇31—39)。

レイモンド・E・ブラウンは、なぜこれらの論争的章句をユダヤ民族全般に言及していると読めないかについて、説得力ある論拠を提示している。第一に、「ユダヤ人たち」という語は多くの場合、宗教的・国民的あるいは民族的なものとは関係がない。九章における目の見えない人の両親は「ユダヤ人たち」を恐れるが、両親自身ももちろんユダヤ人である！　第二に、この表現はしばしば〔ユダヤ〕民族の宗教指導者たちと交換可能なものとして用いられている（一八3と一八12、また八13と八22を比較せよ）。第三に、第四福音書を共観福音書と比較すると、「ユダヤ人」は、共観福音書においてはサンヘドリンに与えられた機能を果たしている（一八28―31、マコ一五1参照）。つまりブラウンの主張は、「ユダヤ人」とはキリストに敵対していたユダヤ教の宗教的権威者だけを示すために用いられた表現だということであった（*Gospel according to John*, 1: lxxiを参照）。他の人々は、福音書記者による「ユダヤ人」の用例について異なった理解を提示している。そういった見解の一つに、この語にはユダの人々をガリラヤの人々から区別する意図があった、というものがある。

私は、第四福音書におけるこの表現について、やや幅広い意味を提案する。「ユダヤ人」がしばしば宗教的権威者たちのことを述べているのは確かだが、この語はまた、より広い種類の敵対者をも含んでいる。「ユダヤ人」はキリストを拒絶する人間の型を様式化したものであって、その用法がこの奇妙なカテゴリーを説明してくれる。第四福音書においては特定の民族的特徴が失われている。この語は、もはや人々が成すひとつの宗教的団体を意味してはいない。それは、第四福音書記者がこの語を、特定の人々ではなく、単にひとつの類型と見なすように用いているからである。

ひとつの類比を挙げよう。私立探偵が登場する伝統的な冒険物語や推理小説では、警察当局は一貫した役割を演じている。いつもかなりのろまで、動きが遅く、お役所仕事に行き詰まり、簡単に手がかりを逃す。彼らは、著者の描く主人公すなわち私立探偵の技量と聡明さを示すための引き立て役である。こういった物語では、警察は類型として様式化されており、明確な個性がなく、現実の人々に言及しているわけではないと言える。著者が彼らに興味を持つ理由はただ一つだけ、つまり、主人公との対照である。このように、この文学ジャンルやメディアジャンルでは大幅な一般化が行われている。

この類比は、第四福音書記者がユダヤ人をどう扱っているかを理解する助けとなる。人々が成すひとつの集団としての彼らには興味がない。彼らの間の重要な区別がなされないことも多い（時には幾人かがイエスを信じているようだが、他の者たちは信じないというような場合を除けば）。関心の大部分は、彼らが不信仰の類型として演じる役割に限られている。

第四福音書においてユダヤ人に割り当てられている役割について、二つの補足的な理由を挙げることで、この奇妙な人物描写を理解する役に立つかもしれない。第一の理由は文学的なものである。ユダヤ人は、物語の主人公である神的な啓示者〔イエス〕を文学的に引き立てる役回りである。どの物語も、主人公を描き出すための敵対者を必要とする。我々の福音書ではユダヤ人は、福音書記者がキリストについて何がしか語る機会を提供するという機能しか持っていない。したがって、福音書記者が反ユダヤ的な動機を心に抱いていたと結論してはならない。私立探偵小説の著者を、反体制的で反警察の革命家とは呼ばない。同様に、我々の著者を反ユダヤ主義であると非難することはできない。登場人物の役割づけは物語上の戦略である。

この不適切な役割に、なぜ特にユダヤ人を選ぶのだろうか。なぜ著者はユダヤ人の中のある集団、たとえば（共観福音書がそうしているように）ファリサイ派を用いなかったのだろうか。そこで第二の理由となるのは、歴史的に考えられるものである。序章でいくつか提示した事柄を思い起こさねばならない。福音書記者はシナゴーグとの激しい論争の只中で書いている、という説を思い出してほしい。この提案が適切であれば（そして現在では、これは適切でないと考えている者が多いのだが）、ヨハネ共同体の切迫した課題は、シナゴーグにいる、以前は兄弟姉妹であった者たちから向けられた非難である。このゆえに、第四福音書記者は物語内の敵対者を原読者の周囲から選び、ユダヤ人を不信仰の一類型として描いたのかもしれない。ユダヤ人を選んで物語の悪役として様式化したのは、具体的な状況の圧力ゆえだったのだろうか。福音書記者はユダヤ系である、あるいは少なくとも、その地域のキリスト教共同体にいた人々の多く（というより大多数）はユダヤ人であったと仮定することすらできよう。それゆえヨハネ福音書は、ユダヤ民族を集団として断罪してはいないのである。しかしながら、そこに含意されるのは、当時そこにあった教会に対するユダヤ人敵対者が、キリストを受け入れることに失敗した人間の典型だということである。ヨハネ福音書はそのような拒絶を「ユダヤ人」という象徴によって表現しているのであるが、それはこの福音書の将来の読者にとってはこの上なく不幸なことであった。不信仰の象徴としてのユダヤ人という配役は、歴史の偶然だったかもしれないが、そうではあっても、最も悲劇的な偶然であった。しかし、それが歴史の偶然の結果であるとしても、この福音書が反ユダヤ主義を養うかもしれず、また実際に養い続けているという事実は残る。我々のうちで分別のある者は、この福音書のこの不幸な特色を弱め、そのかわりにユダヤ民族と共有している遺産を強調する責任がある。

したがって我々にとっては、善かれ悪しかれ、「ユダヤ人」という表現は宗教的な意義があるわけである。このシンボルは、より幅広いヨハネ的二元論の一部である。ヘブライ語聖書から継承したものがキリストにおいて実現していると考えることができなかった者たち、自らの中にある誇りに執着する者たち、キリストによる神の啓示において示された自己理解を受け入れられない者たち――それが「ユダヤ人」という象徴によって表現された者たちである。その者たちは不信仰の例として、二元論の図式の否定的な極に立っている。彼らは、民族的、地理的、国家的あるいは宗教的集団などというよりも、拒絶の典型なのである。この福音書の中でキリストが示している、人間としてのアイデンティティを受け入れようとしない者は誰でも、福音書記者にとっては「ユダヤ人」なのである。この場合、二元論的な組み合わせの肯定的な極は、たぶん「イスラエル人」なのであろう。イスラエル人は啓示を受け入れる者である（一31）。

　さて、なぜヨハネ福音書では「ユダヤ人」という語の使い方に一貫性がないのだろうか。ユダヤ人に対する言及する場合には、様式化された類型が用いられているのだとしたら、本セクションにおいてすでに引用した、この語がそういった軽蔑的なやり方では用いられていない章句はどのように説明すればよいのだろうか。結局のところ、この問題は答えることのできないものかもしれないが、いくつか可能性はある。そのひとつは、福音書記者は我々が考えているような一貫性は持っていなかっただけだ、というものである。この表現を様式化された仕方で用いることができていない箇所もいくつかあるが、もしかするとそれは著者自身の不注意のためかもしれないし、あるいは多様性のためかもしれない。著者は読者を不安定な状態に置き続けようとしたのだろうか。これらの例では、著者はこの表現を単なる描写の意味で用いている。

他には、このような一貫性の無さは、伝承資料を福音書記者が用いた結果だという説明もある。ヨハネ教会は、キリスト者たちが自らをユダヤ教徒である隣人とは別だと理解するようになる前から、共同体の中でつちかわれた物語や言辞を自由に用いていたのかもしれない。キリスト者たちがシナゴーグに参加していた昔には、「ユダヤ人」という語を通常の肯定的な意味で用いる、いくつもの物語や言辞が保存され、また発達した〔たとえば四22〕。様式化された象徴としての「ユダヤ人」が用いられるようになったのは、この福音書記者が伝承資料を集めてまとめ、この福音書の最初の下書きを記したときが初めてであったということもありえる。これは、キリスト者たちがユダヤ教から離れて自らのアイデンティティを発展させた後に行われた。先に示唆したように、この福音書記者のやり方は伝承資料をひょっとすると多くの場合において元々の形のまま保存することであったのかもしれない。より古い物語や言辞、特に「ユダヤ人」という用例は、ヨハネ福音書の全体的な視点と一貫するようにいつも改訂されたわけではなかった。むしろ、この表現のより古い意味がヨハネ福音書の随所に残され、その元来の意味を伝えることを許された。こうして、この章句は一貫性なしに用いられたのである。現代の視点から見れば、我々の福音書記者の編集作業は望まれることをやり残した。しかし、共同体の伝承を保存する者としてはこれ以上のものはない。

もちろん、これらすべてはかなりの部分が推測に基づく、〔根拠の〕弱い主張である。それは結局のところ、この福音書の危険な反ユダヤ主義的性質を取り除くものではない。我々はこのユダヤ人描写を文学的な視点からも歴史的視点からも理解することができるが、しかしそれが今日この福音書が読まれるときの調子を和らげるわけではない。信仰における我々の姉妹また兄弟であるユダヤ人たちとの関係改善に関心をもつ我々キリスト者は、とりわけこの点において最終的にヨハネ福音書を非難しなくてはならない。我々は、ヨハネ福音書のこの特徴が規範的でないこと、神によって示された態度を表しているのではないということを告白しなければならない。我々の一匹狼なる福音書は、その多くの強みとともに、弱点をも持っている（さらに、Kysar, "Anti-Semitism in the Gospel of John", in *Voyages with John* を参照)。

ヨハネ的決定論

《読者の準備》 以下の章句は、不信仰から信仰への移行について語っているものの一部である。これらを注意深く読み、ヨハネ福音書が決定論を教えているかどうか、自分で判断すること。すなわち、これらの箇所は、「神によって選ばれた者だけが、本物でない生から本物の存在へと移動することができる」と福音書記者は考えていた、と説明しているだろうか。以下の、決定論を強調していると思われる章句や、人間の自由意志を示唆していると思われる章句に見いだせる、上記の特徴を一覧にすること。三18、21、33—36、五24、六35—40、44—47、65、八47、一〇3—5、14、25—26、一一25—26、一二39—48、一七2、9、12、24、一八37。

人はいかにして、闇、この世、ユダヤ人の領域から、真理、光、上の領域へと移行するのだろうか。自分たちが独立していると思い込んでいる「本物でない存在」から、自らの被造物性と神への依存を認める「本物の存在」へと、我々はどのように移行するのだろうか。あるいは、この問いを本章の文脈で提示するならば、いかにして悪は克服されるのだろうか。もしそれが誤った人間のアイデンティティに根ざしたものであれば、そのアイデンティティはいかにして変えることができるのだろうか。ヨハネの思想における二つの異なった世界の間の移行を統御しているのは何だろうか。

これらの問いは、第四福音書における信仰概念へと我々を導く。この問題は第三章全体を費やさねばならない。当面検討すべきは、信仰は本来、神が予め定めて個人の運命に変化をもたらすものなのか、それとも人間の自由意志なのかということである。自由意志だけが悪を生み出すのか、それともそれはある程度神の働きなのか。繰り返すが、第四福音書は我々に明確な答を与えていない。人間の自由意志を好む章句があれば、支配的な神の意志を示唆する章句も存在する。我々の課題は、証拠を列挙し、それから考えうるいくつかの結論を探求することであろう。

この福音書には決定論のように思える用例が頻繁に見られる。

一　イエスはしばしば、神の意志がキリストにおける神的な啓示に応える者たちを定めているかのように語る。神はキリストに、信じるようになる人々を与える（六39、一七2、6、9、12、24）。これは、ヨハネ的二元論における否定的な面から肯定的な面への移行の第一歩が神の働きであることを示唆している。神はキリストに、選ばれて信じるようになる者たちを与える。

二　イエスは時に、信じるためには神によって「引き寄せ」られなければならないと主張する（六44）。神はある者たちを引き寄せるが、他の者たちは引き寄せられないのだろうか。

三　六章65節によれば、信仰はそれが与えられなければ不可能である。キリストを信じること、そして人間の真のアイデンティティを身につけることは、単に個人の意志の働きによるものではない。それらは個々人の生における神の働きの結果である。

四　真理に耳を傾け、それを心にいだく者たちは、「神に属する」者たちである（八47）。同じことが、メタファーでも語られている。すなわち、ある者たちはよい羊飼いの羊であり、その声を知っているが、他の者たちはそうではない（一〇3、26）。

五　神は、ある者たちには信じることを不可能にしているようですらある（一二37―40）。ある人々は真理を聞こえなくされ、また自分たちの生き方の誤りを見えなくされている（八37）。

この種の言葉が、信じるか拒否するかの自由を明らかに示しているそれの脇に並べられている。我々は、この福音書でのこのテーマをくどくどと論じる必要はない。というのは、それは明白だと思えるからである。

一　多くの章句において、信じることは個人の意志に基づいているように見える。たとえば、「皆」「全ての人」あるいは「誰でも」が信じることと結びついて、信じることへの招きを示唆しつつ用いられている用例がある（三16、20―21、33、36、四13、六45、47、67―69、一二32、そしておそらく三8）。

二　信じることが命じられている箇所もある（一二36、一四11）。

三　イエスの言葉にもいくつか見られるが、物語の語り手の注釈は、信じる自由あるいは信じない自由を示唆しているようである（一九35、二〇31）。

信じることへの招き、信じるようにとの命令、信じさせようとする意図を持った他の人々の証言――これらすべては、信仰も不信仰も個々人の責任であることを含意している。ここに、この謎めいた福音書における最も悩ましい矛盾の一つがある。再度、〔解決の〕可能性を探ってみよう。

第一に、片方の側の章句はもう一方の側の章句に照らして読まれねばならない、と主張できるかもしれない。自由を主張する章句がこの福音書の支配的な教えであって、決定的論的なものによって限定されているにすぎないと見なすか、あるいはその逆かである。であれば、この福音書の要点は、すべての人間が神によって信仰へと選ばれている、ということかもしれない。全員が御子に与えられている。全員が神によって引き出されている。全員が信仰の可能性を認められている。すると、神に与えられた信じる可能性を受け入れるか拒否するかは、個人の自由の問題となる。これが、この福音書を理解するための一般的かつ現実的な方法である。

逆のアプローチでは、決定論的な章句がこの福音書の支配的なモチーフであると仮定する。神に選ばれた者たちだけが信仰の可能性を与えられている。他の者たちは神の決断によって排除されている。この立場はそれほど一般的ではないが、支持することはできる。ヨハネ思想は、すべての人々が二つの集団に分けられていると示唆しているような気配を示すことがある。すなわち、天的な起源や運命を持っている者たちと、そうでない者たちがいるというのである（たとえば八47に見られる、ある者たちは「神に属していない」という表現）。この示唆を利用した二世紀のグノーシス的キリスト者たちは、第四福音書を用いて、選ばれた僅かな者たちのみが真理の啓示を聞き、それに応える贈り物を持っている、という自分たちの見解を作り上げた。

第二に、もしかするとこの福音書はこの問題に対して意図的に矛盾を提示しているのかもしれない。もしかすると、宗教的信仰には逆説的な面があることを言おうとしているのかもしれない。人間の選択は真理の受容へと進むようでありつつも、ことはそれほど単純ではない。神は宗教的信仰の誕生に関わっている。人は、信じることを神によって認められなければ、信じることはない。第四福音書記者は――もし実際にこれが著者の立場であったなら――これらの二つの要素の関係を明らかにしようとはしない。著者は、どのように神の決定と人間の自由とがより合わされて信仰を生み出すかを論理的に説明しようと試みる、現代の神学者のような者ではない。この福音書においては両方の種類の主張が説明もなく隣同士に並べられている（これは我々のような後代の解釈者たちを非常にいらだたせる）。福音書記者は、信仰の誕生には謎があると主張しているのかもしれない。なぜある人々は信じることができ、他の者たちはそうでないのか、という理由は捉えがたい。

宗教心理学者たちはこの難問を探求し、自分たちの理論を提示しているが、謎はまだ残っている。もしかすると読者は、ひとつの家族の中で、子どもの幾人かは両親を模範として純粋な宗教的信仰を成長させたが、信じることを拒否した子どももいるといったケースを知っているかもしれない。その〔信じなかった〕子はこの家族の宗教的な部外者である。なぜか。もしかすると心理学的なデータや社会学的なデータは――また生理学的なデータですらも――、そのような状況を理解する助けとなるかもしれない。しかし、どの説明にも説得力や確実さはない。第四福音書記者は、ヨハネ教会におけるまさにそのような状況を知っていたのかもしれない。矛盾を含み、決定論的でありながら決断に関わるいくつもの言葉を通してヨハネ福音書が言おうとしているのは、人間が信じる可能性には謎がある、ということである。もしこれが本当に、この対立的な両モチーフが本文書の中に謎めいた仕方で存在していることの説明であるとしたら、この福音書記者は特に宗教的な謎に敏感であり、自らの正直さのゆえに、その問いへの適切な答を主張しなかった、と我々は信じなければならないことになる。

この曖昧さは、我々を第三の可能性に向かわせる――この可能性は、この福音書のほとんどの読者にとって一般的でなく、魅力的でもない。それはこの文書が、作品の矛盾を理解するのに十分な神学的機敏さのない者によって書かれただけである、というものである。二種類ある一連の章句が論理的に問題となることに気づかず、それらが与える影響に無神経なだけなのである。もしそうだとすると、著者が生み出したのは、初学生には全く理解できない明らかな矛盾点を教授が見抜く、論文のようなものである。この福音書を理解するためのこの選択肢と第二の可能性との間で、我々は分岐点へと立ち戻る――第四福音書記者は非常に深い思索を持った神学者であったのか、あるいは非常に素朴な者であったのか。

最後に、本書において我々が好んで用いる主題のひとつを援用することにしよう。それは、この福音書が著者自身の確信とヨハネ共同体の伝承の確信との両方を並べて記録している、という提案である。またもや、著者の見解と伝承資料との和解はなされなかったわけである。伝承はその視点のゆえに敬われてきたが、その伝承を保存した福音書記者の見解も同様である。だが、伝承と福音書記者自身の思想とをこのように区別することで、この福音書に見られるあらゆる矛盾を容易に解決できる、と考えることには危険がある。我々はこの危険に至るところで注意しなければならない。とはいえ、ヨハネの思想に関する我々の調査の方向が正しいならば、そのような答が可能であることは変わりない。私はこれをそのまま――単に一つの可能性として――残しておきたい。そうするのは、我々が見いだしたある一連の章句は伝承資料の結果であり、他のものは福音書記者の視点である、ということを詳細に議論する準備が今のところ整っていないからである。我々はどうしたらその区別を行えるというのだろうか。

ただ、一つの問いを提示するので考えてみてほしい。この福音書記者が用いた伝承資料は、キリスト者たちが人々を自分たちの信仰へと改宗させることにとても楽観的であった時期に由来する、ということがありうるだろうか。もしそうであれば、その資料は、人間がしなければならないことのすべては信仰への決断である、という点を強調していたのではなかろうか。福音書記者が執筆した頃には、教会の宣教活動は厳しい時期を迎えていた。教会の教えを受け入れようとする人はどんどん少なくなっていた。特に、おそらくユダヤ人たち――伝承素材が生まれた時には、キリスト者たちの宣教努力が全盛期となっていた対象――の間では改宗が劇的に少なくなっていた。そこで、ヨハネのキリスト者たちはやや躊躇するようになっていた。自分たちの経験から、人が信じるためには意志の実践以上のものが必要だと考えるようになったのである。それは特別な神の贈り物、キリストに向けて人間を神が「引き出すこと」である。我々の福音書記者は、この神が引き出すことが人間の自由意志とどう関係するかを説明しようと試みるほど大胆ではなかった。著者はただ、教会が急速に拡大していた「古き良き時代」に我々の父や母が考えていたよりも、事態はより複雑になっているようだ、と主張しているだけである。それは「あなたが望むなら、信じなさい！」のような単純なものではない。決して信じない人々もいるではないか、神はその事実と何か関わりがあるはずなのである。

もしこの後者の選択肢が実際に正しいならば（そしてそれは、その他の選択肢のいくつかに含まれる要素と類似していることが分かる）、この福音書記者の立場はかなり理解できる。教会の状況としてこの種の変化が起こり得たであろうことは想像できる。さらに我々は、どうしてヨハネ共同体のキリスト者がこのようなやり方で答えることができたかを容易に理解できる。一九六〇年代半ばのベトナム戦争への反対運動の頃、米国における反戦論者たち（本書の著者を含む）の間にも似たことが起こった。最初は、正気な人間が少し考えれば、戦争の無意味さと非人道性を誰でも理解するだろうという感覚があった。それから数年がだらだらと過ぎ、反対運動の指導者たちが経験を積んでいくと、楽観主義はやや失われた。多くの人々が戦争について決断する際には、はるかに多くのことを問題としているということを彼らは悟ったのである。経済的要因や心理学的特徴、そして社会的関係が、ベトナムにおける米軍の参与に対する賛成ないし反対の決定に影響していた。自分たちの主張が勝ち取るであろう改宗者〔ここでは反戦論者のこと〕の数について楽観的に考えることは少なくなったが、同時に、人間についての分析はより現実的かつ賢明になった。このようなことがヨハネ共同体でも起こっていたかもしれないと考えるのは大胆であろうか。彼らもまた、自分たちがキリストに見いだした啓示を人々が信じる自由について楽観的ではなくなっていったが、宗教的信仰の心理に関する理解はより深くなった。そしてもちろん、彼らの唯一の説明は、人々の中における神の行為という観点から信じることへの躊躇を語ることであった。

この福音書の教えの起源が何であれ、我々に残されているのは、信仰の始まりについての逆説的な見解である。福音書は一方で、誰も信仰を自分の手柄とすることはできないと主張している。誰も、「私が信仰をもつことに決めたのだ」と誇ることはできない。信仰は常に、少なくともそのほとんどが、神からの贈り物だからである。他方でこの福音書は、不信仰を人間の責任とすることに固執している。我々は自分の信仰を誇ることはできず、また我々自分の信仰の欠如を弁解することもできない。この逆説をじっくり考える務めが、我々に委ねられているのである。

結論

我々は本来の関心である悪の説明やヨハネ的二元論からはるかに迷い出てしまったように見えるかもしれない。しかしそうではない。我々は、悪の原因という最初の問題から、人間の二元論に対するヨハネ的な解決、そして自由意志と決定論の対立という問題へと移動してきた。このような問題の幅は、第四福音書の思想の概要を辿るために必要である。人間の自己理解がもつ二つの異なった世界というヨハネ共同体の主張から、彼らは、我々がそうであったように、いかにして人は、悪を生み出す生き方を放棄して正反対の生き方を始めるようになるのかという問題へと導かれたのに違いない。その両者は橋渡しできるものなのかどうかを問うことなくしては、彼らは自分たちの二元論を長期間にわたって信奉し続けることはできなかった。そして、もし否定的な極から肯定的な極へと移動できるとすれば、それはいかにしてなのか。人間の決断だけによってか、あるいは神の力ある説得によってなのか。

私は、第四福音書記者の考えでは悪の根源は人間の中にある、と論じてきた。より明確に言うなら、それは人間生活の特定の面、すなわちアイデンティティの中にある。人々が自らを創造者に依存しない存在であると認識するとき、存在の特性が調和を失った状態へと投げ出される。そのような誤った自己理解のために、創造全体が損なわれ、結果として悪がはびこる。それゆえ、人間には存在のあり方が二通り与えられている。自立という虚勢を張った悪の道か、神に依存していることを認めた真理の道かである。この二つの極は離れていて、二つの全く違う世界を構成している。ヨハネ福音書においてこの二つの世界は人間的二元論の観点からも宇宙的二元論の観点からも描かれているが、後者はおそらく、前者のとてつもない重要さを主張するための方法のひとつにすぎない。これら二つの世界を描くために第四福音書記者は広範にわたるシンボルを用いている。さらに著者は、一つの世界から別の世界への移行は人間の選択だけに依存した単純な過程ではない、と提唱している。

ここでは社会学的な観察が適切である。第四福音書が教える、悪の現実に対する二元論的な応答は、ヨハネ共同体の社会的な状況に原因があるのかもしれない。教会は社会的混乱を経験した。何らかの理由によって、ヨハネ共同体のキリスト者たちは、シナゴーグにあった元来の我が家とそのユダヤ人の仲間たちから去り、それは一種の社会的トラウマとなった。彼らは社会における自分たちの根を失ってしまった。シナゴーグとの社会的な協力関係を剝奪され、自分たちだけでこの世に立っているのである。突如として、家もアイデンティティも失われた。突如として、立派な市民として住み慣れていた町で、よそ者となった。以前の土地での耐え難い状況を逃れて米国にやってきた現代の難民たちが知っているのと似たようなトラウマを、彼らは経験している。彼らの社会的な方向付け全体が崩壊している。ヨハネ共同体の中で起こったことは、もしかすると、自分たちのうちに引きこもろうとする自然な傾向なのかもしれない。彼らは自分たちの共同体および集団のアイデンティティを育んでいる。彼らが発展させているのは、いわば、他の人々を疑惑の目で外集団と見なすような、内集団なのである。彼らはこの両方を、社会的アイデンティティを再建する努力として実行している——自分たちの町に自分たちのための新しい家を築くために——そして敵たちの猛攻撃から自らを防御するために。外部から攻撃されると、常に集団は引きこもって結束を固め、そこに自らのアイデンティティを見いだそうとするものである（ウェイン・ミークスの予言的な論文 "The Man from Heaven in Johannine Sectarianism," in: *The Interpretation of John*, ed. by John Ashton, 169–207 を参照）。

この社会的な再方向付けの結果のひとつが、二元論的なこの世の見方である。「我々」と「彼ら」

の間の分離は自然である。それとともに、「我々」を上から生まれたもの、真理、闇の世界における光、またその類いのものだと考える傾向が現れる。同様に、我々および我々の宗教的信仰に反対するその他の者たちは、下から生まれたもの、世、闇、「ユダヤ人たち」と見なされる。二元論的な思考は神学的な必要と社会的な必要の両方を満たしてくれる。我々の内にいない人々は、生について混乱しているだけではなく、真理に対して目が開かれていないのである。彼らが我々のように信じることがないのは、我々に与えられている、神の引き出し（devine drawing）を彼らが経験していないのも一因である。

さて、そのような一連の思考は独善的である、と断じる目下の風潮がある。自分たちは真理を保持しており、集団の外にいる者たちはどうしようもなく困った存在である、と信じる集団よりも腹立たしいものはない。しかしながら、少しばかり共感しつつ、なぜヨハネ共同体がこのように考えたのかを理解することはできる。もし同じ立場だったならば、我々自身も同じことをするだろう、と想像できる。孤立に脅され、社会的に分裂し、そして神学的にはいまだ成熟途上にある彼らが、「我々」と「彼ら」の間の二元論的な区別を魅力的に思ったことは理解できる。第四福音書はその共同体に、何が彼らに起こっているかを理解する道を与えている。その様々なシンボルは慰めと再方向付けを与える。その教えは新しくより明快なアイデンティティのための図式をもたらしている。善悪の見方は、自分たちの状況を解釈する道を与えることによって、キリスト者たちを力づける。いったい、これ以上のことを宗教信仰が行うだろうか。

第四福音書記者の思想をめぐるこの社会学的な議論に関する最後の点――神学（あるいは宗教思

想）は決して純粋に精神的な活動ではない。それは常に信仰者の社会的状況に根ざしている。我々は社会的な動物である。社会的な状況が劇的に変われば、通常それに従って自分たちの宗教的視点を変えるものである。第四福音書記者およびヨハネ共同体もこの法則の例外ではない。ヨハネ福音書の二元論は、宗教的な変化や危機と同様に、社会的な変化や危機を理解しようとする神学的な思索の結果である。

第四福音書記者が受け入れた悪という現実に対する説明は適切であるかもしれないし、そうでないかもしれない。それは人生の望ましくない側面に対処するのにとても有用なものとして読者の心を打つかもしれないし、もはや重要ではない古い時代の興味深い理論に映るかもしれない。しかし誰にとっても明らかであるはずなのは、我々の福音書記者は巨大な問題に立ち向かったのだということ、また、悪に関する命題はキリストの意味に対するこの著者のもっと大きな理解の一部にすぎないということである。福音書記者がこの問題をどのように取り扱っているにせよ、我々にとっては、自分たちが聴く聖書のキリスト証言において、我々が置かれた生の悲劇と複雑さという文脈が表れているのかもしれない、と覚えておくことは助けになるのではないだろうか。ヨハネ福音書の二つの異なった世界は、なお我々を悩ませ続けている大昔からの問題を理解しようとする勇敢な努力なのである。

我々が見いだしたのは、ヨハネの二元論が、同じく重要な別の主題、すなわち宗教的信仰の性質と起源へと解消していくということである。我々が向かわねばならないのはその主題である。それは当然である、というのも、悪の実在に対する宗教的応答は常に信仰の問題に依存するからである。

悪にどう対処するかについて宗教が何を教えようとも、その助言は常に、教えは信仰という視点に依存しているということなのである。あなたは、悪は幻影であると信じるよう求められるか、あるいは、悪は神に対抗する宇宙的な存在に根源があると信じるよう求められるか、さらには、悪は単に自然のリズムであると信じるよう求められるか、そのいずれかである。しかし、あなたは常に信じるよう求められる。人はいかにして信じるのだろうか。信仰は何に由来するのだろうか。そして結局のところ、信仰とは何を意味するのだろうか。

第三章　見ることは信じること――ヨハネの信仰概念

「見ることは信じること」というこの古い標語には、現実的な考え方が含まれている。我々が信じるものは、なんらかの経験に基づいていなければならない。通常我々は、信じるという行為に理由や動機を与えてくれる経験を基にして信じている。もしある人が、疑問に思われるような見方を主張すれば、当然のごとく我々は、それが虚偽ではなく真実であると信じられるなんらかの理由を求める。

時として、科学的に調べることの可能な主張が一番容易に検証できると思えることがある。科学を扱う人々が自らの考えを正しいと主張するとき、彼らはその主張が正しいということを証明していると思われる実験結果を我々に示す。同様に、日常的な必要に関わることでも、我々はしばしば信じる前に何らかの感覚的な経験を求める。たとえば「この椅子は君を支えてくれるだろう。見ていなさい。私が座ってみせるから」というように。我々の経験は、信じることを可能にしてくれるし、また信じることを妨げもする。ある新車の燃費がとても優れていると主張するテレビコマーシャルを見ているが、しかし自分はその車を所有していて、それほどではないとわかっているとしよう。私自身の経験ゆえに、コマーシャルのうたう主張が受け入れがたくなるのである。

同様に、宗教的な主張は経験に何らかの基礎を求める。宗教は伝統的に、自らの信仰についての主張を、それを支持する何らかの証拠を提供するような経験に結びつける。もちろんこの経験はふつう、科学的な方法で観察し測定されるものとはかなり異なったものと見なされる。宗教は、内的で主体的な種類の体験がその思想や洞察に有効性を与えると主張する。宗教の支持者たちの証言を聞いたことがあるだろう。心の平安、満足、静謐、豊かさが、信仰の基礎としてしばしば主張されている。禅仏教徒は、啓発（悟り）の結果として、大きな平安と、経験に対する透徹した洞察とを語る。クリスチャン・サイエンスの信者たちは、メアリ・ベーカー・エディ（クリスチャン・サイエンスの創始者）の教えを信奉した結果として、喜びに満ちた平静や、物理的・精神的苦痛からの解放を証言する。儒教は、自分たちの徳を実行したゆえに生の全体が至高の意味をなすという生き方に基づいて主張をしている。より原始的な形態の宗教は、宗教儀式が成功したことの証拠として、豊かな収穫や、嵐が来ないこと、家族に子供が恵まれていることにおいて成功経験を語る。時折語られることだが、カルヴァン主義者はこれまでの数世紀間、自分たちの教義の真理は、いわゆる選ばれた者は豊かで富んでいるという事実によって裏づけられると主張していた。信仰を受け入れるために、さらに説得力のあるどんな説明が必要だろうか。最近、いくつかのグループで、成功体験の中にその有効性を見るキリスト教の主張がなされている。我々は、いかにキリスト教が心の平静とビジネス、社会、家族関係の成功をもたらすかを聞かされている。最近のテレビコマーシャルで、あるキリスト教の牧師が、聖書は身体的な健康と金銭的に豊かな生活を送る方法についての情報をすべて含んでいると主張していた（奇妙にも、私は聖書をよく知っているが、その数々の教えに従っているのに物質的に豊かになっていないことはほぼ確実である）。

改心は深い感情的な経験の結果であることが多い。一八世紀のメソジスト派創立者であるジョン・ウェスレーは、彼の心が「不思議に温められた」経験について語っている。ルターは、恐ろしい嵐によって知性を失うほどの恐怖に襲われて、もし神がこの危機から救ってくれるなら自分の人生を司祭職に捧げると神に約束した。今日我々は、祈りと信仰による癒しという経験的な「証拠」を要求する声を耳にする。極めて洗練された知的な人々ですら、ある形態のキリスト教を擁護する際に、その形態を信奉する者たちの信仰は経験に基礎づけられていると語ることがある。彼らの主張では、その信仰の結果として彼らの人生はより豊かでより意味あるものとなり、相互の関係は深くなるというのである。

それゆえ宗教は一般に、信仰と経験との間に積極的な関係があると主張する。信じることは、経験あるいは経験を求めることに由来する。それゆえ、信じ続けることは、ある信仰の視点から人生を生きるという実際の経験に基礎づけられる。ヘルマン・ヘッセの魅力的な小説『シッダールタ』は、ある男が自分の経験によって支えられる信仰を探し求める物語である。宗教は通常、自らの立ち位置が証明されているとか科学的に証明されているとかいう主張をなしえないけれども、それにもかかわらず、経験がその主張の有効性を指し示すと述べることはできる。

しかしながら、宗教における信仰と経験との関係はしばしば複雑である。よく見受けられるのは、信仰を支持するような経験の要素を見いだす前に、ある程度の信仰が求められるというものである。言い換えれば、信仰は経験によって信じるに足るものとされるが、我々の経験が信仰を支持していると理解するよりも前に、我々は信仰を持っていなければならないのである。まさに信仰の本質は、経験が真理を証明するであろうという期待に基づいて、真理についてのなんらかの主張を信頼しようとする意志であると言えるかもしれない。こうして見ると、人間は少なくとも自分の信仰がしっかり基礎づけられているという保証を受け取る前に、少なくとも祈るための十分な信仰を持っていなければならない。であれば、宗教においては前経験的な信仰と経験的な信仰とがよく見受けられると言ってもよいであろう。片方は、それを支持するような経験に先立つ信仰であり、もう片方は、経験の結果による信仰である。信仰と経験との関係はいかなる宗教においても――とりわけキリスト教では――微妙な問題である。

この微妙さは、新約聖書においても失われていない。そのどのページにも、信仰と経験の関係についての探求が見出される。パウロの手紙は、彼の個人的な経験、そしてその経験と信仰の成長との関係を反映している。しかし第四福音書ほど信仰と経験を注意深く込み入った仕方で取り扱っているところは、新約聖書ではほかに見られない。この文書は、経験なしにキリストを主張することが可能かという問題、およびどのような種類の経験が啓示を忠実に受け入れるのに適したものであるかということにとりわけ関心を持っているように思われる。第二章で我々は、この福音書記者が信仰の起源における自由選択と神の働きとの関係の複雑さに手をつけているのを見た。手強い問題に取り組む際のそのような大胆さは、著者が信仰と経験の問題と取り組んでいる様子を見ると、第四福音書の中に引き続き存在している。

この任務は、他のほとんどの新約聖書文書の著者たちと共有している状況のために困難となっている。第一世代のキリスト者たちは明らかに、ナザレのイエスとの直接の、あるいは非常に近い経験を持っていた。最初期のキリスト者たちはキリストの復活顕現のような福音書に示された経験に基づいて確信していた。それは結構なことである。しかし、後の世代はどうなのか。どのような経験から人々は信仰へと至ったのか。第一世代のキリスト者たちは特権的な位置にとどまり、彼らの後を継ぐ者たちは誰もそのような経験に基づいた信仰への希望を持たないのか。その最初のグループ以後のキリスト者たちは、使い古された経験の上に自らの信仰を立てる運命なのか。これらの問いを背景として、我々の福音書記者はこのテーマに取り組んでいる。ヨハネの著者は、おそらくイエスが地上での宣教を終えてから五〇年ほど経ったのちに〔福音書を〕書いているゆえに、経験と信仰とがどう関係しているかを理解しようと試みねばならないのである。

我々の議論は以下のように、相互に関係する多くのテーマを扱うことになる。

一　信仰を呼び起こすものとしての「しるし」
二　信仰認識としての見ることと聞くこと
三　知ることと信じること
四　ヨハネ福音書における信仰の要約

第四福音書における、信仰を呼び起こすものとしての「しるし」

《読者の準備》　下記に挙げる章句を研究し、二つの質問に答えるよう試みる。（一）第四福音書は「しるし」の語によって何を意味しようとしているか。(二)キリストへの信仰に入り、その信仰を養うためにしるしはどのような役割を果たしているか。二1—11、18—25、四46—54、五1—9、六1—28、九1—12、一一1—46、一二37—41、二〇30—31、二一1—14。また二〇24—29のトマスに関する物語も読むこと。

「しるし」(セーメイオン sēmeion)は、第四福音書がイエスの不思議な行いを描くために用いる言葉である(序章を参照)。共観福音書に親しんでいる者は、この語がこのように用いられていることに驚く。共観福音書がイエスの驚くべき数々の行いとの関係でこの語を用いる時には、否定的な意味合いが込められている場合がほとんどである。イエスは、彼のアイデンティティを疑う者たちを納得させるためのしるしを行うよう求められるが、そのような要求をする者たちを叱責している(たとえばマタ一六1—4、一二38—42、マコ八11—13、ルカ一一16—17、29—32を参照)。信仰のための基礎としてしるしを見る関心は、不信と疑いの表れとして非難される。だとすれば、我々の福音書が「しるし」の語を肯定的な仕方で用いているのは奇妙である。しかし使徒言行録には、新約聖書におけるこの語のヨハネ的な用法にまさしく並行する例がある。使徒言行録が伝えるところでは、ペトロがイエスの「奇跡と、不思議な業と、しるし」(使二22)について語ったり、ステファノが「すばらしい不思議な業としるし」(使六8)によって他の者たちの畏敬を呼び起こしたりした。しかしヨハネ福音書では、「しるし」はもっと特別な意味である。「しるし」のヨハネ的な意味を、とりあえずイエスの真のアイデンティティを見抜く機会を証言者に与えるようなイエスの行いと定義してもよいであろう。実際には、この定義は本福音書におけるこの語の意味と、その信仰への関係を簡略化しすぎている。

第四福音書がしるしと呼ぶイエスの行為は、キリストから与えられた啓示を信じるということに対する役割が曖昧なようである。ほぼすべてのテーマを調べる際に気づくことだが、この福音書は安易な回答を与えない。それは、しるしを経験することおよびキリストを信仰することとの関係についても決して違わない。

しるしとは、信仰を生み出す神のはたらき、奇跡、すなわち神の力の表現である。これは、本福音書の中でキリストが行っている、七つないし八つの主要なしるしのどれについても当てはまる。

一　水をぶどう酒に変える（二1―11）
二　役人の息子をいやす（四46―54）
三　三八年間足が萎えていた男をいやす（五1―9）
四　大勢の群衆に食事を与える（六1―14）
五　水の上を歩き、不思議な仕方で到着する（六15―25）
六　生まれつき目の見えない男をいやす（九1―8）
七　ラザロを復活させる（一一1―46）
八　驚くべき数の魚を獲る（二一1―14）

このリストには、（目の見えない男のような）人間とその病気だけでなく、（ぶどう酒のような）物理的な要素に関する驚くべき行いも含まれていることに気づくだろう。しかし、これらの出来事はすべて、それが信仰へと導くことを示唆する仕方で語られている。水からぶどう酒への変化については、本福音書の語り手は「イエスは、この最初のしるしをガリラヤのカナで行って、その栄光を現された。それで、弟子たちはイエスを信じた」（二11）と語る。二章23節では、しるしが広範なキリスト信仰を生み出したとある。さらに本福音書記者は二〇章30―31節において、この福音書はイエスが行った数多くのしるしのうちのいくつかを伝えているのであり、それは読者の側に信仰を呼び起こすためであると告白している。

著者が言いたいのは、これらのしるしはイエスが本当にメシアであることの証拠だということである（たとえば二18）。それらはいわばイエスの資格証明書であり、その〔メシアという〕職務につく資格がイエスにあることを示すものである。博士号を持っている人が、学術的な論文によってその資格が正当なものであることを示すよう期待されるのと全く同様に、メシアは驚異的な行いをなすことによって彼のアイデンティティを示すよう期待される。もちろん、それは一世紀のユダヤ教における一般的な期待であった（たとえば、申三四11におけるモーセによる「しるしと奇跡」への言及を参照）。

しかし本福音書記者は、イエスの驚異的な行いのゆえにイエスを信じることと「しるしを見ること」との間には一線を引いているようである。六章26節をどのように考えるか。大勢の群衆に食事を与えた後、イエスは再びその群集に出会って彼らに言う、「あなたがたがわたしを捜しているのは、しるしを見たからではなく、パンを食べて満腹したからだ」（傍点は著者による）。本福音書記者がここで言いたいのは、食べ物をもらうことやその他の身体的ないし物質的な利益のゆえにイエスに惹かれることは、彼が行う「しるしを見た」結果として彼に従うこととは同じではない、ということのようである。イエスから贈られた物や恵みのゆえにイエスに従うだけでは十分でない（それは億万長者に付き従って、五ドル札を恵んでもらうことを待っているようなものである！）。そのような振る舞いは、しるしの中に表されたキリストのアイデンティティをその人が本当に理解していることを示していない。「しるしを見る」ことは、必要なものを与えてくれるイエスから利益を得ること以上のものを含んでいる。

　では、「しるしを見ること」は何を意味しているのか。この問いは、我々を物語の先へと進ませる。しかし今のところ、イエスの驚異的な行いを見るとは、その行いを見て認識することや、その行いから利益を得る体験以上のものであるように思われる。それは、しるしを行うこの人物のアイデンティティに対する洞察であり、奇跡行為者を超えた存在としてこの人を理解することである。彼はキリスト、天的な啓示者、父の唯一の御子である。こうして福音書記者は、イエスのしるしを経験する二つの水準を提示する。片方の水準では、しるしは、人間の身体的な必要を満たす者としてイエスを認識させる。もう一方の水準では、神的な啓示者としてのイエスという意識がしるしによって育まれる。

　これらすべての例で、しるしは第四福音書において大変肯定的に扱われている。直前に挙げた、イエスの驚異的な働きから利益を得るためだけに彼に従うことが留保されている例においてすら、依然としてしるしは人々の中に信仰を呼び起こす肯定的な手段と見なされている。第四福音書は他の箇所で、まことの信仰を生み出すのにしるしが有効かどうかについて、ずっと深刻な留保を付している。我々が先ほど調べたところではしるしは肯定的な仕方で示されているが、否定的な扱いの箇所もある。後者の箇所では、本福音書はしるしがいつも信仰を生み出すわけではないと認めている。しるしを経験した者の中にも、しるしが信仰を引き起こす力を持たない場合があるらしい（一二37）。

これは深刻な留保ではない。福音書はさらに進む。福音書は、しるしの経験に基づくすべての信仰について、疑いを投げかけるような仕方で語るイエスを描いている。もう一度、役人の息子の癒しを読んでみよう（四46―53）。イエスは、しるしや驚異的な行いに基づく信仰について不平を言った後で初めて癒しを行っている。この物語の48節は、信仰の基盤としてしるしに過度に依存することに対する穏やかな非難だろうか。あるいは、しるしに基づく信仰すべての拒否だろうか。あるいは（第三の選択肢として）、しるしに基づく信仰はしるしを求めない信仰よりも劣っているということを我々はこれらの言葉から推察すべきなのだろうか。これは、しるしにまつわる信仰と経験の関係を我々が検討する際の重要な章句である。この主題について言いうることの大部分は、四章48節の言葉を我々がどう理解するかに基づくであろう。

以下のように、多くの見解が可能であり、また〔実際に〕主張されている。

一　〔しるしを〕自ら求めたのでない限り、しるしに基づく信仰は正統的で、成熟した信仰である（六26に言及されているように）。48節は役人の信仰を試しているに過ぎない。役人は49節で、イエスを信頼し続けていることを言い表している。これはマタイ福音書一五章21―28節にあるカナンの女の娘のいやしの物語に似ている。そこでは、イエスはいやしを求める彼女の願いに対し、彼女を叱っている。イエスに対する彼女の答えは、非常に深い信仰を示しているゆえ、イエスはすぐにいやしを実行する。叱責によって、驚くべき行いを求めることがけなされているのではなく、その行いを生み出した信仰の程度が探られているのである。

二

これに代わるその他の案は、種類が異なっている。それらは、この最初の選択肢は本福音書がしるしの役割についてもっと深刻な留保を暗示している事実を考慮していない、と言う。以下の三つの読み方はすべて、第四福音書記者はしるしについての不適切な見解を正そうとしていた、と主張する。

a

第四福音書記者は、しるしに基づく信仰をすべて拒否したかったのだという人々がいる。多くの研究者たちの提案では、本福音書記者が福音書の作成において利用したかもしれないしるし資料（序章を参照）は、しるしと信仰の関係についての非常に単純な神学を含んでいた。この仮説上の資料によれば、しるしは本物の十分な信仰を生み出す驚くべき行いであった。著者は、共同体の伝承の一部であったこの資料を用いたが、途中でそれを正そうとした。そのようなしるし信仰は信仰とはいえない、と福音書は主張する。それは利己主義的な満足である。そのため本福音書記者は六章26節で、偽りの信仰はしるしのみに基づいていると言い、四章48節ではそのようなしるしを求める行為すべてを拒絶する。福音書記者自身の見解は二〇章29節に暗示されているようである。そこではテクストが、しるしの経験に頼らないで成長する信仰を推奨している。

b

先に見た立場〔a〕は、少し極端である。それは、この福音書にほとんど存在しないことから、あまりに多くを作り出そうとしている。それでもこの立場は、しるし信仰について本福音書には何の疑念もないとする見解よりは真実に近い。より穏健な立場は、本福音書の著者はしるしに基づく信仰を、信仰の最初の段階——いわば、信仰の初期ステージと見なしている、というものである。しかし著者は、そのような初歩の信仰はそれ以上のものに成長しなくてはならない、と主張する。信仰の始まりにおいてはしるしに頼っているかもしれないが、そのような依存を脱して、二〇章29節に言及されたような信仰（「見ないのに信じる人は、幸いである」）に見合うまで成長しなければならない。この見解はまた、第四福音書記者は信仰についてもっと単純化した見解を教える資料を利用していると考える。その資料では、しるし信仰は拒否されず、ただ制限されているに過ぎない。実際、はじめに驚くべき行いの経験に基づいて信仰を築くことはかまわない。とはいえ、信仰はそのような経験の必要を克服せねばならない。それは子どもが自転車に乗るためにしばらく小さな補助輪に頼るようなものである。子どもにとってしばらくの間、自転車を支えるためにその特別の小さな車輪に頼るのは問題ないのだが、最後には補助輪を捨て、それなしで自転車のバランスを取ることを学ばねばならない。そうでないと、大人になって十段変速の自転車に乗る際にも練習用の補助輪を買うことになるだろう。しばらくの間は、信仰をイエスの驚くべき行いに依存させよう。しかし、信仰が成長したならば、その時その驚くべき数々の行いは、もはやキリスト教信仰の必需品ではなくなるだろう。

c 第三の立場は、〔直前のものと〕ほんの少し異なるだけである。第四福音書記者は、しるしへの応答として信じることを信仰とは見なさず、信仰への準備とのみ見なしている。イエスのしるしに対して肯定的に反応した人々は、まだ信じてはいない。彼らの信仰へと開かれた態度が賞賛に値するというだけである。キリストの驚くべき業に気づき、この人々は真に「見る」こと——つまり、この人物が誰であるかに気づくこと、彼の主張を受け入れること——への準備ができたのである。第四福音書においてしるし信仰が制限されているのはやはり、しるし資料（ないしその種の伝承）の改訂の結果であるかもしれない。その改訂は単純なものである。すなわち、しるしに基づく信仰は信仰ではなく、信仰に向かう過程の価値ある最初の一歩である。補助輪をつけながら自転車に乗ることは、自転車に乗ることそのものではなく、その技術を身につけるための一段階なのである。

第四福音書は、しるしと、それが信仰を引き起こす際の役割について、ほかにも多くのことを語っているように思われる。まず、本福音書はしるしの曖昧さを認識しているということに注意しておくことが重要である。不思議な行いは、信仰を生み出す絶対確実な方法ではない。キリストへの信仰にとって確実な、経験による基礎などない、とこの福音書は我々に語る。宗教的信仰がどのような経験に基づいているにせよ、その経験は決して信仰の証明にはならない。その理由は、福音書記者は明らかに知っていたことだが、経験そのものが常に曖昧だからである。経験は常に、多種多様な解釈の影響を受けやすい。ある人が深い宗教的な神経験と呼ぶものを、他の人はある心理的な前提条件がととのった結果であると理解する。我々の福音書記者は宗教哲学者ではないけれども、このことを十分はっきりと分かっていた。イエスの極めて驚くべき行いの数々も、信仰を確かにするものではない。それらを、啓示者ではない者の行いとして理解することはできる。そのため第四福音書は、ある者たちがイエスとその行為に対して、イエスはキリストなどではなく悪霊に憑かれていると断言することで応じる（八48）、という共観福音書の証言を繰り返す。イエスのしるしはいくつかの可能性を開くだけである。すなわち、イエスは特別なやり方によって神から力を得た者であるか、あるいはその力を別の源、おそらく悪霊といったものから得たかのいずれかである。こうして第四福音書記者は、驚くべき行いに対する聖書的な見解、つまりそれ自体は絶対的な証明ではなく常に曖昧であるという見方を続けている。驚くべきことに、我々の著者の言葉は、どんなことにも絶対的な証明や確かさはないと主張するポストモダン主義者のようにも聞こえる（終章を参照）。

さらに、しるしが宗教的信仰の誕生と成長に対して積極的に貢献するためには、それらが何らかの方法で認識されねばならない。人間の歴史に神が積極的に関与している可能性を受け入れる視点から、しるしを見なければならない。それゆえしるしが信仰を生み出すためには、わずかなりとも、信仰が生まれる可能性をあらかじめ仮定した視点からしるしを経験しなくてはならない。だとすれば、「しるしを見ること」とは、その深い意味においては、イエスの行為を経験し、それらを正しく理解することである。いわば、それらを通して行為者の真のアイデンティティを見ることである。神の実在と行動の可能性を受け入れることを信仰と呼んでよいのであれば、しるしは信仰を生み出すとともに、信仰を要求する。

手近な類比となるのは、芸術を味わう力である。芸術を見ることは鑑賞力を養ってくれる。良い絵画に見とれることは芸術表現を味わう新たな力を生み出す。しかし、絵画を見るためには事前にある主観的な基準を持っていなくてはならない。何が美を構成するのかについて鑑賞者がいくらかの確信を持っていなければ、ピカソの作品は無駄なものとなってしまう。そのような前提条件は、洗練されていたり成熟していたりする必要はない。それは単なる好みや、この絵は他のものよりも見ていて気持ちがよい、という曖昧な感覚といったものかもしれない。しかし、そこには美に関する基本的な感覚があるに違いない。そのように、ヨハネ福音書の著者も信仰へと駆り立てるような仕方でしるしを経験することには前提条件がある、と言っているように思われる。これを信仰と呼ぶか、あるいは信仰へと向かう最初の要因と呼ぶか、という問いは意味がない。重要なのは、福音書記者が何を主張しているかを知ることである。信仰以前にしるしを見ることは不可能である。それは撒かれてもいない種から花が咲くことを期待するようなものだ。

種についての大雑把なちょっとしたメタファーが、我々を次の点へと導いてくれる。この「信仰の道」では、しるしを見ることから始まる信じるプロセスが進むと、しるしそのものはどんどん重

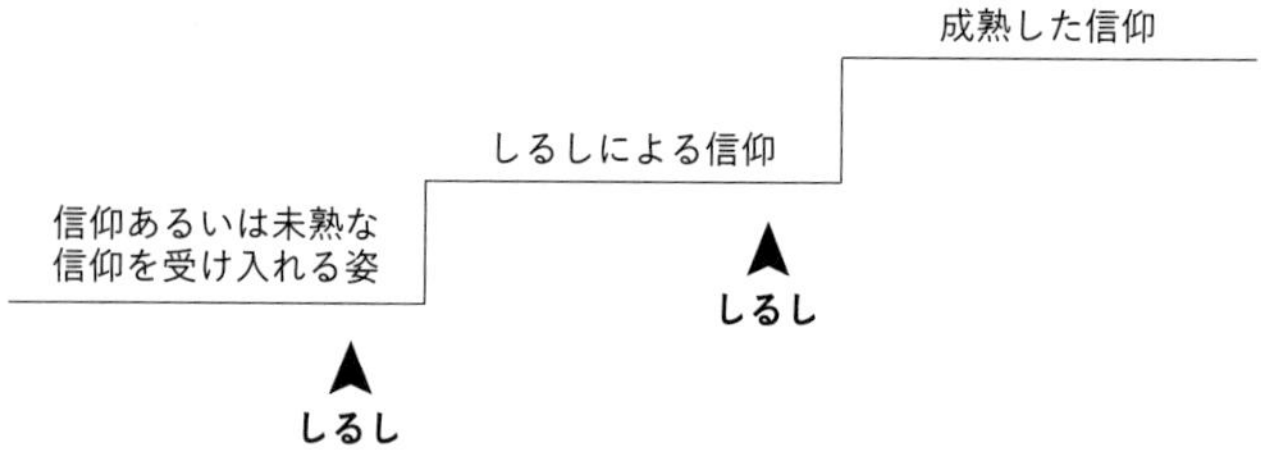

図3・1

要性を失っていき、信仰の視点が非常に重要となっていく。我々が概観してきた、福音書の中に存在する証拠の表層の真下に、ダイナミックな信仰という深い概念を確かめることができる。イエスの行いを「しるしに満ちた」やり方で理解するという経験は、一種の胚芽的信仰を必要とする。本福音書においては、イエスの行いを証言する者すべてがその行いをしるしと見なしているわけではない（一二37）。しかし胚芽的信仰は、しるしを経験することで養われる。福音書記者は、イエスの驚くべき行いを信仰の積極的な経験と認めている（二23）。それでもその信仰は、もはやしるしに触れ続ける必要が無くなるまでは、最終的に開花することはない。それは、見ることなしに信じる信仰となる（二〇29）。著者が我々に示そうとしている複雑なプロセスを簡略化しすぎることにはためらいがあるが、それでも、あえて図式を提示する（図3・1を参照）。

私が主張したいのは、第四福音書は、信仰の成熟過程におけるこれらのどの段階も軽視せず、最初の二つの段階を越えて信仰が成長するよう促しているということである。発達心理学者と同様、福音書記者は成熟過程におけるそれぞれの段階の意義を認めており、予備的段階のどこかにこだわることを退けている。

さて、少し歴史的な推測をしてみよう。福音書記者は、信仰の第一段階ないし第三段階のいずれかを理解していない「しるし資料」を用いたのかもしれない。その資料は、ある人々がイエスの驚くべき行いに対して応答すべき時になぜ応答しないのかをよく分かっていなかったし、また信仰がしるしへの依存を超えてどう成熟しなければならないかを適切に述べていなかった。もし福音書記者がしるし資料（そのようなものはまさに推定にすぎないのだが）を用いていたとすれば、それは神人（divine man）であるイエスの驚くべき行いと関係した物語の非常に古い集成といったものであっただろう。福音書の著者はその上にこの〔しるし信仰を超えて成熟する信仰という〕理解を打ち立てたいのであり、そのために、しるしの曖昧さを強調し、しるしを必要としない成熟した信仰についての見解を提示しているのである。福音書記者がしるし資料にこのような改訂を行なうのは、イエスの奇跡についての物語が、おそらくかつてのようには、もはや信仰を引き起こしていないからである。さらに、キリスト教徒たち自身の間でのこの栄光にみちた行為〔奇跡〕は、かつてそうであったと考えられるほどには〔今は〕多くない。そこで第四福音書は、自分たちの世代の信仰者たちは、自分たちの中で起こるしるしやしるしの叙述に頼るべきではないということを強調する。人々は見ることなしに信じることができねばならないのである（二〇30―31）。

ロバート・T・フォートナという研究者は、福音書記者がさらにもう一つの改訂をしるし資料に施したと提唱している（*The Gospel of Signs* を参照）。フォートナは主要なしるしの物語に二つの層を認めている。第一の層では、イエスは健康や食物のような身体的な要求を満たしている。別の層では、身体的な要求はもっと深い、精神的な要求の象徴として表れている。それゆえ、イエスが目の見えない男をいやすとき、その治癒は身体的ないやし以上のものである。ヨハネ的象徴の文脈では、目の見えないことは闇を示唆し、目のいやしは光を示唆する。だから、しるしが身体にもたらす結果はキリストが信者に与えるもっと深い精神的利益の象徴である。フォートナの確信するところでは、福音書記者が用いたしるし資料はイエスがこの基本的な身体的必要を満たすことを強調していた。福音書記者はしるし資料にあった一連の物語を繰り返したのだが、読者にはそこに込められた象徴的な意味を正しく理解してもらいたかった。それゆえ、物質的利益のためにイエスに従うことと彼のしるしを見ること（六26）との間の区別は、イエスの行いには重要な精神的意味があるのだという福音書記者からの合図なのである。このような提案は、非常に思弁的ではあるが、たいへん筋の通ったものであり、福音書の原著者が考えていたと思われるものにしっくりと適合する。ヨハネ共同体では、イエスがその追随者たちに与えていたのかもしれない純粋に物質的な利益への関心は、精神的な利益に対する関心よりも小さかった。

ここには、宗教信仰およびその成長についての深遠な理解がある。信仰には、絶対的な確かさという基礎はない。歴史的イエスの証言という体験ですら、信仰の確たる証明を与えてはくれない。信仰とはある独特の視点から経験を見る能力である。それは、我々の経験はいつも曖昧であるとしても、歴史における神の啓示を受け入れる用意があるということである。さらに、信仰は再評価と成長の継続的な過程である。しかし我々はここでとどまることはできない。この主題について、本福音書はもっと多くのことを語っている。

第四福音書における「見ること」と「聞くこと」

前節において提案したこの福音書における信仰の解釈は、福音書記者による他の三つの言葉、すなわち「見ること」「聞くこと」「知ること」の使い方によって裏づけられ、さらに展開される。まず本節で最初の二つを検討し、残りの一つは次節で扱うことにしたい。

《読者の準備》本福音書を通して、「見ること」を意味する語の用法に注目する。以下の節において、これらの語の著者による使用のいくつかのパターンを区別する。一14、50―51、三11、32、五19、六40、九39、一四7、9、一七24、一九35―37、二〇8、25、29。

第四福音書で「見ること」を表すギリシャ語の単語は、感覚による認識と信仰による認識が交換可能なものとして用いられている。この両者の違いの例は一章47節と一四章8節である。最初の例では、ただ「イエスはナタナエルを見た」と述べられている。ここで動詞は、眼による感覚的な認識行為を意味している。しかし、一四章8節でフィリポは、弟子たちに御父を示してくれるようイエスに求めている。イエスは「わたしを見た者は、父を見たのだ」（9節）と答えている。ここでは、見ることは明らかに、単なる感覚的な認識行為以上のものである。イエスを見るときに父を見る、ということは、確かにある種の精神的な認識ないし信仰による認識を意味している。それは、イエスの人格の中に究極的実在の性質を見て取ることなのである。そのような洞察は、身体的な認識の感覚を超えている。それは画廊において、鑑賞者がピカソの絵画を味わう際に、それ以上のもの、つまり美や様式や命を与えられた表現といったものをも経験するようなことかもしれない。画廊における鑑識眼をもった認識は、福音書記者が身体的な視覚と信仰による視力との間につけたと思われる区別と共通しているのかもしれない。

ヨハネ福音書には、イエスとの出会いからもたらされる信仰認識についての深い理解がある。これは二種類の「見ること」が組み合わされ、互いに依存すらしているその様子から明らかである。この相互関係の良い例は、六章40節、一一章45節、そしておそらく一二章45節である。それぞれの語句で、認識行為のすぐ後に信ずるという行為が続いている。具体的で手で触れることができる経験が、信仰のプロセスの必須部分になっているようである。もっと具体的に言えば、要するに信仰の出発点は地上のイエスとの出会いに基づいている。人間に可能な真理認識は、物質的・身体的対象——ここでは人間イエス——を認識した結果である。それゆえ、信仰は直接経験に根ざしているが、「通常の感覚的な体験」を超えて、完全に客観的な情報そのものが実証する以上のことを主張するのである。

信仰は、内面的自己から全面的に開花するわけではない。ここで第四福音書記者は、ユダヤ＝キリスト教伝承の基本的な観点を主張している。宗教信仰は、世界との接触から逃れ、自らの身体ないし自己を超えた何らかの精神的実体のみとの接触に沈潜する、純粋な瞑想の結果ではない。その種の瞑想のプロセスはとても良いものかもしれないし、大きな助けとなるかもしれない。しかし、聖書的伝承全般と同様にヨハネも、信仰は地上の、この世のものとの接触から生まれると主張している。男性は、女性が自分にキスをしてくれる態度から、彼女が本当に自分を想ってくれているという確信を強める。彼女が想ってくれているという認識は、キスの感覚に基づいており、彼女が想ってくれているという解釈は、そのキスを伝達手段として必要としているとさえ言えるかもしれない。しかし彼女が想ってくれているという彼の確信は、感覚そのものをかなり超えたものである。彼の友人は「それはただのキスだったのさ」と彼をからかう。それでも彼は、それが自分にとってそれ以上の何かを意味していると強く言い張る。ヨハネが言うには、キリストはイエスとの具体的な接触に基づいて啓示の真理を主張している。しかしその主張は、五感で感じとるもの自体を超えている。データを普通に解釈することで直ちに得られる理解は必要だが、それはさらなる主張のための基礎にすぎない。

経験は信仰にどう寄与するのかという点について福音書記者が考えていることはまた、「見る」という動詞の他の用例にも反映されている。九章39節における明らかに比喩的な用例は、ここで意味が明らかになる。もちろんイエスの宣教はいやし――視力や聴力という身体的な能力の授与――を実行することでもある。しかし、福音書記者が言おうとしているのはそれ以上のことである。イエスは、生命や存在についての真理を認識するという贈り物を与える。彼は、人が誤った自己理解を正すよう、〔真の〕理解の可能性を与えてくれるのである。「見る」という語に暗示された信仰の認識はまた、イエスは父を見る、という主張にも明らかである（五19）。御子が父を見るように、信仰者は（信仰の認識という意味において）御子を見る。さて、「聞く」あるいは「聴く」を意味する単語が福音書記者によって用いられる例を見ると、以上のほとんどが同じように当てはまる。

《読者の準備》「聞く」あるいは「聴く」を意味するギリシャ語動詞を用いているいくつかの章句を読む。福音書記者はどんな意味を持たせているだろうか。三32、五24—26、30、37、六45、60、八26、40—43、45—47、一〇3、8、26—27、一二45—47、一五15、一八37。

イエスの言葉を聞きながらも、その意味についての内面的認識が存在していない六章60節に見られるように、聞くことは純粋に感覚的な行為かもしれない。またそこから信仰が生まれてくるような経験かもしれない（五24）。後者の例では、イエスの真のアイデンティティを認識することはふつう「聞くこと」で始まるが、それを超えていく。信じることができないのは、御子の中に父の声を認めることができない点に根本の理由がある。「ユダヤ人たち」は、適切に聞くことができないために信じることができない（八43）。

だから信仰を聞くとは、つまり、音を聞くという感覚的な体験ではなく、この男、すなわちイエスの中に究極者の存在を認識する行為なのである。信仰を見ることと同じく、信仰を聞くことは、信じるという仕方で意味をとらえることを含んでいる。それはコミュニケーションを体験する中で、究極的な意味の側面を見いだすことである。同様に、弟子たちが御子の声を聞くことと御子が父の声を聞くこと（八26）の間には、同じ並行関係がある。ここでもまた我々は、第四福音書記者にとって宗教信仰の出発点はある出来事や出会いに対する独特の認識にある、ということの証拠を手に

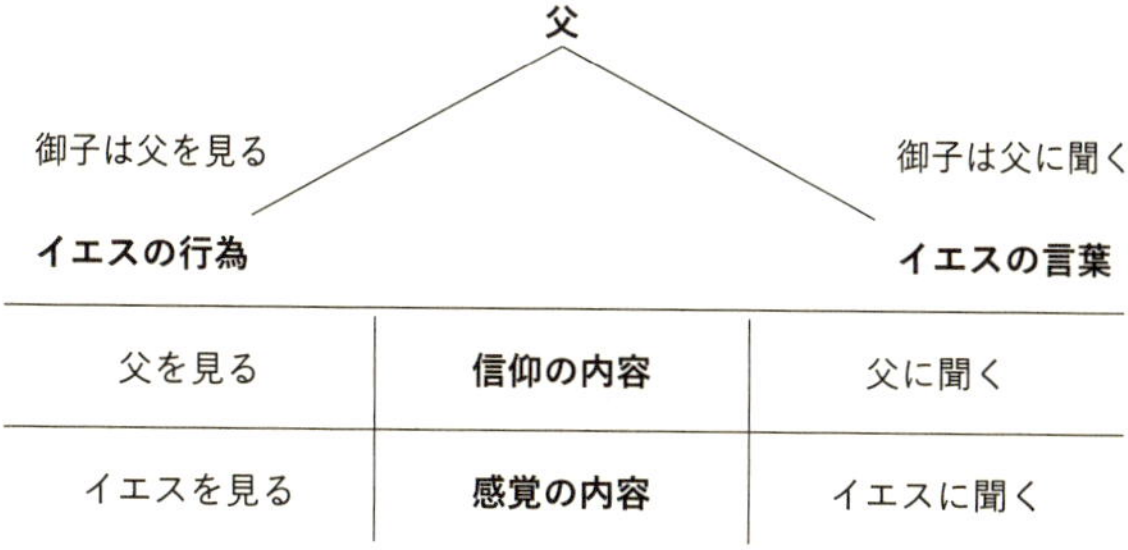

図3・2

するのである。この著者は、身体的に見ることや聞くこと以上に深いものに言及するために、「見ること」と「聞くこと」を用いているように思われる。これらの語は、真理をとらえることや、神の代理人という存在を理解することを表現している。それらは本福音書において、信仰を生み出すイエスとの触れ合いを示すメタファーとして用いられている。

　このようにヨハネ福音書には、信仰の地平を象徴する二つの水準から成る体験が見いだされる。この体験の基礎は、イエスおよびその使信との出会いである（図3・2を参照）。

　しかしながら、この――信仰と感覚という――二つの水準の間の区別は象徴的なものであって、文字通りのものではない。つまり信仰は、感覚的な体験が何であったとしても、受肉した言《ことば》との出合いによって起こる。信仰は、良い視力や聴力ではなく、キリストにおける神の真理の啓示を進んで認識し、受け入れようとすることに依拠している。

　この福音書は、体験と信仰との間の深い関係を示している。独特な仕方で理解される経験から、信仰は成長してくる。だからこの福音書記者にとって宗教的信仰は、少なくとも部分的には、体験を理解したことの結果である。人は起こったこと――経験したことの意味を捉えようとする。信仰とはある仕方で体験を理解する、すなわちイエスの行いと言葉の中に父を見いだそうとする、首尾一貫した傾向なのである。

こうして我々は巡り巡って、決定論と自由という従前の議論へと引き戻される。著者は、信仰へとつながるイエスとの出会いはすでにある種の信仰――我々の体験の中にあるより深い水準での現実を進んでとらえようとする姿勢――を求める、ということをわかっている。その姿勢がなければ、体験は信仰を生むことができない。そのため、福音書記者はこのプロセスの神秘的な次元へと戻らざるを得ない。そのより深い現実へと「引きつけられて」気づく者もいるが、そうならない者もいる。そのより深い認識は、いかなる信仰にも先立つ、神からの贈り物であるように思われる。福音書記者には、神秘や謎といった側面を、信仰へとつながる体験のプロセスから排除する気はなかった。その点をもっと完全に説明しようとしていないことに失望する人もいるかもしれない。とはいえ、賞賛に値する点もある。というのも、自らの経験を信仰へと導かれる深い仕方で理解する人々がいる一方で、そうならない人々もいる、ということに我々の多くは驚くからである。

この関連で、ヨハネ思想の別の面に言及せねばならない。そのためには再び物語のはるか前方へと進んでいくことになるが、ここ〔で扱うの〕が適当である。ヨハネにおけるしるしの扱いや「見る」「聞く」という動詞の比喩的な使い方に見られる、経験と信仰の間の関係についてのこの理解は、最も深い意味においてサクラメント的である。私が言いたいのは、経験が人を信仰に導く仕方を第四福音書は深く理解しているということである。身体的なもの、感覚的なもの、物質的なものは、信仰が生まれるための手段である。我々が見、聞き、触れ、嗅ぐもの、あるいは別の仕方で経験するものは、神的なものと我々をつないでくれる。洗礼における水や主の晩餐におけるパンとぶどう酒は、信仰を育むための物的な要素であり、それによって神的なものが開示される。第四章では、本福音書がキリスト教のサクラメントにはほんの限られた関心しか示していないこと、しかしヨハネが理解している信仰と体験は、基本的にはキリスト者たちがサクラメント的なものによって表しているものであることを論じていく。

ここまで辿ってきた道筋を振り返ると、本福音書の主張は大胆なものである。宇宙の究極的な実在、つまり神は、日常生活における感覚的体験を通して経験できる！（一14を参照）これは驚くべき考え方である。世界のほかの宗教的諸伝統との関連で見ると、とりわけそう言える。一人の人間として、神の受肉〔者〕と直接に出会うことが、信じるための前提として必要とされる。信仰の出発点をこのように描く福音書の立場を過小評価して、歴史的な人物であるイエスに出会った人々しか信じることはできないという意味にとることがあってはならない。第四福音書記者が言いたいのは、ナザレのイエスを特別な仕方で理解するという行為を通じて最初の弟子たちの間に信仰が生まれた、ということではなく、イエスの昇天の後にはもはや事情は同じでなかった、ということなのである。この福音書は、最初の弟子たちよりも、最初の読者たちにより多くの関心を向けている。最初の弟子たちは歴史的イエスを独特の仕方で見聞きし、彼らの信仰はそのような体験から成長したという。本福音書はまた、キリスト者の信仰はすべて、知覚的な体験から生まれるとも述べる。信仰のキリストは現在においても、信仰者の共同体の中で、また我々の世界の貧しく困窮した人々の中で体験されている。キリスト教の説教や証しを聞くことから、またキリスト者の愛においてなされた数々の具体的行為から、信仰は生まれ続けている。だから、受肉の神学はナザレのイエスが生きていた時代が過ぎてもなお正しいのである。たとえば私の信じるところでは、二〇〇五年のハリケーン・カトリーナの被害者のために提供された諸教会での奉仕の中に、我々はキリストの存在を見て取ることができた。

体験と信仰の問題についてヨハネが与える解答は興味深く、また斬新なものですらある。しかし我々の注意を惹くもう一つの点がある。それは「知ること」と「信じること」との関係である。

第四福音書における「知ること」と「信じること」

信仰と知識との関係についての議論は、キリスト教諸集団における古典的な問題である。研究者たちは、その関係の細部について幾世紀にもわたり議論を戦わせてきた。信仰に至る前に持たねばならない必要条件となる知識があるのか。それとも、信仰は知るための基礎であるのか。我々はここでキリスト教諸集団における議論の歴史には関心がないし、神学者たちの諸問題に対する答えとしてこれらの主題をヨハネがどう取り扱っているかを提示しようとする必要もない。しかし、早くもキリスト教運動の最初の世紀に、信仰と知識との関係についても考えが及んでいた人々がいたことには注目すべきである。

《読者の準備》　この主題についての我々の短い議論のために必要な読書は、以下の章句で充分であろう。六69、八31―32、一七7―8、21―23。これらの章句を読みながら自問しよう。どちらが先にヨハネの図式に表れるか――知ることか、信じることか。一方は他方よりも重要か。それらは同義語であるか。

人々は信仰の結果として、それまで知らなかったことを知るようになるだろうか。もっと単純に言えば、信仰から生じる知識はあるだろうか。あるいは、信じる前にまずいくらかの知識を持たなければならないのだろうか。第四福音書記者に耳を傾けよう。八章31節では、キリストを信じる者はその結果として、何かを知るというように聞こえる（ヨハ一〇31は同じことを言っているようである）。しかし、一七章8節は反対のことを主張している！　弟子たちはキリストが父のもとから来たことを知り、それゆえに（あるいは、この二文の間に「それゆえに」を加えてはいけないのだろうか）彼らは信じる（同じ関係を意味しているかもしれない一六30も参照）。前者の場合はこうなる。

信仰（faith）　↓　知識（knowledge）

後者の場合はこうなる。

知識　↓　信仰

しかしこのような単純な対立関係では、我々の謎めいた福音書には事足りない。さらに混乱をもたらす要素がある。いくつかの章句では、「知ること」と「信じること」を表すギリシャ語の単語が同義語的に使われているように聞こえるのである。「わたしたちは信じ、また知っています」とペトロは告白する（六69）。そして一四章7節と一七章3節では、「知る」という語を「信じる」という語で置き換えることができるようで、両者は全く同じ意味である。これらの場合は、以下のようになる。

信仰＝知ること（knowing）

第四福音書における「信仰」と「知ること」との間に細かな区別をつけようとする研究者たちもいる。その人々は、「知ること」が用いられている章句にはより知的な意味があり、「信じる」が用いられている章句では意志に関わる意味がより強いと見る。ブルトマンは、第四福音書において「知ること」は信じることを「構造的な」特質を指している、と我々に考えるよう求めている（『新約聖書神学Ⅱ』〔「認識は信仰の構成要素なのである」邦訳三三八頁〕）。しかし私には、そのような議論は証拠を歪めているように思える。彼らは本文から、そこには含まれていない哲学的な区別を取り出そうとしている。ヨハネの見解ははるかに単純である！

本福音書が「信仰」と「知ること」を交換可能として用いる理由は、それがヨハネ教会にとっては実際に同義語だったからかもしれない。この福音書が「知ること」によって意味するものは、「信じる」によって意味されるものと違わないのかもしれない。ひょっとすると、第四福音書における両者の関係を理解するためのの鍵は、一方の語を他方の語へ置き換えても意味を損なうことがないと思われる章句において見つかるのかもしれない。第四福音書記者は哲学者ではないし、認識論そのものに関心はない。これは、考えもなしに二つの用語が同一視されている、ということを必ずしも意味するものではない。

私の考えるところでは、ヨハネ福音書は「知ること」を「信じること」の同義語として用いており、それは「知ること」をヘブライ語的な意味で用いているからである。本福音書はギリシャ語で書かれ、もともとの読者はギリシャ語を理解していたとはいえ、その背景は概ねユダヤ教的なものだった可能性が高い。それゆえ、ヨハネのキリスト者は「知識」をヘブライ語的な考えによって理解した。ヘブライ語聖書で「知ること」を表す語は、これと等しいギリシャ語の動詞よりも、認識的ないし知的な理解という意味合いが弱い。ヘブライ語聖書で最も多いのは、「知ること」が個人的な関係に言及している用例である。それは対象から距離をとって理解することではない。英語で我々が何か、たとえば本を知っているという時に、それは我々がそれを吟味しじっくり調べたことを意味する。それを我々は対象と称することができるのである。

そうすると、ヘブライ語聖書が、誰それが彼の妻のところに入って彼女を知り彼女は子を孕んだと述べていることに、我々は戸惑ってしまうかもしれない。たとえば創世記四章1節にある、アダムがイブを知り彼女はカインを孕んだ、とは何を意味しているのだろうか。彼は彼女を〔知識として〕知ったのか。これは明らかに、対象として見るような客観的な観察とは異なるものを意味している。我々はヘブライ語「ヤーダー」をほとんどの場合すぐに「知ること」と訳してしまうが、この語は個人的な親しい関係に入ることを意味する。それは、相互に深い関係にある二つの主体〔あるいは人物〕に関係する。知られるものは、知る者から切り離された対象ではなく、知る主体と心を通わせる主体そのものである。それは我々が、あるカップルが「肉体関係」――信頼に満ちたやりとりの関係にある二つの主体――にあるというのとほとんど同じ意味で、性的な関係にも用いられる。同様に、預言者ホセアが人々は神の知識を欠くゆえに苦しむと言ったとき〔四6〕、彼は人々の神学が間違っていると不平を言ったのではない可能性が非常に高い。そうではなくて、ヤハウェと彼らとの個人的な関係が絶えてしまったと述べているのである。

ヨハネ福音書がギリシャ語ギノースケイン ginoskein〔知る〕を用いる時には、ヘブライ語の「ヤーダー」の意味で用いているようである。主体として、ある存在が別の主体との個人的で信頼のおける関係に入っている。それゆえ、本福音書は「知ること」を信仰の同義語として用いることができた。なぜなら、「知ること」は信仰の中に存在するのと同種の関係を示したからである。したがって、テクストが「信じる」よりも「知る」を用いている時でも、より知的な程度の高い内容ややり取りを示唆するものはない。両者とも個人的である。両者とも親密である。両者とも二つの主体の間のつながりに関わるのであり、主体と対象との間の関係に関わるのではない。ヨハネ的な意味での「知ること」に存在するのは、分離ではなく、その真逆――すなわち密接な関係なのである。

もし第四福音書の言う〔「知る」の〕意味が、我々が「知る」の意味だと考えているものであり、またその語を信仰の同義語として用いることができるのであれば、福音書が信仰によって意味しているものの一面が明らかになってくる。信仰とは、二つの主体の間の個人的な関係を信頼することである。それは最も親密な水準での交わりである。そうだとすれば、信仰は単なる教義の知的な受容を意味するはずがない（後に見るように、第四福音書にはいくらか〔そのような要素が〕含まれているけれども）。信仰は、個人的な関係における人間全体（心、体、感情、その他すべて）を必要とすると言っているに違いない。

ナイアガラの滝に渡した綱渡りのロープを、手押し車を押しながら歩いてわたろうとする男の物語が語り伝えられている。この危険な冒険の日、群衆が集まった。風が激しく吹き、ロープは前後に激しく揺れていた。開始時間が迫るにつれて、群衆は大声で忠告し始めた。「やめておけ！　決してうまくいかないぞ」。すると、一人の男が群衆から飛び出して、ロープの上を歩こうとする者に近づいた。彼は冒険者に言った、「行け！　歩くんだ。君にはできる！　僕は君を信じている」。この励ましに、ロープを歩こうとする男は答えて誘った。「オーケー、もし君が僕をそれほど強く信じているのなら、君は手押し車に乗って、僕と一緒においで！」（ビリー・グラハムが語っていたこの話を、私が初めて聞いたのはかなり昔のことである）。

ヨハネ的な信仰は、超然とした知的な確信ではない。それは信仰者と信仰の対象とを結びつけて一種の統合へと至らせる、個人的な親密さや信頼である。その信仰の関係は、我々の福音書記者がヘブライ語的な意味での「知る」によって言い表すことができるものであった。しかしこの洞察は、まだかなり一般的なものである。我々はさらに、ヨハネ福音書における信仰の概念についてここまで語ってきたことを、いくつかの非常に重要な点によって修正していくことができる。

第四福音書における信仰についての要約的見解

《読者の準備》 本福音書をざっと読み、以下の質問への回答リストを作成する。(一) 信仰の対象は何か(つまり、人々は何を信じるよう求められているか)。(二) 本福音書で用いられている信仰はどのような性質のものか。

本福音書は動詞「信じる」(ピステウエイン pisteuein)を二九回用いている。信じなさい! だが、私は何を信じるよう求められているのか。第四福音書には少なくとも三つの異なった信仰の対象がある。つまり、信用するよう、あるいは信じるように求められているものは変動するのである。

一 もっとも頻繁に見られる点は、イエスへの個人的な忠実さ、彼との個人的な関係のようである。これはたとえば四章39節に見られる。もっともよく見られる構文は、動詞「信じる」が前置詞エイス eis(~へ)と共に用いられるもので、前置詞の目的語はほとんどがイエスその人である。この構文は、前節の結論で信仰の性質に関して我々が述べた提案が、福音書において重要であることを示している。

二　信仰の対象が個人ではなく、イエスが発する言葉である場合もある。「イエスの語られた言葉……を信じた」(二22)。これは、信仰の第一の対象であるイエス自身と本質的には異ならない。違うのは、ここで信仰は啓示者個人よりもむしろ啓示者の言葉に対する信頼だということである。一方が他方を暗示する。もしイエスを神の啓示として信頼するならば、イエスが語っていることが正しい、と信じているのである。

三　しかし、信仰の第三の対象は違う事柄を示唆している。時に、それはイエスに関する陳述への信仰である。いくつかの用例では、読者は信頼をもった個人的関係という意味でイエス個人を信じるように求められているのでもなければ、イエスが語ることを真実として受け入れるように求められているわけでもない。そうではなく、読者はイエスが啓示者、メシア、御父の子であることを信じるように呼びかけられる(たとえば一一27)。この「信じる」という語の使い方は、信仰の意味を個人的関係から知的な受容へと移している。この例では、私の信仰は信条への信仰であり、〔イエス〕個人への信仰ではない。

したがって、本福音書の著者は我々に、キリストに関する二つの異なった種類の信仰を示している。第一のものは、信頼や親しみを伴う、イエスとの個人的な親密さやイエスへの忠誠である。第二のものは、キリストについての信条あるいは少なくとも信条的な主張を受け入れることという信仰理解である。前者はおそらくキリスト教信仰のより古い形であろう。パウロの信仰概念は本質的にこの種のものであるように思われる。後者は新約時代後期になって存在が認められるようになった種類の信仰であり、また最も後期の新約聖書文献のいくつかにおける「信仰」という語の使い方に類似している。そこでは信仰は信条や教義に変貌している。「あの信仰」とは、キリスト者とキリストとの間のダイナミック的な個人的関係ではなく、キリストについての一連の教義的な宣言である（ヘブ一一章、ヤコ二17、一ヨハ五1、3、三ヨハ4—11、ユダ3を参照）。これは重要な変化である。それは信じるということの性質をすっかり変えてしまう。それは信じることを、知的な事柄へと還元しうる領域へと移し入れる。信仰が最初に意味していたものははるかに個人的な次元であり、信仰者の全存在を要求していた。それは、最初に他の人を愛し、それからその人について述べているものを愛するようになることと似ている。「彼女は本当に親身な人である」という主張を愛することは、彼女個人を愛することとは根本的に異なっている。

我々の福音書記者は、初代教会において信条的な信仰理解への段階的な移行が始まったことに少しは責任があるように思われる。ヨハネ福音書はおそらく、「信仰」という語を信条的な響きで用いる発言が見出される最初期の文献の一つであろう。第四福音書記者はおそらく、この語法が変化していることの重要性には気づいていなかっただろう。著者の基本的な信仰理解は、個人的な関係性である。しかし、ヨハネ共同体は分裂したり、動揺したりしていたのかもしれない。彼らは社会的な混乱に直面し、アイデンティティ危機の只中にある。彼らをその敵対者から明確に分かつのは、キリストに関する確かな主張をなすことができ、それがアイデンティティの感覚と集団の連帯を作り上げていることである。「我々はイエスがメシアであると主張できる者たちである」。その告白は、ヨハネ共同体とその周りの世界との間に境界線を引く。信条がもつ機能的な価値が、福音書記者にそれを用いさせる誘因となったのかもしれない。著者はこれが、信仰の持つもう一つの根本的概念、すなわちキリストとの個人的な関係ということを侵害するとは見ていなかったのだろう。もちろん我々の福音書においては、信仰の個人的でダイナミックな性格が信条の定式の下に隠されてしまう危険はこれまでのところないようである。ヨハネのキリスト者はまちがいなく、キリストとの個人的な関係は自然にまた必然的に、キリストとは誰かを示す信仰の言葉に至ると信じていた。言い換えれば、信仰に関する信条的な概念が生まれる動機は、キリスト像を正直に、明確に語りたいという願望である。その動機が何であれ、第四福音書記者が信仰を信条へと早くに還元したことは認め（あるいは非難し）なくてはならない。それが悲劇的な変化なのか、あるいは信仰を個人的な関係とみなす考えの必然的な結果なのかという判断は、読者自身に委ねよう。

最後にとっておきの、より前向きな解説で本項を結ばなければならない。ヨハネ的な信仰概念には、我々がまだ言及していないもう一つの特徴がある。文法的な観察から始めよう。福音書の著者は名詞「信仰」（faith）ないし「信心」（belief）を決して用いず、常に動詞「信じる」のみを用いる（ギリシャ語では、我々が「信心」ないし「信仰」と訳すべき語は一つだけである）。これは何を意味するのか。著者は名詞よりも動詞が好きなのか。もっと考えられそうなのは、この著者にとって信心は常に活動的なものだということである。信仰は内的な気持ちではない。信仰は人が持つ何かではない。信仰とは人がなす何か、あるいは自分に対してなされる何かである。信仰はある〔静的〕状態ではなく、動的な変化である。もし信仰が常に動詞であるならば、それは間違いなく、信仰とは人が一度実行すれば〔変わることなく〕いつまでも続くようなものではないことを意味している。

そうではなく、動詞としての信仰は、「信じること」が一度なされたとしても、また何度も繰り返されねばならない決断であること、あるいは一度限りでなく、何度も受け入れることのできる贈り物であることを意味している。信仰は〔静的に〕存在する状態ではなく、継続的に働く力なのである。

名詞の代わりに動詞を用いることで暗示されているこの信仰理解は、著者の基本的な信仰理解が個人的な関係にあることを示しているように思われる。本福音書は動詞「信じる」を信条的な言葉とともに用いているものの、それはその考えの主たる目的ではない。それはむしろ退行、堕落である（そして、その意味で非常に重要な点である）。ヨハネ福音書は基本的に、体験から個人的存在との信頼できる関係が現れる、と主張しているのである。

結論

ヨハネ福音書は哲学的エッセイではない。信仰と体験との関係についての説明は、福音書という文脈の内部で行なわれる。福音書は哲学的論文ではないし、あるいは神学的論文ですらない。それはむしろ、伝承資料を保存し、その資料を新しく適切な方法で信仰共同体に伝えるために計画された文書である。我々の福音書記者の関心は、さまざまな苦難や困難が続く只中にあっても、宗教的な信仰を養うことである。それゆえ、この作品が論理的に一貫しており、信仰と体験の関係についての疑問に対する完全な説明であると期待するのは無理がある。哲学者は、哲学的問題を理性的に説明する目的で社会的な抵抗文学を読んだりはしない。しかし、社会的抵抗にはある種の見解、基本的価値観、社会や個人や自由についての理解が暗示されている。同じようにまた、我々は第四福音書を信仰と体験のような問題についての哲学的論文として読むべきではない。本福音書はひとつの理由、たったひとつの理由のために、信仰と体験との関係についての見解を詳しく説明する。その理由とは、読者の信仰が養われるように、というものである。

そうだとすれば、我々がこの文書に見いだすのはむしろ、宗教信仰が体験に根ざすあり方についての奥深い見方である。これは、この問題についての比較的大胆な見方である。というのも、信仰の起源において具体的な経験が持つ積極的な役割を主張しているからである。この見方は、しるしの認識や「見る」「聞く」のような基本的な認識体験にもっとも重要な位置を与えている。しかし、五感を使うことの向こうに、より深い、あるいは感覚を超えた認識が表れるはずだ、とも主張する。このより深い層を認識するならば、体験から、神的な人物との信頼ある個人的関係が生じうる。その関係は、信仰あるいは（ヘブライ語的な意味での）「知る」のように、さまざまな描き方ができる。その基本的関係から、信仰は時として信条的な宣言の受容として理解されうるのである。

イエスの言葉や行いに対するこの種の信仰認識によって本福音書が意味している事柄の下にあるものを探れば、未解決の謎が掘り出される。福音書は、信仰の過程の始まりとなる、より深い認識へとまず開かれていることについて、我々に明確な説明を残していないのである。成長し成熟していくべき動的な信仰は、謎のうちに始まる。それゆえ、ひょっとすると我々は、福音書の著者が不完全な議論をしている、あるいは循環論法になっているということについて非難すべきなのかもしれない。信仰が生まれるための体験には信仰が必要であるというのだから！　それでも、ある人の生に神が関わることで、信仰という視点から体験を認識し、また理解しようとするその人の努力が始まる、という感覚はある。これはひょっとすると、第四福音書の中にある、神の行為によって信仰が生まれるという主張と、人間の決断によって信仰が生まれるという主張との逆説的な緊張関係をもっと適切に説明してくれるだろうか。最初に存在する信仰は、神の働き――すなわち神が個人を引き出し、キリストへと引き渡すことである。最初の贈り物である信仰が〔人間の〕眼を開き、その結果として信仰認識を可能とするだろう。神的な存在の体験に対する最初の反応の後は、人間は信じることや信仰の成長に責任を負っている。人間は、自分の信仰を誇ることは決してできない。なぜならそれは、自分の人生の中で神が働いたことに由来しているからである。また人間は、信仰の成熟に対する責任を放棄することもできない。これが福音書の教えの意味するすべてであるのかどうかは注意深く調べてみなければわからないが、福音書にはそのことを探るための出発点が示されているかもしれない。

我々の福音書は、体験と信仰についての問題にきっぱりと決着をつけているわけではない。この点に関するヨハネの貢献は、世界の諸宗教の伝統という文脈においては重要でないように見えるかもしれない。それは数多くの中のひとつにすぎないからである。それでも私は、この文書によって提唱されている見解は少なくとも、ある宗教伝統の初期に見いだせるこの問いに対する最も創造的な答えのひとつであると主張したい。幾世紀もの哲学的な議論や洗練さからの恩恵は受けていないものの、ヨハネの解釈は信頼できるし、よく考えられてもいる。それはキリスト教の様々な伝統における信仰の意味に今も続いている考察という点から見て、我々の研究や批判を間違いなく大きく利するものである。

このように福音書記者は、信仰の意味と体験の中にある信仰の起源とを注目すべき手法で探求している。信仰は、個人が人間的二元論のひとつの軸から他の軸へと移る道を示している。それは光と闇、死と生、虚偽と真実との間の移行手段である。しかし、この光、この命、この真理の性格とは何だろうか。信仰の完成とは何であるか。信じることによって何が得られるのだろうか。ここから我々は、ヨハネ思想に関する調査の最後の主要な項目へと導かれる——それは信仰者の命というヨハネの概念である。

第四章　永遠とは今である――ヨハネの終末論

数年前、本章のテーマを示唆するような政治風刺漫画があった。場面はホワイトハウスの前である。長いローブを着て髭を生やした風変わりな姿の男〔宗教改革者のイメージ〕が、「終末は近い！」と書いた看板を持っている。彼は、背中しか見えない別の人物を驚きながら見つめている。しかし第二の人物は、ホワイトハウスのその時の住人〔米国大統領〕であると分かるのだが、「あと四年ある！」と書かれた看板を持っている。この、宗教的モチーフと政治モチーフの組み合わせは、現在と未来の間の緊張を示唆している。この漫画が宗教的人物で表しているのは、現在が成就の時であると信じる人々の典型であり、政治的人物は、成就を未来に期待する人々のそれである。

成就の時をめぐる未来と現在との間にある緊張というテーマは、もうひとつの古典的な宗教問題である。どんな形であれ、あらゆる宗教は人間の達成感や満足が得られるという希望を教える。この教えはしばしば救済という概念で提示される。そこでは、人間がやり遂げられることは自分たちが創造された時点からそう意図されていたものである、と告げられる。また、人間の魂の最も奥深いところにある願いは実現されうること、最低限の必要は満たされうること、希望は実現しうることである、とも告げられる。しかしそのような救済の約束は、遠い将来にあるものかもしれないし、あるいはその信仰者が生きているうちに実現するものかもしれない。宗教的伝統の中には、将来における（たとえば、死後に天の住居における）救いの実現のみを約束しているものもある。これらの宗教が教えるのは、人間が完全なものとされる時が来るが、その時は将来にある、ということである。キリスト教とユダヤ教は両方ともこの類型に当てはまるように思われる。他の宗教的伝統では、約束された救済の成就は直ちに得られる。禅仏教の師がひそかに望んでいるのは、修行者を悟りの体験へと導くことであるが、それは人間が得るよう意図されていた静謐の実現なのである。

もちろん、その違いは決してこれほど明瞭ではない。キリスト教の伝統ではふつう未来における成就を教えるが、その未来における実現が信仰者たちの現在において先取りされる、という宣言が見られることも多い。聖霊体験はしばしばそのようなものであると理解されている。実際、使徒パウロは聖霊を神の約束についての頭金の一種として説明した。聖霊体験は救済の完成が存在することの保証である（たとえば、ロマ八23）。神秘主義に傾くキリスト者の間では、キリスト者はこの生において神が約束された救いの完成をほぼ体験できる、という宣言が見られる。同様に、東洋の宗教の中には、約束されたゴールをしばしばブラフマンないしニルヴァーナの状態にある究極者との一体化であるとし、それは最も信仰深い者の死に際して現れ、終わりなき生のサイクル〔輪廻〕を終わらせるとするものがある（これは特にヒンドゥー教に当てはまる）。この見解に従えば、瞑想の結果として、この生において何らかの最終的な状態を経験できるのである。諸宗教が、約束された救済の未来における完成と現在における完成という考えとを混ぜ合わせているのは明らかである。

ここに本章で扱う問題がある。救済は信仰者に対し、未来の可能性としてのみ約束されるのか。あるいは、信仰者たちの現在の体験において見いだせるのか。あるいは現在とは、未来における完全な成就に先立つ部分的な完成にすぎないのだろうか。一般化することはできないが、救済に関する宗教的教えには未来を志向するものもあれば現在を志向しているものもある、という主張には一定の真実がある。前者の例では、希望が主要な役を演じる——未来における神の計画の完成に対する希望である。現在を志向する諸宗教においては強調点が移行する。希望はいま現実になりうる。それは実現されつつある。今この時のために生きなさい！　この問題と切り離せないのは、信仰者の現在の体験や未来の希望に答えを与えようとする、諸宗教に不可欠の努力である。

キリスト教はおそらく、人間の救いは将来にあり、その将来は非常に近いという信仰の中で生まれた。最初期のキリスト教は、メシアの差し迫った出現と、メシアが統治する時代とに対するユダヤ教の熱狂的な希望の中で生み出された可能性が高い。この点で、キリスト教は死海文書を残したユダヤ人たちの宗教的視点とそれほど隔たっていない。このユダヤ教熱狂主義者たちは、死海のほとりのクムランにおける自分たちの共同体で、間近に迫るメシアの登場と、それに引き続いて起こるであろう悪との大戦闘に向けて準備していた。生まれたばかりのキリスト教はこの種のユダヤ教黙示思想を糧として育った。キリスト教運動から生まれた最初期文献のいくつかはまさにこの点を強調している（たとえば一テサ）。（黙示思想とは、神の約束の未来における成就に関する独特の思想や文書に対して与えられた名称である。特徴となるのは、少なくとも二つ固有の強調点を持っていること、すなわち歴史と将来の成就との間の明らかな分断、そしてその未来を描くために込み入った象徴を利用することである）。

初期キリスト教徒の中には、自分たちはすぐに、現在において神的成就を体験しうると信じるようになった人々がいた。信仰者は実在する生けるキリストに出会い、完全な救済という究極的贈り物の先取りとなる贈り物を与えられた。たとえばパウロは救済を、現在の体験としても未来の希望としても説明している。これが最も明らかなのは、ローマ書八章24節における彼の宣言、「わたしたちは、このような希望によって救われているのです」である。多くの新約聖書批評家が、初期のキリスト者たちはキリストの再臨の遅れに由来する失望と戦わねばならなかったと主張している。第一に、キリストはすぐに戻ってくると信じられていた（パルーシア Parousia は、キリストの再臨を表すのに新約聖書で多く用いられている用語である。この語は通常、王ないし政治的指導者が人々の村落に現れる時に用いられる）。そのとき、キリストは神の救済の完成をもたらすであろう。しかしそのような直近の再臨は、少なくとも予期されていたような形では、実現しなかった。再臨が実現しなかったとき、栄光のうちにキリストが出現することへの希望はさらなる将来へと先送りされ、救いはすでに信仰者たちの生の中に存在している、という考えに注目が集まった（学者によっては、新約聖書全体の中に事実上〔救済についての〕三つの見解が存在すると主張する。すなわち救済とは、達成された事実だというもの、過去に始まり現在へと続いている経験だというもの、そして未来においてこれから起こる出来事だというものである）。

初期キリスト教信仰の発展というこのドラマに、第四福音書も関わっている。未来の希望と現在の実現との間で展開されるこの葛藤の中で、本書が占めている立場は重要である。救済の現在と将来という二つの次元の緊張がこれ以上に明らかなキリスト教文献は、ほかにはほとんど見当たらない。研究者たちは、この問題に関する第四福音書記者の立ち位置について論争している。しかし、本福音書では信仰者の生における救済の現在が際立って強調されているという点については、ほとんど全員が合意するに違いない。キリスト者の希望が実現していることをヨハネ福音書以上に強調する新約聖書文書はおそらく他にないだろう。救済がいま存在するというこのモチーフはさまざまな形で表現されている。第一に、当然ながら、本福音書記者が終末論的テーマを扱う際に現れる（終末論は、キリスト教思想における「最後の日」――世の終わり――に起こるであろう事柄に対する信仰を要約する、実に便利な語である）。救済がいま存在することはまた、我々の福音書記者がほかの多くの話題、とりわけ聖霊、教会、サクラメントを扱うときにも強調されている。これらのテーマを結びあわせているのは福音書記者が持っていたひとつの考えであり、それは、救済は現在においてすでに信仰者の手に入っている、というものである。あるいはもっと平凡ではない言い方でこの考えを要約するならば、「永遠とは今である」のだ！

ここからは、救済がいま存在するという本福音書の見解が持つ様々な側面を順に取り扱うことにしよう。

一　最後の時とかかわる約束の成就（終末論）
二　信仰者たちの間での聖霊の現在（聖霊論）
三　キリスト教信仰者たちの共同体（教会論）
四　サクラメント（サクラメント論）

これらのテーマひとつひとつを通して本福音書記者が実際に語っているのは、約束された救済はすでに信仰者たちの生において入手でき、成就されているということである。したがって、聖霊、教会、サクラメントについての見解は終末論の理解と絡み合っている。

ヨハネ的終末論

私はすでに、救済における現在の経験と将来の希望との関係の問題をめぐって第四福音書の批評家たちが二分されていることに触れた。これは本福音書の証拠が明確でないためである。本節における我々の最初の課題は、この問題について関連する章句を見いだすことである。いくつかの箇所では、本福音書は個人の完全な救済が将来の日にあると主張しているように見える。別の箇所では、将来に対する希望はすでに信仰者たちの体験において実現したものとなっていると告げているように見える。

《読者の準備》 以下は終末論的希望に触れた最も重要な章句である。これらを注意深く読み、本福音書記者はこれらの希望について、未来における完成と現在における完成のどちらを語っているか判断する。三18―19、36、五21―29、六39―54、九39、一一23―25、一二25、31、48、一四2―3、18、28、一七1―26。一五章と一六章を読み、信仰者たちがこれから直面するであろう、あるいは現在直面している迫害について言われている事柄を記録する。

現在における現実	将来における現実
裁き(3:28; 9:39 他)	裁き(12:48 他)
永遠の命(3:36; 5:24 他)	永遠の命(12:25 他)
復活(5:21, 24, 26 他)	復活(6:39-40, 54 他)
	再臨(14:3, 18, 28 他)
	メシアの到来を示す苦難(15-16 章)
「この世の支配者」の打倒 (12:31)	

図４・１

すでに読者はこの福音書の中にある数々の矛盾に慣れてしまっている。そのため、この問題について矛盾する発言を見つけても驚くことはない。しかし、終末論という事柄に関する矛盾はより際立っているように思われる。ヨハネ的終末論という問題の短い要約として、図４・１を示す。読者は自分なりの典拠の読みに照らして、あるものに反論し、他のものを付け加えてよい。

典拠を調べる途中で不満を感じる点があるとしても、それは理解できる。というのも、第四福音書には三種類もの終末論があるように見えるからである。第一のものは未来的終末論(future eschatology)と呼ぶことにする。それは、約束された救済が未来のものであると明らかに告げているからである。裁きは歴史の最後の日に来るであろう(一二48)。その決定的な日に、死者は復活するであろう(六39―40、54)。未来の復活と裁きはお互いに結びついている(五28)。これに加えて、未来のキリスト再臨の示唆である(一四章)。さらにこれを補うのは、一五章と一六章に見られる、キリスト者たちが経験した迫害への言及を伴う典拠である。初期キリスト教および紀元一世紀の（少なくとも非正統的な形の）ユダヤ教に見られる未来的終末論における標準的な考え方は、最後の日が近づくにつれて数々の迫害が起こるだろうというものだった。（ユダヤ教思想における）メシアの出現の直前ないし（キリスト教思想における）キリストの再臨の直前には悪が満ちて、信仰者たちは激しく迫害されるだろう（たとえば黙示録を参照）。第四福音書一五章および一六章における苦難への言及は、これらの「メシア到来時の迫害」のようである。ヨハネのキリスト者たちは、すべてのことが良くなる直前には状況が大変悪くなる、という考え方を受け入れていたように見える。

さて、未来に対するこういった期待は、初期キリスト教の伝統的な終末観と一致している。そこに表現されているのは、歴史は壮大な結末へと至るという考えである。キリストは再び現れるであろう——今度は勝ち誇りながら。悪は打ち負かされ、サタンの支配は終わるだろう。死者が集団で復活した後に裁きがあるだろう。裁きを受ける者の中には、永遠の命を与えられる者があるだろう（たとえば二テサ一5—二12を参照）。これらのどれも、キリスト教の最初の世紀における文化を探求したことがある熟練した新約聖書研究者には驚きでない。これら諸概念の起源は、初期キリスト教がユダヤ教黙示思想を改作したものである。類似した考えは、他の新約文書だけでなく、紀元後一世紀および紀元前一—二世紀のユダヤ教文書にも見いだされる。それらの章句は歴史的な二元論を主張している。いまの時代はサタンに支配されているが、それはやがて終わり、神のみが支配する永遠の時代が続くであろう。

第四福音書に見られる第二の種類の終末論を、現在的（present）（あるいは「実現された

(realized)」) 終末論(eschatology) と呼ぶことにする。このタイプの信仰が見られるのは、キリスト者の将来に対する期待はキリストと自分たちとの関係において今すでに実現している、とヨハネ福音書が述べているように思われる章句である。キリストにどう応じるかによって、人はすでに裁かれている(たとえば三18)。復活とは、キリストへの信仰によって新しい自己理解へと至る経験のことである。信仰者たちは信仰によって、まさに今、死から生へと移される(たとえば五24)。ここで、ラザロの復活物語は示唆に富む。マルタは、イエスが友であるラザロの死んだ村にようやく到着したのちにイエスに会う。イエスはマルタに、「あなたの兄弟は復活する」と言う。マルタは伝統的なキリスト教信仰における適切な言葉を引用しているようである。「終わりの日の復活の時に復活することは存じております」(一一23—24)。我々の中には、この言葉に人間味のなさを、あるいは修辞的な響きを聞き取る者もいる。マルタはその言葉を語るが、確信を欠いているように見える。彼女はそれを語るものの、兄弟の死に直面した彼女には十分な助けになっていないようである。するとイエスは彼女に、「わたしはある(エゴー・エイミ)」言辞の一つを用いて答える。「わたしは復活であり、命である。わたしを信じる者は、死んでも生きる。生きていてわたしを信じる者はだれも、決して死ぬことはない」(一一25—26、本書第二章を参照)。そしてイエスはラザロを復活させようとする。この章の要点は、キリストとの信仰に基づく関係が復活であるということのようである。復活は、ぼんやりした未来のどこかで起こるような何かに対する、漠然とした希望ではない。それはキリストが現存する時における、現在の体験なのである。

もっと現在的な終末論は、永遠の命に関する言葉の中に表現されている。キリストへの信仰に生きることは、すでに永遠の命を生きていることである（五24）。「永遠の命」という表現はもちろん、我々がすでに論じたヨハネ的二元論の一部である。それは信仰者の実存の質を意味するように思われる。それは未来の希望ではない（しかし一二25を忘れないようにしよう）。キリストへの信仰から生じる、いまの現実である。言ってみれば、それはキリストにおける神の啓示に由来する新しい自己理解である。たしかに、それは（一一章が主張するように）身体的な死を乗り越えることとなにがしかの関係があるのかもしれないが、しかし第一には生の質である。それは、死によって無とされえない、キリストにおける固有の自己理解から生まれる独特な生の質だと言えるかもしれない。

この種の終末論は新しいものであり、少なくとも本福音書はそれを徹底したやり方で提示している。その現在的終末論は、信仰者の経験の中に救いが生じている、というパウロの語りと似ている部分がある。第四福音書は、伝統的なキリスト教の終末論が終末と結びつけたこれらの経験を取り上げて、「それらは信仰者の生の中にいま存在している！」と告げる。少なくともこれらの章句において、ヨハネは期待を未来から現在に向けているのであり、キリスト者の期待を反対向きに変えている。この点をさらに探求する前に、第三の種類の終末論を見て、これら三者の間にある不一致を調和させることに取り組まねばならない。

多くの研究者たち（しかし、すべての研究者ではないのは確実である）は、本福音書の後半の章のいくつかは天的終末論（heavenly eschatology）を表現しているかもしれないと考えている。これは未来的な終末観であるが、初期キリスト教思想における伝統的な未来的終末論とはかなり異なっている。キリスト者には、彼らを待ち受けている天の家がある。キリストは彼らをそこに連れていく（一四2―3）。その天の場所においては、キリスト者同士の関係、またキリスト者と神との関係が完成される。彼らは完全な一致に到達するであろう（一七23）。ところが、この天的終末論は未来的終末論と明白には関連づけられていない。すなわち、復活と裁きのあとでキリスト者が天の家に挙げられて完成される、とは述べていない。それはむしろ、個々のキリスト者の死後に起こる事柄であり、この天的な完成は世界の歴史が継続するなかで同時に起こるようなのである。この考えが正しいなら（そして確かであるとは言えない理由は山ほどあるのだが）、我々は救いの約束について、別の全く異なった見解を持っていることになる。それは本福音書の未来的終末論が想定している歴史的二元論の一部ではない。むしろ宇宙的二元論を示唆している。宇宙には世と天という二つの領域がある。キリスト者たちは天の領域に場所を持っており、そこにおいて約束された完成がある（エルンスト・ケーゼマンはヨハネ福音書の中にこの天的終末論を見る一人の解釈者である。『イエスの最後の意志』を参照）。

どうすれば、同一の福音書の中に三つの異なった形の終末論的思想が存在していることに折り合いをつけられるだろうか。我々は、この福音書の教えが矛盾しているように思えるいくつかの例を見てきた。いま、終末論的見解に関して別の矛盾が、解決を求める声を上げている。この不一致を解決する可能性を示す前に、もう一度いくつかの選択肢を示そう。

一　「いずれも」という案が最初のものである。この案は、ヨハネ福音書はそれが語っている内容〔三つの終末論〕すべてを含んでいる、とあっさり認める。天的終末論は未来的終末論から切り離されているのではない。それは、信仰者が将来における神の計画の完成の中に願うことの一部である。福音書記者は、その関連性を明確にすることをただ怠っているにすぎない。天とは単に、キリストにおける神の働きの完成とともに始まる新しい時代のことである。それゆえ、天的終末論の出来事は未来的終末論の出来事とつながる歴史的な一連のものとして理解されるべきなのである。さらに、未来的終末論と現在的終末論との区別は誇張されるべきではない。パウロと同じく、本福音書記者が伝えようとしたことの全体は、キリスト者の未来の祝福はすでにキリストと彼らとの関係を通じて手に入り始めている、ということかもしれない。永遠の命と復活をいま所有しているとは、ただ単にその約束を得ていることである。この祝福の成就はいまだ未来にある。現在には未来に味わうものの一部が含まれている。それは頭金であり、未来にはすべてが支払われるだろう。オードブルは、直後に運ばれてくるであろう美味しい食事を期待させることができる。こうして、著者による現在的終末論の主張は、これらの体験がこれから起こる出来事の予告であるということを意味している。

ヨハネ福音書の終末論についてのこの見解は、本福音書記者をむしろ正統派〔神学者〕に見せる。もしかすると本福音書は、未来より少しだけ現在を強調しているかもしれないが、将来の希望を制限してはいない。この選択肢は我々に、福音書記者が語っているすべてを同じ重みで受け止めさせ、著者はすべてを伝統的なやり方で関連づけている、と感じさせる。

二 「毀損者」案は、かなり異なっている。ある人々〔最も頑固なのはルドルフ・ブルトマンである〕は、第四福音書記者は現在的終末論を支持する章句のみを書いたと論ずる。本福音書記者は未来的終末論を完全に拒否し、現在における約束の成就のみを信じていた。それゆえブルトマンは、本福音書記者は未来的終末論を実質的に「非神話化した」と理解する。すなわち、著者は終末における復活、裁きおよび類似の出来事についてのあらゆる象徴を、現在における神との関係の可能性という観点から理解していた。本福音書記者が福音書を書き終えた時、そのページにはいかなる未来的終末論も全く存在しなかった。

その後、毀損者たちが現れた。正統的な信仰を持つキリスト者たちが本福音書を入手したが、そこに書かれているすべてを気に入ったわけではなかった。そこで、その文書を許可もなく「修復する」ことにし、自分たちの見解にもっと適合するようにした（その当時、本福音書は我々が理解しているような「聖なる文学」では全くなく、読者によって改善されることが可能であり、また改善されるべきものであったことを忘れてはならない）。この者たちはとりわけ、本福音書に未来的終末論を付け加えた。約束はまだ成就されていないと強調する章句を書いたのは、この者たちである。ブルトマンは、ヨハネ福音書におけるこの「教会的編集者」がその仕事の証拠を残していると論ずる。よって、それは文体や内容の分析により区別でき、またその作業が物語の流れを中断した切れ目も同じく区別できる（ブルトマンは実際にはそのような改訂者は一人だけだと語っているが、私は、それに関わったのはキリスト者のグループであると考える。ブルトマンの「教会的編集者」という見解については、彼の注解『ヨハネの福音書』および『新約聖書神学Ⅱ』第二部の両方を参照）。

毀損者案はまた、天的終末論を異なる方法で説明できる。まず、天的終末論は本福音書記者自身の現在的終末論の一部だと言う人々がいる。信仰者たちは自らの共同体の中において、自分たちの父〔神〕の家にいる。そこで彼らは一つの存在として完成している。そうして、天的終末論は福音書記者の現在的終末論の一部として取り込まれる。二つ目には、ブルトマンの主張によると、福音書記者は、信仰者の現存在という性質は死を超えて生き延びる、という考えを保っている。福音書記者は、この生において始まった信仰的存在を継続する、死を超えた命を信じている。このような方法で、天的終末論は福音書記者の作品の一部として現在的終末論と調和されている。未来的終末論のみが本福音書の改訂者たちの作品であり、その人々はこの問題において、この福音書が持っていた調和を実のところ損なったのである。

三「保存者」という案は、一点のみが異なっている。現在的終末論によって福音書記者が未来的終末論を再解釈（非神話化）しているとブルトマンが言うのは正しい。しかしこの案は、未来的な章句を伝承として本福音書記者は手にし、本福音書に保存していると提唱する。この案は、毀損者が未来的終末論を加えたと主張するよりも、その終末観があるのは、伝承資料を守ろうという福音書記者の関心の結果だと主張する。共同体が継承している他の面と同様に、福音書記者は、それらが自分自身の神学的立場と矛盾しているにもかかわらず、伝統的な終末論を組み込んだのである。この著者は伝統を尊び、共同体のメンバーの中で伝統が占めている地位を重んじていたが、共同体の現在の必要に向けて発言するために、より古い終末論に他の側面――すなわち、現在および天という主題――を加えたのである。

ある意味、第四福音書記者が行おうとしていたのは、より古い未来的終末論が持つ象徴を受け入れて、福音書の時代におけるキリスト者たちにとっての意味を表現しようという試みであった。福音書の本文の中で未来的な章句と現在的な章句が相互に隣接しているのは、保存者の仕事の証拠である。たとえば五章24―26節や五章27―30節（また六39―58を参照）のように、現在的終末論と未来的終末論とがいかに何度も同じ章に見いだされるかに気づいた読者がいるかもしれない。しばしば（しかし常にではない）著者は、現在的終末論の解釈を述べているそばで、未来的終末論の伝統的象徴を繰り返している。それゆえ、本福音書の矛盾する見解は、福音書記者が共同体伝承の忠実な保存者かつ解釈者であろうとするたゆみない努力の結果なのかもしれない。

この案は、福音書記者が自らの現在的終末論と一致する天的終末論を支持したという点で、ブルトマンに同意することになる。あるいは、天的終末論は現在的終末論の単に象徴的な表現のつもりだと主張することになるかもしれない。天的終末論の二元論が意味しているのは、信仰者の現在の生とは神的領域および人間的領域との合流点だということに過ぎないのかもしれない。第二章のヨハネ的二元論において、本福音書記者の宇宙的二元論は人間における対立軸の象徴的な表現かもしれないと示唆した。あるいは天的終末論は、現在的終末論と関連する信仰を表現する、より詩的な方法であったと論じても良いであろう。さらに加えれば、天的終末論は現在的終末論への補遺として共同体において発展した、というのが真相なのかもしれない。つまり、ヨハネのキリスト者たちの死という状況のもとで共同体は、すでに現在の生において永遠の命を得ている者たちに死後、何が起こるかを問い始めたのである。結論は、身体的な死去と同時に彼らは天の家へと運ばれたということであった。

私が思うに、ヨハネ的終末論における矛盾については、保存者という解決案がこの三つの案のうちで最も有望である。本研究では繰り返し、福音書記者は自身の見解と矛盾するときですら伝承資料を保存していると主張してきた。さらに著者は、しるし資料における信仰理解のように、ヨハネ福音書そのものの時代の〔人々の〕ために、受け継がれた資料の解釈をしばしば試みている。それゆえに、ヨハネ的終末論に見られるものについても全く同じことがいえるだろう。福音書記者は、伝統的な未来的終末論はもはや意味がないと感じているのである。

おそらく、初期のキリスト者たちがパルーシア〔再臨〕を期待し始めて以来、ほぼ五〇年が過ぎていた。多分、人々はこの出来事がすぐに起こると考えていたのだろうが、実際はそうではなかった。後に続くどのキリスト者集団も失望を感じていた。キリストは再臨していなかった。想像するに、福音書記者は「もうたくさんだ！　未来に注意を向けるのはやめて、あの約束はいま実現しているのだと悟ろう！」と言ったのかもしれない。少し想像力を働かせてみよう。本福音書記者は、キリストの切迫した再臨を期待していたキリスト者たちの家庭に育ったのかもしれない。著者の両親は、終末論的な希望の成就を生きて目撃できなかったことに失望しつつ、死んでしまった。幻滅を感じた本福音書記者は、他のキリスト者たちとともに、この終末論的な約束について調べた。彼らは、信仰者の現在の経験を満たしているのは、将来の中に求めていた現実なのだということに気づいたのである。そこで、現在こそ神の誓約を神が実現する時である、と教え始める。信仰者はすでに終末に生きている。永遠は、いま存在しているのである！

これは、本福音書が提示している、伝統的なキリスト教思想を最も大胆に改訂したもののひとつである。その主張は、キリスト者は〔将来への〕希望だけで生きる必要はなく、自らの現在の生という祝福の現実によって生きるということである。初期キリスト者たちの未来志向は、いま祝福されているということから彼らを遠ざけていた。その感覚的な神学を、本福音書は経験的な神学によって拡張した。信仰は感覚的な経験から生まれるだけではなく、未来の祝福は、すでに今ここで経験されうるのである。これは徹底した現在志向――「いま」志向である。

類似した点を、米国での宇宙計画に対する多くの人々の反応に見ることができるかもしれない。人々は計画を即座に拒むことはしない。宇宙探査は正当で有望な探求である。しかし人々は、この世界において、今ここにおける我々の生活上の問題が増えているその一方で、宇宙空間の探査に自分たちの金が相当費やされていることに不安を感じている。「宇宙空間という最先端分野にさらにつぎ込む前に、この惑星での生活の向上にもっと多くのお金と精力を費やそう」と人々は言う。おそらく第四福音書記者は、あまりにも多くの精力が将来への期待に費やされてきた、と語ったのである。今ここにおけるキリスト者の生の質にもっと打ち込むべきである。実際、今日でさえ、相当多くのキリスト者たちが時として、死後の生に集中するあまり、信仰が今ここで新しい生をもたらすそのあり方に無関心になってしまっているように思われる。

第四福音書記者は、現在が可能性を内に秘めていることに気づいたのであり、読者がその可能性に敏感であってほしいと、またその可能性を実現してほしいと思っているのである。永遠の命とは何か。それは、あなたがキリストにおける神の啓示に基づく新しい種類の実存を生きる時、今あなたのものである。復活とは何か。キリストへの信仰の結果として新しい命へと生まれることが復活である。裁きとは何か。キリスト教の福音の宣言に対する応答の種類によって、あなたは自分自身を裁いている。再臨とは何か。あなたがキリストを信じるとき、キリストは再臨する。

我々は、この福音書における現在的終末論の衝撃を強調しすぎたかもしれない。実際には、福音書の本文は未来に対する約束と現在に対する約束の両方を含んでいる。未来への期待は修正され、現在的終末論の主張によって制限されている。しかし除去されてはいない。未来的終末論は、キリスト者の現在の経験を主張する言葉とともに、本文の中に存在している。これは本福音書が、現在において神の約束が実現することに対して注意を鋭くすること、および未来における約束がまだ実現していないことの両方を教えているという意味に違いない。現実的な意味で、この問題に対する「いずれも案」は適切である。本福音書記者は、伝統的な未来的終末論をただ保存しているだけではなく、それを保存することで同時に主張してもいる。神の約束についてのこの見解もいまだ適切である。それはまだ信頼に値する。

こうしてヨハネ福音書は、弁証法的終末論（dialectical eschatology）とでも呼ぶべきものを提示する。これは、真理はいずれか一つの立場において見いだされるものではなく、両者間の動的なやり取りにおいてのみ見いだされるということを意味している。それはちょうど、しっかり学ぼうとして勉学に集中しつつ、同時に大学における課外活動にも取り組もうとしている学生たちのジレンマのようなものだろう。この二つ——学問的活動と社会的活動——はお互いに弁証法的な関係にある。本福音書が主張するのは、真のキリスト教終末論とは、未来にのみ存在するのでもなければ、現在の我々の態度の中にだけ存在するのでもないということである。それはむしろ、その両者をしっかりと捉え、「いま」と「まだ」の双方を受け入れる中に見いだされる。神はすでに自らの約束を我々の現在の生において実現しているという理解がある。また、神は未来におけるその約束をまだ成就していないという考えもある。両者は一体でなければならない。古い古い歌にあったように、愛と結婚、馬と馬車のようなものである。

この弁証法的終末論において、第四福音書は初期キリスト教文書の中のまさに一匹狼である。この狼は重荷から自由で気ままに走り、所有者もなく、伝統的信仰を守るだけである。しかし、他の一匹狼たちとは異なり、過去を尊重し、敬意を払う。伝統的なものを保存する一方で、それを新しい方向に向けようとする。思想と実践を効果的に変えるには、過去を全く顧みないのではなく、それを保存し再解釈するのがよい、と分かっている。これがまさに、本福音書がその複雑な終末論において行っていることである。

ヨハネの終末論の複雑さを説明できるかもしれないあらゆる方法を並べてきたが、我々は別の視点を必要としている。それがどのような形で現れているにせよ、この〔終末論の〕複雑さゆえに、本福音書の曖昧さを真剣に考慮する必要性に直面する。神的な約束の神による実現が到来するというキリスト教信仰について、我々がどう語ったとしても、問題は不明確であるし、また不明確であり続けるに違いない。もしかすると、第四福音書の種々異なる終末論を説明したり釈明したりすべきではないのかもしれない。もしかすると、我々は論理的あるいは歴史的に解決すべきでない謎を扱っていると認める方がはるかに良いのかもしれない。終章でみるように、言語は常に曖昧であり、とりわけ人間に対する神の約束が主題となるとき、曖昧となる。曖昧さを堪能せよ。それを排除してはならない！

ヨハネの聖霊観

ここで我々は、なぜ第四福音書がそのようなキリスト教信者の現在の生の可能性について強い関心を持ちえたかを考え始めねばならない。その終末論は、キリスト者の経験の質についてヨハネ共同体が持っていた確信に由来するに違いない。それらの確信のうちには、信者たちの間に聖霊が臨在している、というものが含まれる。ヨハネのキリスト者たちは、自分たちの共同体の経験の中に聖霊がいま存在しているということに高い価値をおいていたので、将来の祝福はすでに存在していると宣言することができた。聖霊についての彼らの見解は、この福音書がキリスト教思想に対してなした、もうひとつの大きな貢献である。

《読者の準備》本福音書をざっと読み、「霊」という言葉を探す。そしてこの福音書に現れるこの語の意味を確定してみる。

我々は、ヨハネ福音書における聖霊についての調査を、プネウマ pneuma の用いられ方に注意することから始める（プネウマは「霊」と翻訳されるギリシャ語で、風・息・霊を意味するヘブライ語のルーアハ ruach と同義である）。これは本福音書では約二四回用いられ、ほとんどは神の霊への言及であるが、まれに人間の霊をも表す。後者の例はヨハネ福音書一一章33節と一三章21節である。しかし、とりわけ我々の興味を惹くのは、神がいま存在することを表す「霊」という用例である。これらの例では、本福音書が四通りの異なった、しかし相互に関連する仕方で聖霊を語っているように思われる。

第一に、聖霊とは単に、人間イエスに与えられた神の力と性格である。一章32節と33節はこれに当てはまるように思われる。洗礼者ヨハネはイエスに聖霊が下ったことを証言する。この点は三章34節において再度述べられる。父は御子に聖霊を限りなく与えている。第四福音書はこの見解を共観福音書と共有している（特にルカ福音書を参照）。

「霊」という語の第二の用例はより明確で、つまり「プネウマ的生」である。「霊」という語は、神がいま存在することで信仰者の新しい生が実現するということと関係しているようである。キリストを通じて、神がいま存在するというこのことが信仰者たちに示される（七39、二〇22）。一九章30節における語り手の注釈は曖昧である。通常の翻訳では、「そして（イエスは）その頭を垂れ、その霊を手放した」となっている。翻訳者たちは明らかに、ここで霊をイエス自身の命の霊と見なしている。しかし避けがたいことではあるが、翻訳者はまた解釈者でもある。ギリシャ語では、字句通りには「その（あるいは、一つの）霊を手放した（あるいは手渡した）」となっている。つまり、この句は単にイエスが死んだ——自分の霊を神に引き渡した——という意味かもしれない。しかしここでもまた、イエスが神の霊を信仰者たちに与えたことに言及しているのかもしれない。もしこの第二の解釈を採るなら、ヨハネ福音書は、イエスが自分に従う者たちに神の霊を与えた二度の機会を報じている、という事実と向き合わねばならなくなる。二〇章22節を参照のこと。

四章において本福音書は、聖霊において神がいま存在することがいかにして新しい種類の生をうみだすかについて、ある示唆を与えている。23節は信仰者たちの礼拝の変化について語り、24節は聖霊が神自身の臨在であることを明確にしている。後者は神の定義というより、むしろ聖霊において神は信仰者に知られているのだという断言である。「霊」はこれらすべての章句で、信仰者の生を変える神の存在として用いられている。このようにして、聖霊はキリストにおける神の啓示と結びついている。啓示は神の臨在について新しい意味をひらき、それが今度は人間存在を変化させる。

ヨハネが示す聖霊の概念における第三の主題は、第二の主題から生じてくる。聖霊によって与えられたこの新しい生への移行は、誕生として提示される。プネウマ的生は「プネウマ的誕生」から生まれる。信仰者は水と聖霊とから生まれる（三5）。この新しい誕生は肉体的な誕生とは区別されるが、それはその起源が人間の行為ではなく神の働きだからである（三6、六63）。この新しい誕生は神の働きであるゆえに、神秘的であり、吹く風のようである（三8。ギリシャ語プネウマは風と霊の両方を意味する）。聖霊によって生まれるというこの考えは一種のメタファーで、信仰者の生が、臨在する神に包み込まれる結果として現れることを示唆している。ヨハネ福音書はこのプネウマ的誕生がどのように起こるかを正確に語ろうとはしておらず、ちょうど三月の午後の風があちらこちらに吹くように、予見できず神秘的であると述べる。それでも福音書は、聖霊が人間の生の方向を根本的に向け直す、と明言している。

最後に、「霊」はヨハネに独特の表現である「弁護者」ないし「助け手」と関連づけて用いられている。これについてはすぐ後に、より詳細な議論を必要とすることになる。いまのところは、第四福音書記者が神の霊をこの弁護者と等しいものとしていることに注意されたい。弁護者は一四章17節、一五章26節、一六章13節において「真理の霊」と呼ばれている。私の直感が正しければ、ヨハネ福音書における「真理」とは、キリストにおける神の啓示を意味している。それゆえに、真理の霊はそのような神の啓示を伝達する存在である。一四章26節において弁護者は「聖霊」と呼ばれるが、これは神の神秘的な臨在について語る時にキリスト者たちの間で用いられる伝統的な表現である。

手短に結論を述べよう。本福音書は、聖霊がイエスに与えられ（一32）、そして今度はイエスが信仰者たちに聖霊を与えると主張する（二〇22）。信仰者たちへの聖霊の授与は、イエスの十字架刑および復活と密接に結びついている（一九30、二〇22）。そして、第四福音書は聖霊に関して伝統的なキリスト教が主張している事柄をいくつか取り上げ、作り変えているようである。この作り変えによって二つの点が強調される。すなわち、イエス自身が聖霊を信仰者たちに与えること、そして神の臨在という贈り物が根本的に新しい生をもたらすことである。しかし、ヨハネ福音書が聖霊についてのキリスト教的思考にもたらした最も創造的な貢献は、まだ我々の先にある。

《読者の準備》イエスが弁護者について語る以下の章句を読む。一四15―17、25―26、一五26―27、一六7―15（また一ヨハ二1も参照）。以下のいくつかの問いを考察する。この弁護者とは何者か。弁護者はどのようにキリストおよび父に関係しているか。弁護者は何を、誰に対して、あるいは誰のためになすか。これらの章句で語られる弁護者についての主要な主張はなにか。

第四福音書の聖霊論（つまり、聖霊について信じられ、教えられていること）研究で我々が次に行わねばならないのは、聖霊に対してときおり用いられている独特の語を調べることである。その語とはパラクレートス paraklētos である。第四福音書は、聖霊を描写するためにこの語を用いている唯一の新約文書である。それを定義することはいささか難しい。実際、少なくとも四つの細かな意味の違いが存在するため、このギリシャ語には四つの翻訳がある。最初の二つは、当時の法的裁判システムの用語に由来する。

一　パラクレートスは「他の者を助けるために呼ばれた者」を意味するのかもしれない。これは法廷において依頼者を補助するために呼ばれた者である。そのために、このギリシャ語に対して新改訂標準訳（NRSV）では「弁護者」（Advocate）が〔日本語の新共同訳も「弁護者」と訳す〕、改訂標準訳（RSV）では「助言者」（Counselor）が用いられている。第二の意味も類似のものである〔日本語の口語訳では「助け主」と訳す〕。

二　パラクレートスは「他者のために取りなし、懇願し、訴える者」である。文脈はまたもや法的裁判である。パラクレートスは、被告の代わりに語り、弁論を行う弁護士である（いうなれば、ペリー・メイスン〔米国の小説に出てくる弁護士〕のような者である）。それゆえ、「取りなす者」（Intercessor）という訳語が、時に読者が読む章句に見出される。

ギリシャ語パラクレートスに対してありうる、次の二つの意味は、法的ないし裁判的な意味ではない。

三　パラクレートスは「他の者をなだめ、慰める者」である。ギリシャ語のこの意味から、「慰め主」という翻訳が生まれてくる（欽定訳〔ＫＪＶ〕に見られる）。

四　これら一連の訳語では不十分であるかのように、この魅惑的なギリシャ語が「告知ないし勧告する」者を表すのに用いられている例も見いだされる。ロマ一二章8節では類似の語（paraklēsis）が「勧告」と訳されている。そのため、この語を「告知者」（Proclaimer）と訳すのも適切かもしれない。

明らかに、我々の福音書記者の時代にはこの語〔の意味内容〕は非常に多彩なものであった。それはさまざまに異なる意味を持っていた――弁護者、取りなす者、慰め主、告知者。第四福音書記者は、新しい概念を創造するために、これらの意味を新しいやり方で結び合わせているように見える。また我々は、この語がいくつかのユダヤ教集団で、天使の機能に関連して用いられていたことも知っている。ヨハネ福音書はこの多彩な語を取り上げ、それを神の霊に当てはめたように見える。その結果が、途方もない聖霊の神学である。これに驚くことはない。第一章で我々は、本福音書がやはり幅広く多彩な意味をもつ語「ロゴス」に対して本質的に同じことを行っているのを見た。それ「ロゴス」をキリストに適用することで、本福音書はキリストについて深く鋭い見解を示唆している。ほぼ同じことが、聖霊にもあてはまる。「パラクレートス」という語によって、第四福音書は幅広い読者の想像力を捉え、また聖霊に対する数多くの意味の道を開いているのである。第四福音書記者は言葉の扱い方に長けている。この福音書の非凡さはそのほとんどが、言葉を挑発的に使っていることに基づいている。この点で著者は、優れた神学者とも、また優れた詩人とも相通じるものを持っている。

聖霊を表現するために「パラクレートス」という語を利用することには、さらなる意味があるに違いない。それは、なんらかの理由により、ヨハネ共同体が「霊」という簡単な称号では完全に満足できなかったことを意味している。もちろん、すでに見てきたように、本福音書は明確な限定をつけることなしにこの表現を用いている。しかし、一四章から一六章にかけて聖霊の役割を展開するときに、本福音書は「パラクレートス」という語を用い始める。もしかすると著者は、ユダヤ教で一般的に見られる、パラクレートスとして働く特別な天使がいるという考えに反対したのかもしれない。この章句は、「神の霊」というキリスト教概念に敢えて特別な称号を与えることで、キリストだけが聖霊を与え、聖霊だけがパラクレートスであることを主張しているのかもしれない。ヨハネのキリスト者たちは、神が自分たちの真ん中に独特の仕方で臨在していると語りたかっただけなのかもしれない。いかなる理由であれ、ヨハネ福音書はこの称号を聖霊にあてはめたのであり、そこからたいへん多くの思想が生まれた。

パラクレートスの性質と機能について、ヨハネ福音書が述べることに従って要約を試みねばならない（他と同じくここでも、パラクレートスについてのこの議論については、レイモンド・E・ブラウン

の注解 *The Gospel according to John* の第一巻にある、このテーマについての卓越した補遺に多く依拠している)。パラクレートスの性質については、二つのことが言える。

一 パラクレートスは父と息子の両者に由来し、両者と関係がある。

a パラクレートスはイエスが去った場合にのみ来る（一五26、一六7、8、13)。

b パラクレートスは父から来る（一五26)。

c 父はイエスの求めによってパラクレートスを与える（一四16)。

d パラクレートスはイエスの代理として送られる（一四26)。

e イエスは父のもとからパラクレートスを送る（一五26、一六7)。

二 パラクレートスは数多くの異なった仕方で特定される。

a それは「別のパラクレートス」である。これは、イエスが最初のパラクレートスであることを暗示している（一四16)。

b それは「真理の霊」である（一四17、一五26、一六13)。

c それは「聖霊」である（一四26)。

以上の証拠を要約すると、パラクレートスはキリストを受け継ぐものであり、キリストの分身であるとすら言えるかもしれない。福音書を通して語られている御子と父との関係は、パラクレートスと父との関係においても大部分当てはめることができる。しかしこの神秘的な存在は、キリストの務めに依存している。パラクレートスは、いわば「第二幕」であり、それは「第一幕」（イエスの宣教）が完了するまで始まることはない。

パラクレートスの機能については、二つの範疇に区分して語ることができよう。

一　パラクレートスの、弟子たちに対する関係。パラクレートスは、

a　弟子たちによって容易に認識される（一四17）。

b　彼らのうちにあり、彼らとともに留まり続ける（一四16—17）。

c　彼らの教師である（一六13）。

d　将来に起こるであろう出来事を彼らに告げる（一六13）。

e　キリストに属するものとそうでないものを明らかにする（一六14）。

f　キリストの栄光をたたえる（一六14）。

g　キリストを証言する（一五26）。

h　弟子たちにイエスが語ったことすべてを思い出させる（一四26）。

i　聞いたことのみを語る（一六13）。

二　パラクレートスの世に対する関係。世は、

a　パラクレートスを受け入れられない（一四17）。

b　パラクレートスを見たり理解したりできない（一四17）。

c　パラクレートスを拒絶する（一五26）。

d　キリストについてのパラクレートスの証言を拒絶して妨げることはない（一五26）。

e　パラクレートスによって非難され、誤りが明らかにされ、有罪であると宣告される（一六8―11、ヨハ一六8―11は翻訳するのも理解するのも非常に困難な章句である。しかしこの要約は、少なくともその基本的な意味をいくらかは捉えている）。

第四福音書によれば、明らかにパラクレートスは二つの働きを持っている。つまりキリストを信仰者たちに伝えること、および世を裁判に引き出して、訴え通りに有罪であると宣告することである。

このようにパラクレートスを見ることで、第四福音書記者は二つの基本的な問題を解決しようとしているように思われる。第一は新約文書の多くが直面していた問題、つまり再臨の遅れである。キリストは期待されていたようには戻ってきていない。しかしヨハネの著者は、キリストはパラクレートスの形で再び現れていると主張する。再臨は全く起こっていないように見えるが、キリストは臨在している。我々が調べてきた章句においてパラクレートスとキリストとがほぼ一致しているのは、この点を明確にするためである。パラクレートスとは我々の只中にいるキリストである、と福音書記者は主張する。福音書記者は読者に、キリストの〔この世界への〕帰還に関する古いキリスト教的期待は間違った方向を見ていたのだと示そうとしている。キリストの帰還を探して、未来を覗き込んではならない。むしろ、共同体の現在の経験を見よ。キリスト者たちは聖霊を経験することで、再び現れたキリストを経験しているのである。再臨は起こっているが、期待されていたような肉体的仕方ではなかった。このように、福音書におけるパラクレートス観は本書の終末論の一部分となっている。それは福音書記者が説く現在的終末論の一部分であり、信仰者の現在の経験は豊かな可能性に満ちているという著者の確信の一部分である。

ヨハネ福音書はそのパラクレートスについての教えによって、より大きな問題にも答えていた。再臨の遅れは、キリスト教の歴史においてある特定の時期に起こった、この宗教に特有の問題であった。第四福音書記者が取り組んでいた別の問題は、もっと普遍的な関心事である。それは、啓示があった時点との歴史的な距離という問題である。もしある宗教が、究極の存在は歴史のある特定の時点で啓示されたと教えるならば、すぐに問題が生じる。歴史的にもっと後の時点に生きている人々にとって、その啓示はどう役立つというのだろうか。のちにキリスト教はこの問題を、正典をつくりだすことで解決することができた。神の歴史的な啓示はこれらの定まった文書——聖書——に保存されており、人は聖書を読むことを通じてその啓示に接することができる（ユダヤ教も、ヘブライ語の正典をつくりだしたときに、この解決策を選択したということができよう）。しかしヨハネのキリスト者たちは、キリスト教の正典が存在する以前に生きていた。歴史的な啓示にまでさかのぼる時間的空白をどうやって橋渡しするか、という問題に対する本福音書の答えは、パラクレートスの人格と働きを通じて、というものである。

パラクレートスはイエスの人格における神の啓示を受けて、それを後代の人々に取り次ぐ。それゆえに、本福音書はパラクレートスが何も新しいことを教えず、キリストが教えたことだけを教えるのだと強調している（たとえば一四26）。またこの福音書は、パラクレートスがキリストにおける

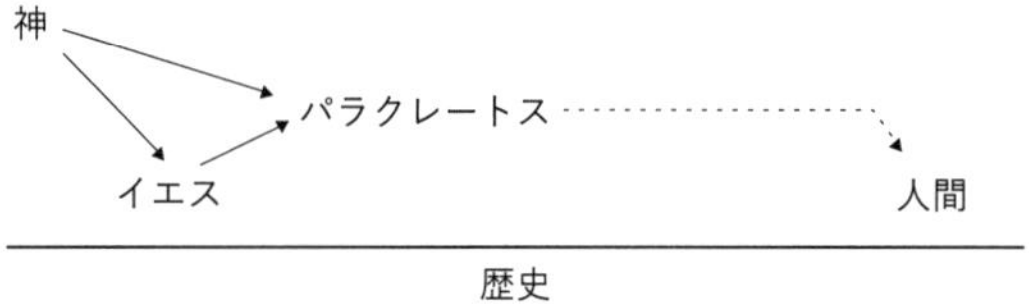

図4・2

神の啓示を証言する者であることも同様に強調する（一五26）。実際、パラクレートスは神的な啓示を伝達するもの——啓示を伝える神的な使者である（図4・2を参照）。

なぜ著者が啓示の問題に答えようとしたか、ということは理解できる。ヨハネのキリスト者たちはおそらく、歴史的なイエスの証言者たちが世を去りつつある時代に生きていた（ちょうど共観福音書の記者たちがそうであったように）。約五〇年前に起こったことにどうやってじかに接するのか、と問いかける第二世代の、さらには第三世代のキリスト者たちがいた。ヨハネ福音書は彼らに答える。パラクレートスの働きにより、彼らは最初の弟子たちと同じように、その啓示に直接触れる。彼らは伝聞のキリスト者ではない。彼らの真理は、キリスト自身の分身に他ならない代理人に由来する（一〇29の魅力的な言葉を読もう）。

同じ関心事を、たぶんもっと積極的な仕方で扱っているもうひとつのやり方がある。どのようにしてキリスト者たちは、この年月すべてが過ぎた後でも、キリストの臨在を経験し続けるのだろうか。なぜキリストにおける神の啓示は人々の生をとらえ、それらを変革し続けるのだろうか。どうやって我々は信仰者たちに、キリストの臨在という現実を説明するのだろうか。福音書記者が与える答えは、そのパラクレートス観である。キリスト者の経験は、神の臨在によってのみ説明できる。パラクレートスとはキリストが生きて臨在することであり、キリストにおける神の啓示をすべての人が容易に入手できるようにしておくのは、聖霊の働きである。

　すると、パラクレートス概念は天才のひらめきである！　これは、神の霊という古くからの概念を、新しい言葉を新しい方法で用いることによって、大胆に拡張した。またキリスト者たちに、神の臨在についての独特の考え方を与え、絶えず悩まされていた再臨の遅れの問題に答え、歴史的な啓示から時間的に離れていってしまうという問題を解決した。偉大な思想家はときに、自分の時代に対してほぼ完璧な仕方で語りかけるアイディアを思いつく。プラトン、トマス・アクィナス、ヘーゲル、フロイト、そのほか多くの人々はそのような思想家であったと言えるだろう。私が思うに、少なくともパラクレートス概念に関しては、第四福音書記者もこの範疇に属している。

　パラクレートスにおいて、第四福音書はキリスト者の現在の経験がもつ豊かさを再度主張している。第四福音書は、その時々の現在において――今――キリストが臨在していることを告げる。歴史における神の豊かな啓示は、パラクレートスの活動において、個人の手が届くところにある。永遠と歴史とは、キリストにおける神の受肉という過去の時点で触れあった。永遠と歴史は、神が歴史にそのクライマックスとなる結末をもたらす未来において、再び触れあうであろう。それでも、永遠と歴史はいま、信仰者の現在においてつながっている。永遠とは今である。

ヨハネの教会観

信仰者たちの現在の豊かさは、福音書がキリスト教共同体について述べている事柄の中でも主張されている。第四福音書において教会の概念は軽い役割しか果たしていない、あるいはこの福音書には教会概念はない、とすら主張されてきた。この主張は、第四福音書が「教会」という語を全く用いていないという事実をその根拠としている。しかし、そのような判断は早まっている。「教会」という語こそ一度も用いてはいないが、ヨハネ福音書はキリスト教共同体に関するとても重要な理解を表明している。この福音書はその〔教会という〕語に訴えることなしに、教会観をはっきりと述べている。

《読者の準備》 キリスト教共同体に関する本福音書の見解をめぐる議論にかかわるのは、二つのイエスの比喩的な言葉、すなわち「良い羊飼いと門」（一〇1—18）および「まことのぶどうの木」（一五1—10）である。これらを読み、さらに一五、一六、一七章および二〇章へと読み進める。キリスト教共同体という概念の核心は、イエスがこれらの章句において、キリスト教信者たちの間での関係、および彼らとキリストとの関係について語っている内容に見いだせる。これらの関係の特徴を一覧表にできないか考えてみる。

第四福音書におけるキリスト教共同体についての見解は、新約聖書の他の箇所に見いだされるものとはかなり異なっている。これはとりわけ、紀元七〇年以降に書かれた新約文書に書かれた教会観を問うときに言える。初期キリスト教運動の歴史においては、その時期以降、教会理解に対する顕著な関心、またとりわけ組織的事柄の発展や、正しい権威の問題に対する関心があった。たとえば、いま読んだ章句をマタイ福音書と比較してほしい。マタイでは、教会の性質や構造は非常に重要である。フィリポ・カイサリアでの信仰告白の後にペトロに語られた、有名な（そして議論の多い）イエスの言葉は、使徒の権威の上にある教会の基礎というものを理解する、マタイ福音書的な方法である（マタ一六13―20）。この点について第一福音書〔マタイ福音書〕がもつ特別な関心は、マルコ福音書（八27―33）およびルカ福音書（九18―22）の語り口と対照してみれば分かる。

このような関心は、第四福音書においては目立たない。フィリポ・カイサリアにおける信仰告白に関するマタイ福音書の報告が述べている論点全体が、ヨハネ福音書ではまるごと失われている。我々の福音書記者は、教会の組織的な構造に興味があったようには思われない。著者のキリスト教共同体理解は、教会やその指導者たちの権威に焦点を置いてはいなかった（しかし二〇23を参照）。また、第一福音書記者が持っていた教会の使徒的基盤へのこだわりも、我々の著者は共有していない。このすべてが第四福音書から失われている。なぜか。私は後ほど、組織に関する問いに対する関心を引き起こすような問題に第四福音書記者はまだ直面していなかったことを述べる。ヨハネの教会は、信仰共同体の外部から訪れる深刻な危機に直面していたのかもしれない。そのために、我々の福音書の教会観は、その問題をめぐって構築されている。後になって初めて、共同体を蝕んでしまいかねない見解によってヨハネの教会が内部からの危機にさらされたときに、まさしく組織の権威や構造への関心が現れたように思われる。その発展は、第四福音書ではなくヨハネ書簡に見ることができる。もしかすると、福音書が書かれたときには、組織化の問題は全く重要でなかったのかもしれない。組織化は、宗教団体が年数を経るにしたがって生まれてくる、二次的な構造的問題を扱っている。とはいえ、第四福音書はそれほど反組織的なわけではない。福音書記者や最初の読者は、教会の組織的構造の問題にはまだ手をつけていなかったのかもしれない（補遺A「ヨハネ書簡とヨハネ福音書」を参照）。

第四福音書記者がキリスト教共同体について告げようとしていることは何だろうか。第四福音書における信仰者たちの共同体について、私は五つの概念を提示したい。確かにこれらは大雑把な概括であるが、それでもヨハネの見解をかなり捉えている。

第一に、信仰者たちの共同体は、それがキリストと一つであるがゆえに、一つである。この点は、一七章23節にイエスの祈りの一部として要約されている――「わたしが彼らの内におり、あなたがわたしの内におられるのは、彼らが完全に一つになるためです」。信仰者の共同体は、キリストとともにあって一つである。キリストは父とともにいる方である。共同体のメンバーは一つである。ここでは、信仰者の共同体に関するヨハネの見解はキリストに関する見解に立脚している。父と御子の間に同一性と個別性があるように、共同体についても両者がある。キリスト教信仰者の相互関係、またキリストとの関係について語られている同一性は、キリストと神の関係を模範としている。メンバーはキリストと結びあわされているが、それはキリストの存在に吸収されているという意味ではない。これは神秘的な共同体観ではない、と少なくとも私は理解している。共同体独自の個別性はキリストとの一体性によって保たれており、それはキリストの個別性が父との一体性によって保たれているのと同じである。

もし、父と御子の関係が模範としてここで用いられているということが正しければ、そこから別のことがでてくる。信仰者たちの同一性は、彼ら自身の個別性を廃棄するような一致ではない。彼らは一つであるが、個々人として結びあわされている。個別性は、共同体のメンバーとしての共通性の中に保たれている。すると我々は、第一章においてヨハネのキリスト論と取り組んだ時に直面した、個別性と同一性の緊張関係と同じものをかかえていることになる。信仰共同体内部の結びつきは、結婚についての現代的理解に類似しているかもしれない。それは二人の結合である——二人は一つとならねばならない（創二24）。しかし、配偶者の個別性は保たれている。結合は本物だが、個々の人格が持つかけがえのなさも保たれている。この関係は、8という〔アラビア〕数字に象徴されているかもしれない。見方によっては、この文字は一体性を壊さない連続した線である。別の見方をすれば、それは二つの円である。それぞれの円は互いに独立しているが、一点でお互いに接触し合っている。こうして、一体性がありつつ、独自の個別性もある。あるいは、数多くの8という数字がすべてひとつの途切れない線として形作られており、しかもお互いに触れあっている個々の円の連なりを形成していると想像してみよう。そのような数字のイメージが、キリスト教共同体に関するヨハネの概念——個別性の中にある統一性——を表しているのかもしれない。

第二に、共同体は愛においてひとつである。信仰者たちの間にある愛というテーマは、一三—一五章に最もよく表れている。共同体が従っている命令は単純なもので、「あなたがたに新しい掟を与える。互いに愛し合いなさい。わたしがあなたがたを愛したように、あなたがたも互いに愛し合いなさい」である（一三34）。またもや、模範はキリスト論的なものである。神は御子を愛し、御子は神を愛する。次に御子は信仰者たちを愛し、彼らは互いに愛する。父と御子の間の、また父と世との間の（三16）関係の特徴が、共同体に求められている種類の事柄である。それは相互愛である。信仰者たちの共同体は、神とその唯一の御子との間に存在する愛の実例とならねばならない。

第三の概括によって、我々はヨハネの教会観の核心へと至る。すなわち、共同体は神が現れる場所である。この点は一七章22―23節に見いだされるが、いささか複雑な論理を含んでいる。まず読者は、ここで用いられている栄光とは、基礎的なヘブライ語「カーボード kābōd」の意味であることを理解する必要がある。ヘブライ語聖書において、この語は神の顕現を述べるために用いられている。神は歴史において、力ある業の中で顕わにされ、臨在するものとされる。神の臨在が栄光なのである！　福音書の見解の論理は、第一契約書〔旧約聖書〕におけるこの基盤を前提としているのであり、一七章には次のように書かれている。

栄光がイエスに与えられる（一七22、24）。
イエスはその栄光を信仰者たちに与える（一七22）。
それゆえに、信仰者たちは神の栄光を顕わす（一七23）。

これは、イエスにおける神の顕現が、信仰者の共同体へと今や移されていることを意味している。神が知らされているのは信仰者たちの間においてであり、それはかつて神がヘブライ語聖書の中で力ある行いによって知らされ、その後にキリストの人格と働きによって知らされたのと同じである。

これは驚くべき考えである。キリスト教信者の共同体において神の啓示がいま存在すると主張しているのである。これは、信仰者の共同体がいまや、歴史およびイエスにおいて世になされた神の力ある行為と同じものであることを意味している。神の啓示の場がかつてはイエスにあったとすれば、いまは信仰者の共同体の中に、共同体を通して存在するのである。つまり、信仰者の共同体は受肉がいまも続いていることを示しているのである。パラクレートスは信仰者たちの間で活動しており、彼らの只中に神の存在を見いだすことができる。

ここに、第四福音書がキリスト者の現在の経験を強調するさらなる理由がある。信仰者の共同体は神の啓示の場所、神の臨在の場所である。それゆえに、パラクレートスを通して信仰者は今という時間の中で神と接することができる。福音書の著者は信仰者に、神の啓示を求めるには共同体における自分たちの現在の経験を見つめるよう勧める。福音書記者は大胆にも、キリスト教信仰者の共同体において永遠が歴史に触れると宣言する。それゆえに、共同体にとって永遠とは今なのである。

信仰者の共同体に関するヨハネの見解について概括した三つの事柄をここで要約しよう。これら三つの点は、図4・3に示したように、実は一つなのである。

キリスト教共同体の理解は、父と御子の間の関係というイメージによって形作られている。

父が御子を愛するように、信仰者たちはお互いに愛するべきである。
父と御子が個別の存在として結合されているように、信仰者の共同体は結び合わされている。
父が御子を通して啓示されるように、父は共同体において、また共同体を通じて啓示される。

私見では、これは非常に重要な教会観である。この見方は、信仰者の共同体にとても高い位置を――ひょっとすると高すぎる位置を！――与えている。この教会観は共同体を評価し、キリストにおける神の歴史的な啓示においてまさに決定的となったことが進行している場所としている。

ヨハネの教会観の第四の概括は、やや種類が異なっている。すなわち、第四福音書記者は教会の秩序を「民主化している」というものである（教会に関するこの部分は、ケーゼマンの『イエスの最後の意志』に依拠している）。第四福音書記者はおそらく、教会組織が急速に発展していた時代に書いていたのだろう。しかし福音書は、そのことにはほとんど興味を示さない。初期のキリスト者の間で教会組織における独自の役職者（たとえば執事や長老など）の発展に対する特に高い関心があった時期に、我々の福音書記者は正反対の方向に向かっていたようである。信仰者たちの共同体に関するヨハネの議論で最も驚くべき点は、公的な指導をするための基礎となるような信仰者間の区別がないことである。使徒たち（元来の十二弟子）の役割と他の信仰者たちのそれとの間には区別がつけられていない。実際、福音書は「使徒」という表現を全く用いていない。「十二人」と書いてもよさそうな箇所でも（六67、70、71と二〇24を除いて）「弟子たち」が用いられている。さらに、この福音書は「弟子」という語によって、あらゆる信仰者を意味しているようである。たとえば、罪を赦す力や聖霊の賜物は弟子たち全体に与えられ、十二人には限られない（二〇21―23）。部屋の中にいる「弟子たち」のアイデンティティについては語られず、その称号（「弟子たち」）はどの信仰者にも、またすべての信仰者に対しても用いられる。ケーゼマンはここから、第四福音書は教会の秩序を民主化していると述べるに至った。ヨハネは、イエスに最初に従った者たちの権威を重視せず、すべての信仰者たちが同じ権威と同じ賜物をもつと主張している。これは信仰者たちの間に聖霊＝パラクレートスがいま存在していることが理由のようである。

　そうすると我々は、第四福音書におけるペトロの役割という難しい問題にぶつかる。この問題とともに出てくるのが、謎めいた「イエスに愛された弟子」と、不可思議な「もう一人の弟子」の役割である。我々が直面しているのは、単に「一つ分の値段で二つ」ではなく、「一つ分の値段で三つ」という問題なのである。我々は、これら三つの相互に関連した問い――ペトロの役割は何か、愛された弟子とは誰でありその役割は何か、「もう一人の弟子」とは何者でその役割は何か――にかかわるすべての問題を解決することはできない。また、これらの問題の複雑さや相互関係について、適切に要約する時間もない。以下の説明でよしとせねばならないであろう。

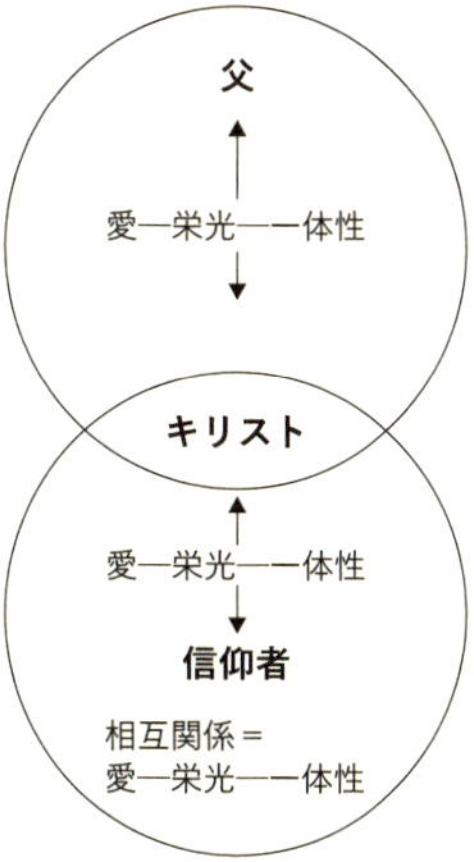

図4・3

《読者の準備》 以下は、「イエスの愛した弟子」に言及している章句、そして「他の弟子」について語っている章句の一覧である。それらを読んでいくと、我々の当面の問題に関して多くの疑問を抱くかもしれない。愛された弟子とは誰か。この「他の弟子」とは誰か。「他の弟子」は愛された弟子と同一人物なのか。愛された弟子は史的に実在した人物なのか、あるいは象徴的なものなのだろうか。愛された弟子ないし「他の弟子」とペトロが共に現れている章句において、彼らの関係はどうなっているのか。一37—42、一三23—26、一八15—16、一九25—27、二〇2—10、二一7、20—24。

まず、第四福音書におけるペトロの役割について一言。ペトロは共観福音書の場合と比べると目立っていない。我々の福音書ではペトロは、他の福音書の場合と同じような最初の十二人のリーダーとしては現れない。また共観福音書に描かれているように、弟子の一種の原型としての機能もない。フィリポ・カイサリアでの信仰告白という文脈におけるペトロの役割(=信仰告白)(マタ一六13—20、マコ八27—30、ルカ九18—21)は、第四福音書では失われている(六67—69はヨハネにおける並行かもしれないが)。二一章におけるペトロを中心とした委任の物語は、多くの研究者たちによって、本来の福音書の一部ではなく、後に別人によって加えられたヨハネ福音書への補遺であると考えられている。それにもかかわらず、福音書全体においてこの章が果たしている機能の一部は、ペトロをイエス否認から復帰させることと、ペトロの最終的な十字架刑を予言することである。もしかするとこれは、ヨハネ〔福音書〕がペトロを軽んじていることを埋め合わせる試みなのかもしれない。

第二に、ペトロの役割が小さくなっていることと並行して、愛された弟子が目立つようになっている。この弟子は、時にはほとんどペトロの立場にいるように見える。イエスに最も近い者は愛された弟子である（たとえば一三23）。ペトロはイエスの言葉の意味について、愛された弟子に頼っているように見える。ペトロと愛された弟子は墓が空だと聞いて〔墓まで走って〕競争するが、最初に到着したのは後者であり（二〇4）、キリストが死から復活したと信じた最初の者とされている（二〇8）。

このことは、第四福音書記者がペトロの地位を下げ、愛された弟子を強調して目立たせようとしていることを意味するのだろうか。そのとおりだと論じる人々もいる。彼らは、発展しつつある教会組織の権威としてペトロに帰せられた重要性に福音書記者は対抗しているのだという。第四福音書記者はペトロの権威に反抗しており、ペトロよりもイエスに近かったのは他の弟子であることを強調しようとしているというのである。多くの学者は、この愛された無名の弟子はほかならぬヨハネその人、使徒、ゼベダイの子であり、第四福音書は彼の記憶に基づいていると主張する。

そのような議論は部分的には正しいかもしれないが、確かなことはわからない。たしかに第四福音書は、愛された無名の弟子に味方して、ペトロが目立たないようにしているようではある。しかし、福音書はどちらの弟子がより重要かという子どもじみた議論にとらわれている、と考える必要はない。第四福音書記者は他のキリスト教共同体に対して、「私の父はあなたの父よりも重要だ」というようなことを言っているのではない。より蓋然性が高いのは、第四福音書記者が受け取った伝承が、共観福音書に取り込まれた伝承のようにはペトロを目立たせていなかった、ということである。しかしヨハネの伝承は、イエスの宣教に関する記事の中で光を当てられている、ある無名の弟子を知っていた。福音書記者はたぶん、伝承を扱うに際して、意識的にある弟子を軽視し別の弟子を評価しようとしたわけではなかった。言い換えれば、もし第四福音書に反ペトロ的な動機があるとしても、それは故意のものではない。第四福音書記者は、他のいくつかのキリスト教共同体においてペトロの権威が大きくなっていたことすら知らなかっただろう。本福音書記者は、当時の「ベストセラー」であるマタイ福音書を読んだことがなかったのである！

この不可思議な、愛された無名の弟子とは何者なのか。少なくとも四つの選択肢がある。(一)第四福音書記者が用いた伝承の出所である使徒ヨハネ。(二)イエスが愛していたと言われるラザロ(一一5)。愛された弟子は、福音書の物語では、イエスがラザロを墓から救い出した後(一一1―44)、一三章で初めて現れる。(三)理想的な弟子。つまり、おそらく愛された弟子という人物像で示された歴史的な人間は存在せず、真のキリスト教の弟子であるとはどういうことかを示す象徴にすぎないのかもしれない。(四)ヨハネ共同体の歴史におけるある人物で、弟子の模範であるが、歴史のイエスの証言者ではなかった。この例では、愛された弟子が模範であるというのは、ちょうどエイブラハム・リンカーンが、建国後一世紀近く後の大統領でありながら、米国の精神の一部と考えられているようなものであり、ヨハネ共同体の極端なまでの民主主義的性質を考えると、愛された弟子が女性である可能性も排除することができない(補遺B「ヨハネ福音書における女性たち」を参照)。

愛された弟子についての謎は、未解決のままに残しておきたい——その理由のひとつは、それは実は問題ではないかもしれないからである。おそらく、愛された弟子は完全に無名の人物であると信じるのが最善であろう。愛された弟子がゼベダイの子の使徒ヨハネであるという説は、私の考えでは支持するのが難しい。それでも、この人物は実際に歴史的に存在したという主張すべてを否定し、愛された弟子を純粋に象徴的な人物とするのは適切ではないだろう。しかしながら、福音書においてこの人物は象徴的な理想として機能している。つまり、そのような歴史的人物がいたかいなかったかという問いは重要ではない。愛された弟子を通して、福音書記者は模範的な弟子のあり方を描いている。それによって福音書は読者に、愛された弟子と自らを重ね、愛された弟子を模倣するよう勧めているのである。

時々小説において、主人公は何らかの実際の歴史上の人物を元にしているのかどうかが問われる。そのような問いは興味深い推測を生みだすが、結局のところ重要なのは、中心人物を通して小説家が伝えている使信である。登場人物が実在するか否かは問題にされない。同じことが愛された弟子に当てはまる。福音書記者はその人物の名前を知らせたいのでも、皆がすでにその名前を知っていると考えているのでもない。この人物において福音書記者は、読者にそうなってほしいと考えている信仰者の姿を示しているのである。さらに、教会の指導的立場に関しては、本福音書記者はこの無名の弟子に関するいかなる特別の権威も主張していない。愛された弟子の権威は公的なものでも、組織的なものでもない。それはただ、愛された弟子がイエスを愛し、またイエスからも愛されていたということである。福音書記者が暗示するこの権威は、あらゆる信仰者が得ることのできるものなのである（Culpepper, *John, the Son of Zebedee. The Life of Legend* を参照）。

無名の愛された弟子に対するこの見方が正しいならば、第四福音書記者が教会の構造や権威について非常に民主主義的な見解を持っていたことのさらなる証拠となる。信仰者は皆、愛された弟子という象徴的な人物によって示されているような弟子になるよう招かれている。パラクレートスを通じて、全員が等しくキリストにおける神の啓示に接する権威をもつ。この福音書の見解は、初期キリスト教においては一匹狼である。というのも、この福音書は共同体の中のある人々に特別な権威を委任することにはっきりとした興味を示していないからである。すべての信仰者が弟子なのである。すべての信仰者が、愛された弟子において典型的に示されたようなキリストとの関係を持ちうる。

教会の権威に関するヨハネのこの民主的見解は、見かけよりも、本章における我々の中心的テーマから遠く離れてはいない。私が思うに、ヨハネのキリスト者たちが信仰者の共同体についてそのような見解を推し進めた理由は、啓示は教会において直接に得られる、という彼らの確信にある。すべての人が、自らの直接の経験を通じて神の臨在に接することができる。それゆえ、皆が同じ権威をもつ。永遠は共同体の現在の経験の中心にあるので、教会の構造や権威は必要ないのである。

もしかすると、この教会やその構造に関する考えは無邪気なものかもしれない。もしかするとこれは、教会が世において直面せざるを得ないあらゆる問題や、また制度的教会が行うことになるかもしれないあらゆる悪をまだ見てはいない人々の見解なのかもしれない。共同体が神の臨在する場所であり、徹底して民主的な指導のあり方が普及すべきだし、普及しうる、という考えは、理想的すぎるのかもしれない。ヨハネのキリスト者は、人間の罪や壊れを忘れたのだろうか。共同体はもはや自分たちが想像したほど完全なものではあり得ないということを、彼らは考慮に入れていただろうか。分裂や相違は避けえないことを見過ごしていたのだろうか。共同体は結局のところ、根本的に異なる見解を持つ人々を包含することになる——そして、そのような見解を強力な指導によって制御する必要が出てくる——ということを予見はしなかったのだろうか。信仰者の共同体に関する彼らの見解は無邪気であったのだろうか。それとも、キリスト教信仰者の共同体が真にあるべき姿を表しているのだろうか。もしかすると、我々が考えるほどに無邪気なものではないのかもしれない。もしかするとヨハネのこの確信は、教会が直面しなければならない状況とは関係なしに、教会が追い求めねばならないものなのかもしれない。

やっと、教会に関するヨハネの見解の第五の、そして最後の概要に達した。それは共同体は世に遣わされているということである。本福音書のクライマックスである二〇章では、恐れから錠を下ろした扉の後ろに集まっていた弟子たちに、復活のキリストが突然現れた（二〇19）。キリストは弟子たちに挨拶し、十字架刑による自らの傷を見せ、意味深な言葉を語る。我々の興味は、21節において復活のキリストに帰された言葉、「あなたがたに平和があるように。父がわたしをお遣わしになったように、わたしもあなたがたを遣わす」に絞られる。実は、この弟子たちの派遣が、本福音書全体における一連の派遣を完成している。我々は、洗礼者ヨハネが遣わされたこと（一6）を思いだすし、イエスが神によって遣わされたことを告げる集中砲火から逃れられたはずもない（最も目立つのは三16—17であるが、福音書の物語を通じてみられる。たとえば五24など）。それから我々は、いかにして聖霊がイエスの去った後に遣わされるかを読んで知る（一四26、一五26、一六7）。今や、弟子たちが遣わされる者となる。

福音書から受けるのは、「遣わす神」という印象である。神にはなすべき計画があり、その中には、世を苦しみから救うことが含まれている（特に三16―17を参照）。神は自らの計画に用いるために、代理人を世に送る。神の計画は一連の使者を中心として組み立てられており、それぞれの使者は神の図式において特定の役割を演じることになっている。洗礼者ヨハネの役割はキリストの準備であり、キリストの役割は世に対する神の最高の啓示であり、聖霊の役割は神が信者と引き続き共にあることである。いまや弟子たちは、この図式に欠かせない使者たちの中で重要な位置を占める。二〇章21節においてこの弟子たちを神が派遣する、その前段階となっているのは四章38節、すなわち弟子たちが野に出て行く収穫者たちとして派遣される箇所である。

復活のキリストによって弟子たちはどこに、また誰に対して派遣されているのかという問いへの答えは、一七章18節におけるイエスの最後の祈り「わたしを世にお遣わしになったように、わたしも彼らを世に遣わしました」の中に隠されている。一読すると、その奇妙さに我々は驚かされる。第四福音書において、世は不信仰と悪の領域、すなわち信仰共同体とは反対の極にあるものとして知られている（第二章における、福音書の二元論的象徴についての議論を参照）。イエスは言葉を濁すことなく、自分自身と同様、信仰者はもはやこの世には属していないと宣言する（たとえば一七16）。人は、弟子たちが世から守られ、密封された安全な繭のようなものに密封された状態となるのを期待するかもしれない。しかしそうではなく、彼らは世の只中へと遣わされる。それは、神の計画がゆがめられた創造世界の救済を伴うからである。そうであれば、キリストの代理人たる弟子たちの居場所は世の只中にある。

このすべてが、弟子の任命に付された注目すべき特徴によってさらに明確となる。キリストによる弟子たちの派遣は、二〇章21節と一七章18節における神によるキリストの派遣と比較されている。この比較には驚かされる。なぜなら、キリストの絶対的な唯一性からして、人間の派遣とのいかなる比較も不可能に思えるからである。ヨハネの教会にとって、自分たちの宣教をキリストによる比類なき宣教に類似したものと理解することは、いったい何を意味するのだろうか。キリストの派遣は、神の世に対する愛および世を救おうという決断によって動機づけられていた（三16―17）。したがって、キリストが世に対する神の贖いの計画の核心であったように、弟子たちは神の愛のうちに立てられた計画の続きなのである。

証拠は決定的である。ヨハネ共同体は自らを、委託を受けた集団であり、キリストによって開始された神の計画を継続するために世へと遣わされていると理解していた。そのような自己理解は崇高なものである。彼らは、自分たちの主と同じ仕方で、また同じ理由で遣わされた代理人なのである！　ヨハネ福音書には、敵の攻撃を撃退しているほとんどセクト的なキリスト者集団、というイメージを示す記述がたくさんある。我々はこの文書の大部分から、内部―外部の二項対立、「我々」と「彼ら」の間のセクト的抗争を見ようとしがちである。このようなセクト的考え方につきものなのが、世から退こうとする傾向である。それゆえ、我々のもつイメージは描き直す必要がある。たしかに、この福音書に描かれている共同体内部の生活は強固である。同様に、共同体の宣教意識も強固である。ヨハネの教会に関するこの概観では、真逆でありながら同じ方向へと動いているいくつかの隠れた線がある。一つは内側に向いており、内部の団結や共同体の内部で分かち合う相互の愛へと注意を向けている。もう一つは外側に向いており、教会を取り巻く世における教会の働きを指し示している。しかし、この反対方向に向いた二本の線は、逆説的ではあるが、信仰者たちにとっては同じ方向を指していると考えることができる。教会の統一性〔内部的特徴〕ですら、より広い世界における教会の宣教の一部であると理解されている。なぜなら、イエスの祈りが主張するように、それは世に信仰をもたらすからである（一七21）。世界の中の他の宗教的伝統と比較すると、ヨハネの自己理解は、我々が福音的と呼ぶ形態に位置づけられる。自分たちの神が〔自ら〕宣教しておられることを確信しつつ、ヨハネのキリスト教は世を救う神の助けとなる働きに携わっているのに違いない。

ヨハネ教会が持っているこの宣教という次元を理解しておけば、福音書の物語について多くのことがよりはっきりする。我々は、第四福音書記者が読者に対して、〔物語の〕登場人物の中に世における自分たちの宣教の模範を見出してほしいと考えていることを見てとれる。この福音書において証言がどれほど、またなぜ、重要かを理解することもできる。世に対する信仰者たちの証言にとって模範となるもののうち、ヨハネ福音書は特に三つを挙げている。

第一はもちろん洗礼者ヨハネであり、彼が自分を超えるものとしてキリストを指し示そうと粘り強く努力していることは（一19―34）、自分がキリストの証人以上の者であることの否認とともに、鮮明に示されている（一6―8）。第二は、四章におけるサマリアの女である。彼女は、キリストとの出会いが他の人々への証言を引き寄せるあり方の模範であり、彼女の物語は、その証言がもつ力強い効果を示している（四39―42）。第三のモデルはマグダラのマリアである。他の弟子たちが遣わされる前に、マリアは復活のキリストによって彼の復活の知らせを共有するために遣わされている（二〇17―18）。（この三つのモデルのうちの二人が女性であるのは偶然ではない。補遺B「ヨハネ福音書における女性たち」を参照）。

要約すれば、教会に関するヨハネの見解は、共同体の結束、彼らの相互愛、神は彼らのうちに引き続き顕れているという確信、彼らの民主的で平等主義の生活、世における彼らの宣教を含んでいる。巨大な蜘蛛の巣のように、福音書におけるこの思想の糸は他の数々の糸と相互に編み合わされている。この教会観は、終末における終末論的な祝福がすでに共同体にいま存在しているという事実によって支えられている。ヨハネの共同体観は、聖霊についての見方と交わっている。パラクレートスは信仰共同体の中で、信仰者たちが自らの共なる生、そしてさらなる宣教へと力づけられるような環境を生み出してくれるのである。

第四福音書におけるサクラメント

ここで、信仰者の現在の経験を強調することに関する我々の主張は行き詰まる。我々がこの章で描いてきたようなキリスト者の立場であれば、サクラメントの強調が期待されるところである。サクラメントは一般に、キリスト者が神の臨在を直接に経験できる手段だと考えられているからである。それゆえ、経験的神学を重んじる第四福音書記者の傾向を考慮すれば、きっとサクラメントは本福音書において重要な役割を果たしているはずなのである。しかしなんと、そうではない！　少なくとも、そうではないように見える。それゆえ、本福音書がサクラメントに関してどのような見解を持っているかを問わねばならない。

《読書の準備》　以下の二グループの章句が、以下の議論のために重要である。(一) 一29―39を読む。なぜ洗礼者はイエスに洗礼を授けないのか。三22と四2を比較する。一三1―20を読む。これは、主の晩餐の制定が見いだされることを (共観福音書の形式からは) 期待できる物語の一部分である。弟子たちの足を洗うことは、主の晩餐というサクラメントの代替として機能しているか。(二) 第四福音書における以下の章句は、ときに主の晩餐あるいは洗礼のサクラメントへの言及として理解されている。これらを読み、サクラメントへの言及が意図されているかどうかを自分で決定する。二1―11、三5、六1―13、51―59、一三1―17、一五1―6、一九34。

サクラメントを問う際に、第四福音書に関してまず驚くことは、ある単純な事実である。サクラメントの制度が見当たらないのである！　イエス自身は洗礼を受けない。イエスの受洗は、キリスト教の慣習における洗礼の儀式を伝統的に是認するものであった。さらに、第四福音書からはイエスが洗礼を行っていたかどうかすらはっきりと見極めることができない。ある箇所では行ったと言われているが、別の箇所では行っていないと言われている（三22と四2）。イエスは主の晩餐、あるいは聖餐を制定してもいない。そういった露骨な欠落のゆえに、第四福音書におけるサクラメント的なものについてはいかなる議論も疑わしくなってしまう。それは、ライト兄弟が宇宙旅行を信じていたかどうかを問うようなものである。要するに、洗礼と主の晩餐という二つの儀式を是認する明白な言及がないのである。

しかし学者の中には、福音書の別の箇所にサクラメントへの暗黙の言及を見いだす者もいる。彼らは、カナの婚礼物語における水からぶどう酒への変化が聖餐式のぶどう酒を暗示している、と主張する。三章5節における、人は「水と霊とによって」生まれなくてはならないというイエスの主張は、洗礼をほのめかしているに違いないと言う人々もいる。さらに、六章における大勢への供食は、ヨハネ的な主の晩餐の制定だと多くの者が理解している。11節でイエスは感謝の祈りを捧げ、パンと魚を配っている。「感謝の祈りを捧げ」と訳されているギリシャ語はeucharistēsasで、これは「聖餐（Eucharist）」という語の由来である。この解釈者たちに言わせれば、群衆への供食がもつ聖餐的意味は、章の後半に出てくるイエスの言葉の中で明らかにされている（六51―58）。そこでイエスは、「人の子の肉を食べ、その血を飲まなければ、あなたたちの内に命はない」と宣言したことになっている（六53）。また、一三章における弟子たちの洗足が聖餐の意味を象徴的に示しているとみなす人々もいる。もしかすると、ぶどうの木の比喩（一五1―6）は聖餐式のぶどう酒を含意しているのかもしれない。最後に、一九章34節はイエスの脇腹から流れる血と水について語っている。ある解釈者たちによれば、血は聖餐の杯を、水は洗礼式を表しているという。

したがって、サクラメントの制定を欠いてはいるものの、第四福音書はサクラメントを高度に意識している、と一部の学者は論じる。要は、読者がサクラメントの制定を当然理解していると福音書は見なしているのだ、と彼らは主張する。だから、本福音書はサクラメントの意味に、特に六章と一三章で焦点を絞っているというのである。この福音書理解は、第四福音書記者が最大級のサクラメント主義者であったと主張する。この場合、沈黙は〔サクラメントの〕無視ではなく、高度に意識していることと理解される。詩人は、作品の中で国家の継承遺産を称賛しようとするのに、建国の歴史を繰り返したりはしない。むしろ、建国の出来事の精神の中にある深い意味をおそらく巧妙にほのめかす。そのように、第四福音書記者も主の晩餐と洗礼の重要性を称賛しているのだというのである。

抜本的な代替案となるものを提案した人たちがいる。ブルトマンらは、第四福音書がサクラメントに反対していると論じてきた。その論点は以下のようなものである。第四福音書記者は、サクラメントについては知っているが、当時の教会でそれが乱用されていることに嫌悪感を抱いている。それで、この著者は福音書においてサクラメントを意図的に無視している。福音書の沈黙は、サクラメントに対する声高な抗議の叫びなのである！　洗礼の水、そして聖餐式のパンとぶどう酒が、キリスト自身に取って代わってしまったと、福音書記者は考えている。しかし結局福音書は、伝統をより重視するキリスト者によって改訂された。この人物はサクラメントに関する言及が一切欠落しているのを好まなかった。そこで、この無名の編集者は三章5節（「水と」という語を足すことにより）や六章51―58節のような部分においてサクラメント的な章句を追加している（この見解は、本章の最初のセクションで述べた「毀損者」案である）。ブルトマンによれば、その結果これらの章句はひどく目立っている。

第三の見解は、第四福音書を修正主義者と解釈するものである。すなわち、この福音書は（ブルトマンが我々をそう信じさせようとするように）サクラメントに反対しているのでもなければ、（最初の説の支持者たちが勧めるように）それらを承認しているわけでもない。むしろ、福音書は読者の理解を修正しようと試みている。それゆえ、「命のパン」講話（六章）と洗足の場面（一三章）はそれぞれ主の晩餐の意味を解釈している。洗礼は、聖霊の賜物を通してのみ可能な意義深い再誕生として再解釈されている（三5）。

続いて、第四福音書におけるサクラメントを理解するための第四の案は次のようなものである。ヨハネの教会は自分たちの福音書の中でサクラメントを無視するつもりはなかった。というよりも福音書は、それらを明示的なレベルではなく暗示的レベルに止めているのである。福音書は、サクラメントに関する言及をより明示的なものにしようとする小さな改訂を段階的に受けている。洗礼は三章の議論においてたしかに暗示されている。それゆえ、ある改訂者は親切にも、その章句の意味をより明確するために「水と」という語を加えたのである（三5）。この見解は、ブルトマンおよびその賛同者の毀損者理論とは重要な点で異なっている。サクラメント的章句の多くを手がけた改訂者たちは、福音書のもともとの考えに反対しているというより、むしろ同意しているのである。彼らは、福音書が語りたがっていると自分たちが確信した内容を、福音書がもっと明快に語る手助けをしているというわけである。

最後に、大胆な案が残っている。ヨハネの教会はサクラメントの伝承を知らない。彼らはその起源についての物語に触れたことがなく、それらを守ることもない。これは、ヨハネの教会が初期キリスト教の発展の主流（つまり、パウロ書簡や共観福音書を通して知られている発展）から外れていたゆえに、ありうる。ヨハネの教会はサクラメント的でも反サクラメント的でもなく、むしろ無サクラメント的である――つまり、ヨハネのキリスト者たちはサクラメントやサクラメントに関する伝承を知らない。このような見解は、三つの仮定を真剣に受け止める時にのみ可能となる。

一　ヨハネ共同体は、当時の他のキリスト教共同体とは緊密に結ばれていない。もしヨハネ共同体が共観福音書やパウロ書簡を知らないならば、彼らは比較的孤立していたキリスト教会である。

二　その孤立は、部分的には彼らが長年シナゴーグの内にあったキリスト教共同体であったという事実のゆえである、と言う人もいるかもしれない。いわば、彼らはユダヤ教コミュニティの内部でキリスト者ユダヤ人として生きており、そのためにサクラメントがなかった。

その結果が、我々が何度も主張してきたような、一匹狼のキリスト教である。

三　第四福音書が無サクラメントであると見なすならば、サクラメントを一世紀のすべてのキリスト者が実行していたのではない可能性を考慮する必要がある。それは、洗礼や聖餐式のような中核となる事項においても、最初期のキリスト教運動は多様だと考えることである。

もしこの最後の案が本当に正しいならば、しばしばサクラメント的であると主張されている箇所は別の読み方をせねばならない。「感謝の祈りを捧げる」や「魚を食べる」という言及は、聖餐式とは関係がない。福音書は、ぶどう酒や水に言及するたびごとにサクラメントを暗示しているのではない（ちょうど、シンコペーションが有名なロック音楽でよく見られるからといって、シンコペーションがあればそれが常にロック音楽であるということにはならない――実際は正反対である！――ようなものである）。こうしてこの福音書は、サクラメント的な意味を持たせることなしに、他のキリスト教運動においてサクラメントと関連していた語を難なく用いることができた。またもしかすると、サクラメントを表しているように思える章句のいくつかは福音書に対する後代の付加であったかもしれない。本福音書がキリスト教共同体に広く回覧されるようになった後に、サクラメントに言及する語句が加えられたのかもしれない。これは特に三章5節にあてはまる。そこでは「水と」という語は元来の本文にはなかったと論じることが可能である。そのような付加は、福音書記者の見解に反対しようとするものではなかった。また福音書記者が暗示していたことを明らかにしようとする親切な改訂がなされたのでもなかった。それらは、福音書記者が中立な立場であった点に対する付加である。

　この問題を解決することはできない。さらに別の案もありうる。この福音書の大部分は、サクラメントに対する関心のなさを反映しているようである。物語の中で伝承がサクラメントを保持していたであろう箇所で、それらは失われている。しかし三章5節と六章51―58節の証拠を、後代の敵意ある修正として退けるのは難しい。福音書はヨハネ共同体がシナゴーグから追放されてまもなく書かれた、という考えを支持する人たちは、ヨハネにおけるサクラメントについて異なった見解を持つかもしれない。この研究者たちは、ヨハネのキリスト者たちはシナゴーグの内部にいる間にサクラメントを行っていなかったか、少なくとも彼らの生活における主要な経験ではなかった、と言うかもしれない。それゆえ彼らの伝承は、洗礼も聖餐も描かなかった。しかし、シナゴーグからの追放およびキリスト者としての新しい自己理解を探す過程で、二つのサクラメントが彼らの共同体生活においてより大きな役割を果たすようになった。洗礼は、彼らのアイデンティティのしるしとしてより認識されるようになった。主の晩餐は、周辺世界との戦いを支える源泉として、より高く評価されるようになった。ヨハネ福音書三章5節および六章51―58節は、おそらく最初期のヨハネ的伝承に対する後代の解釈であっただろう。そうであったとしても、この案には他の案と同様に弱みがある。問いは複雑なままであり、この問題については確実なことが言えないままで満足しなければならないのかもしれない。

　しかしまだ、サクラメントに関するヨハネの見解の問題がもつさらに別の面に焦点を当てねばならない。洗礼や聖餐に対するこの福音書の見解がどうであれ、第三章で示したように、ヨハネの神学には根本的なサクラメント性が存在する。ヨハネ福音書の神学は感覚の神学である。信仰が直接の、また毎日の身体的経験によって成長するという考えは、まさにキリスト教思想におけるサクラメントの趣旨である。見ることと聞くことが信仰の成長の始めである、と福音書が主張するとき、それはサクラメント性を提案している。なぜならサクラメントとは、日常の諸現実における神の臨在を典型的に表す感覚的な経験だからである。パンとぶどう酒と水は感覚的な体験を提供し、それを通して究極的存在が信仰者の現在の状況の中で伝えられる。そのため、信仰と体験の関係に関するヨハネの見解は、根本的にサクラメント的な見解なのである。

サクラメントは知られていなかった、あるいは共同体の中で広く行われていなかったとしても、注目されるようになったであろうことは理解できる。ヨハネ福音書の神学の文脈では、洗礼と聖餐はおそらくキリスト者の人生経験全体を表現する行為となったことだろう。サクラメントそのものに関する福音書の教えを突き止めるのは困難かもしれないが、逆説的なことに、普通の日常的経験に対する見方がその根本からサクラメント的なのである。

信仰と経験の関係に対する福音書の見方に戻ると、キリスト者の現在の経験は神の救いの実現とともに成熟するのだと福音書が強調していることを、我々がいっそうよく理解できると良いと思う。この福音書は、現在を救いの時として誉めたたえている。永遠はいま、信仰者の経験の中で歴史と触れ合うのである。

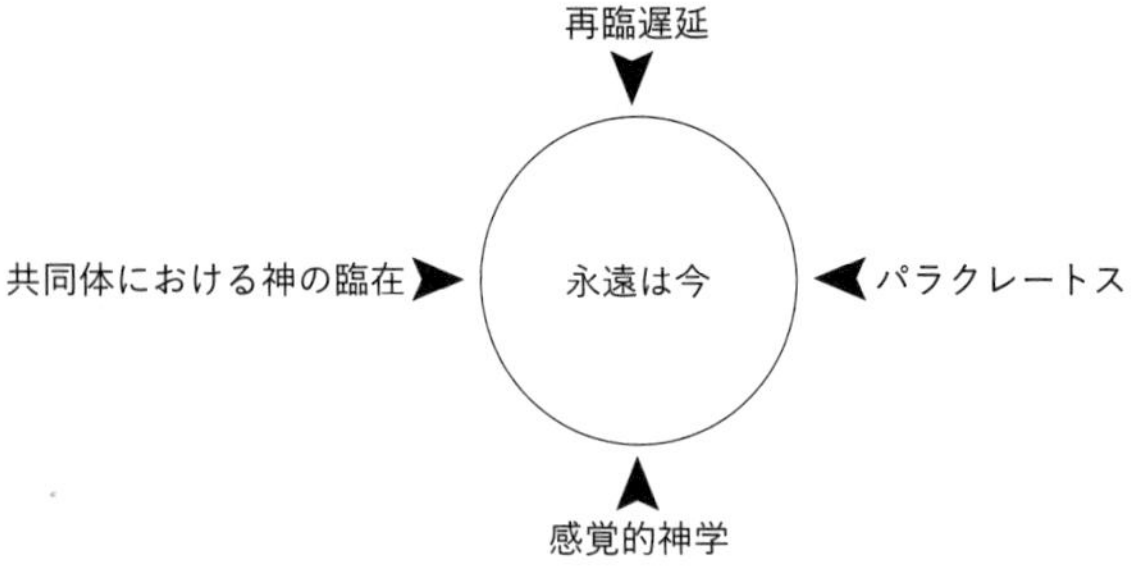

図4・4

結論

いま締めくくった解説が少しでもこの福音書に当てはまるのであれば、我々は驚くほど一貫性をもった像を手にしていることになる。パラクレートスの経験、教会理解、経験と信仰に関する福音書記者の見解というすべてが見事に調和する。これらは第四福音書が徹底した現在的終末論を主張する基盤を形作っているのであり、そのシステムの原理となっている。これらすべてが一つの結論へと至る。すなわち、神は今知られているのである。神の救いの賜物はただちに得ることができる。このすべての原理が、現在の時が救いの時だという確信に流れ着く。ひとつひとつの原理が読者を徹底した現在的終末論へと向かわせ、〔終末論の〕焦点を未来から移してしまう（図4・4を参照）。

このアプローチは、本章の冒頭で提示した宗教的問題に対する大胆な解決案をなす。宗教的な救いの恩恵は、信仰者の現在の経験の中で得られるのだろうか、それとも未来においてのみ得られるのだろうか。第四福音書は確信を持って、信仰者はその恩恵をいま知るのだと主張する。この主張はヨハネ共同体の経験に基づいて形作られている。福音書は、未来や、未来がもたらすものへの希望を否定しない。他方で福音書は、キリスト者をびっくりさせるものが未来に待っているわけではないと教えるが、それは彼らが現在において未来をすでに経験しているからである。人間に対する神の恩恵は、祝福された過去に限られていない。またそれらは「やがて実現するという希望的観測」に過ぎないわけでもない。現在こそが、すべての人間が待ち焦がれるこれらの賜物を授かるその時なのである。

この福音書の見解は、我々が説明した方法によればある程度つじつまが合う。基本的に、共同体の経験と福音書の結論との間には一貫性がある。それは見事である。この問題に対するヨハネの見解が普遍的に正しいかどうかを突きとめることははるかに難しい。ヨハネ共同体は自らの経験を正しく理解したのだろうか。それとも彼らは思い違いをしたのだろうか。彼らは現在をあまりに強調し過ぎていないだろうか。キリスト教的な未来的終末論に対して過剰に反応していたのではないだろうか(青年が特定の問題について、両親の見解に過剰に反応するように)。これらは、読者にじっくり考え、議論してもらう問いである。

この福音書が体系化している見解は、幾世紀も前の、あるひとつの宗教共同体の経験を解釈したものである。それは、すべての人間が全力を尽くして行わねばならないことである。すなわち、自らの経験の意味を見極め、それを自らの宗教的信仰(それが何であれ)の土台とすることである。もし、永遠は今ここにある、というその結論については第四福音書が間違っているとしても、少なくともそれは、宗教的立場を探し求めるという務めが果たされるべきやり方のひとつの例ではある。

終章　一匹狼の福音書の未来

もしここまでの説明が当たっているならば、第四福音書は多くの点で一世紀のキリスト教文献の型にはまらない作品――すなわち反主流――である、と私が思っている理由を理解していただけるであろう。この文書は、他の新約文書とは抜本的に異なる方向へと漕ぎ出している。同時に、我々が論じてきたこの福音書の基本的な関心のおおもとには普遍的な宗教上の諸問題が横たわっていることに――少なくとも付随的な形で――言及してきた。それらは、多くの宗教的伝統が考慮してきた、そして今なお考慮し続けている問題である（たとえば悪の問題）。ある文脈で見れば、ヨハネ福音書は一匹狼の福音書であるが、より広い文脈で見れば、これは普遍的な福音書なのである。

以上を念頭に置きつつ、この終章ではもうひとつの問い、つまりヨハネ福音書の普遍的な妥当性にまつわる問いを探っていく。もし第四福音書の宗教思想が多くの点で普遍的な味わいを持っているならば、それは将来どのようになっていくだろうか。未来における我々の西洋文化および北半球文化がどのようなものであろうとも、こういった普遍的な主題のゆえにヨハネ福音書はその時代にふさわしいものとなるのだろうか。文化的な変化が第四福音書記者の作品を時代遅れなものにしてしまうのだろうか。一匹狼の福音書は過去の遺物になるのだろうか。あるいは、この文書の普遍的特徴は、その妥当性を保ち、我々の注目を集めるのに十分だろうか。一匹狼の福音書の未来はいかなるものであろうか。もちろん、我々の文化の未来を予言できる方法はないし、第四福音書の妥当性――あるいはキリスト教信仰全般の妥当性でさえも――が永続するかどうかなどわからない。

この終章では、この一匹狼の福音書の未来に関する多くの問題を考察する。第一に、我々は聖書解釈および宗教思想全般における現状にどのようにして達したのだろうか。第二に、文化的変化という点から見て、未来には何があるのだろうか。特に、ポストモダン主義（と呼ばれてきたもの）は、我々の福音書にどのような影響を与えるのだろうか。最後に、ポストモダンの眼を通して、この一匹狼の福音書をどのように読むことができるだろうか。

聖書解釈の現状にどのようにして辿り着いたのか

ここまでの各章における、ヨハネ福音書についての議論の多くは、過去数世紀にわたって発展してきた伝統的な聖書解釈方法に基づいている。この方法は歴史批評（historical criticism）と呼ばれるようになったが、それはこの方法が歴史概念や過去の文書についての歴史の重要性を前提とするからである。我々の近代的な歴史認識は、一七―一八世紀における啓蒙主義の結果として誕生した。この時期に、近代主義〔モダニズム〕が形成された。それは、ほぼすべての分野において客観的な研究に重要性が帰せられた結果であった。

近代主義の要因

我々は、自分たちの世界を理解するための研究においては科学者の客観性が重要であると学んだが、古代の文書を読む作業においてもそのような客観性が支配すべきであることもまた学んだ。少なくとも我々の多くは、古代の魔術を信じるような人々に過去の事柄を説明してほしくはない。同じく重要なことだが、我々は、聖書の解釈者たちが自らの信仰や偏見をそういった文書に押しつけることを望まない。彼らの教えは、人種差別的な偏見を正当化し、さらにその偏見を強める助けとなった。ある人々が人種差別を支持するような仕方で聖書を解釈した次第を覚えているだろうか。人種差別主義者たちが自分たちの見解を聖書に押しつけることを、我々は望んでいない。

合理性は、啓蒙主義に由来する第二の贈り物である。注目すべき仕方で、西洋文明は、真理とは常に合理的であるという仮定を前提として、人生や世界についての見解を発達させた。宇宙は本来合理的なものであった、つまりその核から、人間の理性と一致していると我々が考えるような過程を経て成長したのである。合理主義は、魔術や迷信を抑圧しようとした。我々が「中世」と呼ぶものを支配していた視点は、理性に基づく視点に取って代わられた。原始的な宗教には、崇拝者たちが神々に働きかけたり喜ばせたりすることによって天気を決めることができる、と信じるものもあった。もちろん、そのような心性はキリスト者たちの一部に今でも健在である――たとえば、ハリケーン・カトリーナによるニューオーリンズの破壊（二〇〇五年）は、その町の住人たちによる悪事に対する神の罰である、と言うような人々である（正直に認めねばならないが、聖書の一部は確かにそのような迷信を含んでいるように思える。たとえばヨハ九2を参照）。ギリシャ＝ローマ世界では、いかなる種類の病気も神の罰であると見なされえた。西洋文化においては、合理主義がそのような迷信すべてに取って代わろうとした（それは部分的に成功したにすぎないが）。その結果、我々の多くは、全宇宙が合理性のもとに運行している、と信じるようになっている。それが意味するのは、自分たちの世界を理解するために、我々は論理の諸原則——すなわち結論へと導いてくれる諸前提——を用いねばならない、ということである。

我々が合理性と呼ぶものがもっぱら基盤としているのは、西洋世界において発展してきた類いの理性であり、したがってエリート層が論理的であり合理的であると考えたものだ、ということを認識しておくのは無駄ではない。トマス・アクィナスの文書を孔子やムハンマドのそれと比較すれば、我々は、世界にみられる宗教の間で合理性というものがどれほど異なっているかを理解できるかもしれない。近代主義はあらゆる神秘を現実から閉め出そうとした、と言う批評家たちもいるだろう。「合理的な」宗教信仰における神話の役割に相変わらず当惑している者もいる。我々が仮定してきたのは——それは間違っていると思うのだが——合理性や真理といった我々の概念は普遍的であるということだが、それは他の諸宗教や諸国民に関する、悲劇的ともいえる誤解を生んできた。

合理性は、科学的方法と呼ばれるものに対する信頼と結びついている。その内容をごく単純に言うと、真実であるものは特定の証拠と矛盾しないことが証明できる、ということである。証拠は科学的な思考を走らせる燃料である。たとえば、キリスト教信仰のおかげで信仰者はストレスや心配を減らして生活できる、ということが真実であるならば、キリスト者と非キリスト者の中にあるストレスや心配の程度を測定することで、前者が後者よりもそういった病が少ないということを示せるはずだというのである。さらに、歴史的な証拠が聖書の絶対的な真理や信頼性を保証している、と論じる保守的なキリスト者は、自分たちの見解を支持する証拠をさらに見つけようとしたがる。たとえば、イスラエル人たちの驚くべき紅海横断は、そのような水の分離の跡があれば証明することができる。合理性は証拠に依拠しており、その証拠から我々は真理へと推論ができるのである。

客観性と合理主義は、歴史的視点と結びついて、近代世界と呼ばれるようになったものを生み出した。ほぼすべての主題が歴史を、過去を、それゆえ発展を含む。ダーウィン主義は最も分かりやすい例である。この惑星における生命進化に関するダーウィンの解釈を受け入れようが受け入れまいが、その中に、あらゆるものが自らの現在の姿を説明する歴史を持っている、という仮定があると認めることはできる。宗教すらも進化した、と言う歴史家も当時いた。たとえば、「原始的諸宗教」という表現は、そこから世界に現存する諸宗教が生まれてきたような、宗教思想の起源を仮定している。そのような歴史的視点が、物事に対する我々の基本的な見方に入り込み、その結果、過去の歴史的な発展の中に理由を探し求めるよう仕向けることになったのである。

近代主義における歴史の強調はいくつかの前提を伴っているのだが、ここではいくつか例を挙げることしかできない。成人の神経症的な振舞いは、子ども時代のトラウマ的経験へと遡ることができる。グランド・キャニオンの美しさは、古代の長期にわたる氷河の移動や、その他の自然の力によるものである。北米人の豊かさは、勤勉と発明の歴史の結果である、等々。存在するものには歴史があり、その歴史に照らしたときにのみ理解できる。聖書学においてそれが意味するのは、諸文化の歴史的発展という観点においてのみ初期キリスト教信仰は理解できる、ということである。

我々の多くが歴史を強調するのは当然だと考えている。しかし重要なのは、今日我々の心を占めている歴史的な視点は啓蒙主義の発展に由来していると認識することである（図C・1を参照）。したがって、社会福祉政策は北米で、不景気の歴史的結果として確立されたと我々は思っている。合理主義は宗教に適用され、神学者たちはキリスト教信仰の論理を説明しようとした。聖書に記録された奇跡の数々は、分かりやすく説明された。たとえば、イエスは実際にはあのように莫大な数の群衆に食事を与えたのではなかった（ヨハ六1―14を参照）。そうではなく、少年が自主的に自分のささやかな昼食を他の人々に与えたのであり、人々は少年の寛大さに恥じいって、自分たちの昼食を取り出し、それを分け合った。こうして、群衆は満腹したのである。

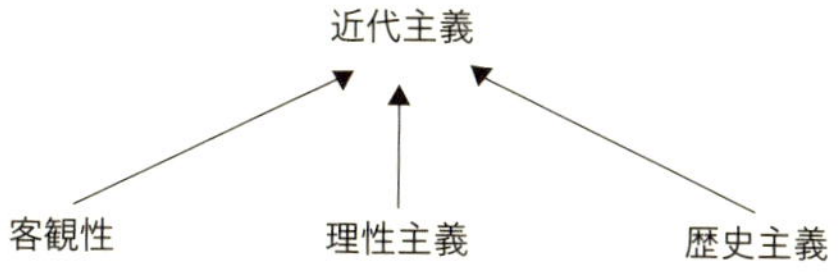

図C・1

近代主義的な聖書解釈の結果

近代主義の影響は、一七世紀から現在に至る聖書解釈の歴史にはっきりと見られる。近代主義が非常に重要な成果を生み出した例もある。本文批評（最初の聖書本文の手稿を再建しようとすること）の発展は近代的な聖書批評を可能とした。例として、本文批評がヨハネ福音書七章53節―八章11節の研究を促した結果、現在では、この箇所はヨハネ福音書を含んでいる最も信頼できる古代の諸写本には存在していないと見なされている。この箇所は、口頭伝承によって保存されていた価値ある物語かもしれないが、ヨハネ福音書の最初期の形態の一部分としては扱われるべきでない（序章における、ヨハ二〇31についての議論も参照）。貴重な貢献もいくつかあったが、歴史批評によって、数々の理論と提案が津波のように押し寄せた。第四福音書を合理的な文書であるかのように読む人々は、本書は順序が乱されてきたに違いなく、意味が通るようにするには並べ換えねばならない、と（ブルトマンたちが主張したように）提案している。他の人々の提案では、第四福音書記者は一連の資料を利用しているから、どれが資料から採られ、どれを福音書記者が追加したかを見定めねばならない。この福音書の執筆を促した歴史的状況については常に議論がなされており、これは福音書記者が現れた歴史的背景（つまり、ユダヤ教的なのか、ヘレニズム的なのか）の問題でもある。さらに、著者のアイデンティティについては（たとえば、福音書の物語における「愛された弟子」とは長老ヨハネなのか、あるいは他のヨハネなのかといった）別の論争がある（ここでも、Culpepper, John, *The Son of Zebedee: The Life of a Legend* を参照）。

歴史的好奇心だけが、これらの疑問の動機なのではない。列挙したものに加えて、その他何百もある問いの一つ一つが、この文書の解釈にとって重要である。すなわち、テクストの意味を読み解くにはそのテクストを生まれてきた歴史的状況に置く必要があると前提するならば、こういった問いが重要なのである。どんなテクストにも唯一の「正しい意味」が常に存在し、その意味は、著者の元来の意図や文脈の結果として生まれてくるという前提が動機となって、その歴史的状況の発見がこの上なく重要なものとなった。ひょっとすると今日、著者の意図に関する歴史批評的な見解を理解すること以上に重要なものはないかもしれない。ひょっとすると、この前提以上に、歴史的探求を動機づけるものはないかもしれない。

ヨハネ福音書に関する歴史批評的研究は顕著な割合で増加してきているが、それはとりわけ、我々が聖書研究に携わる数多くの研究者を育ててきたからである。そこから生まれたものには、価値があるものもないものもある。近代聖書学への反動として、聖書が「語る」こと以外のいかなる知識も用いず、聖書の一字一句を神の使信と見なすよう主張するキリスト教の一派が生まれた。別のキリスト者の間では、聖書の章句を学問的に取り扱うことが平信徒をおびえさせており、信徒たちは聖書を理解しようと努力するのをあきらめている。というのも、聖書の背景に関するすべての問題を研究するためには、博士号を取らねばならないように思えるからである（Kysar, *Opening the Bible* を参照）。他方、紀元一世紀におけるギリシャ＝ローマ世界に関する我々の知識は、聖書研究に利用できるかもしれない情報を豊富に提供している。たとえば、ユダヤ人との紛争に関するピラトの記録という歴史的証拠は、ヨハネ福音書におけるこのローマ高官の姿をより明確にする。

我々は、聖書の歴史批評的研究が生み出したもう一つの点にも注意を払う必要がある。様々な理由から、歴史的な仮説はどんどん複雑なものになっているように思える。そのような提案の一つは注目に値する。繰り返し指摘したように、ヨハネ教会のキリスト者たちは自分たちの所属する会堂から、全体としてはユダヤ人である会衆によって追放されたと論じている学者たちがいる。この説は、九章22節、一二章42節、一六章２節にある「会堂から追放された」という意味のギリシャ語の三つの用例に基づいている。この理論に基づいて研究者たちは、ヨハネの教会が置かれていた共同体におけるユダヤ人とキリスト者の関係についての全体像をつくりあげた。数多くの説がこの提案に基づいており、これらすべてが仮説の上に立っていることを忘れてしまったかのようであった。

実のところ、会堂追放の仮説に関する歴史的な証拠はいくらか存在したが、それに反する証拠も同じくらいあった。それは根拠薄弱な説となったが、あまりに広く受け入れられたために、それを評価し直して、別の選択肢も考えようとした（あるいはその勇気を持っていた）者はほとんどいなかったのである！　時間の経過とともに、一つの仮説が、まるで証明された事実のように見なされるようになったのである！　しかし、我々の注意を現在へと向けよう。我々は、主として近代主義の到来および影響が原因で、現状のような聖書解釈へと至った。では、未来はどうだろうか。

ポストモダン主義とはいったい何か

変化の襲来

我々の多くは近代主義という文脈の中で生きているが、近代主義は現在、いくつかの方面から攻撃を受けている。その結果、怒濤のような変化が生じている。医学の専門家は、我々の受精から死に至るまでの間、我々の身体と心とは絶えず変化を続けていると語る（風邪を治すことのように）その変化が容易で歓迎される時もあれば、（致死的な病の診断のように）困難で込み入っている時もある。であれば、我々の文化が常に流動している、と知っても驚くべきではない。

我々の周りのあらゆることが変化し続けている。私がこの終章を書いているときに起こっている事例の一つは、医学がいくつかの薬物に関する考え方を変えるよう強いられているということである。科学的な検査や実験〔に基づいていた〕にもかかわらず、かつては女性における発癌の可能性を減らすと考えられていたものが、新しい研究によって否定された。もちろん、この種の変化は全く目新しいものではない。私が成長期だった頃は（ずいぶん前だ！）、レバーを食べる習慣を身につけねばならなかった。私はレバーが大嫌いだったのに。それはあなたのためだ、と言っていた。だから私はレバーを食べ、美味しいと思うようになった。しかし皆が、レバーはコレステロール値を上昇させるという恐ろしいニュースが伝えられた。その後、ご存知のように、レバーを食べるのが健康によいとされた。自分のコレステロール値のゆえに、私は今レバーをひと切れも敢えて食べようとはしないのである。薬物の効果に関する研究が進むと、数々の会社が商品棚から自分たちの製品を撤去することになった。医学におけるそのような変化のせいで我々は結局、自分たちの命を医学に預けるのが本当に賢いことなのかどうか考えてしまう。

医学に関する疑念は、我々の世界で起こっているその他の変化と比べれば、たいしたことではない。たとえば、我々は正当にも、国家主義〔ナショナリズム〕には寿命が訪れている、と論じることがあるかもしれない。グローバリゼーションおよび〔欧州連合のような〕諸国家の統合が進行するにつれて、国家主義が重要であるという考えは、世界は一つであるという新しい意識に道を譲っている。幾世紀もの間、西洋諸国は自分たちが文化や教育の主要な源であると考えていたのであり、歴史書は我々〔西洋〕の諸国家の進展のみを報告すればよかった。現在我々は、東洋諸国や南半球諸国がどれほど豊かな伝統や学識を持っているかを知っている。かつて我々は、「先進」諸国は他の国々に依存していないと考えていたが、我々の経済は他の国々のそれと固く結ばれている。南米における農作物の不作が、世界中の物価上昇をもたらす。我々はイランおよび北朝鮮における原子力の開発を無視することはできないが、それは我々の運命が彼らの運命と結び合わされているからである。

国籍は、無意味なものになりつつあるようである。かつてドイツ人、イタリア人、アイルランド人などは、米国にやってきた後でも彼ら独自のアイデンティティを注意深く守っていたものだが、今では彼らの間に明らかな違いはほとんど見られない。かつては英語で会話することのできない数千ものドイツ語圏移民がいたが、今では南米から来た同数の人々が同じ問題に直面している。私が住んでいる小さな町ですら、巻末にスペイン語話者のためだけの分厚い付録をつけた電話帳を発行している。〔米国連邦〕議会は英語を米国の「公用語」にしようと試みているが、縮小し続けている我々の世界において、誰もが英語を読み書きする共同体を追求することは馬鹿げていると思える。

縮みつつある我々の世界は、もう一つの変化の兆しでしかない。ひょっとすると、より重要なのは、伝統的な価値が消え去りつつあるその仕方なのかもしれない。たとえば、もし授業で成功すること（つまりより良い成績を得ること）が卒業後に良い給料の職業に就く機会を増すことになると考えるならば、自分たちは喜んでテストやレポートのカンニングをするだろう、と大学生が告白するのを我々は耳にしている。誠実さという概念は急速に変化しているのであり、それは、真理や誠実さという普遍的基準の存在を擁護するのがますます難しくなっているからである。普遍的な真理と呼べるものの数はどんどん減っている。それらのすべてが止まるのはどこなのか。そのような伝統的価値の解体はどのような結果となるだろうか。

ポストモダン主義の勃興

　さて数百年の間には、近代主義が寿命に達しており、我々はいま、ポストモダン主義〔post-modernism〕（「近代主義〔modernism〕の後〔post〕に来るもの」以上の意味は特にない）と呼ばれる新しい時代への道をたどっている、と論じてきた哲学者や言語学者たちもいる。啓蒙主義以後に確立されたあらゆる前提は崩れ続け、新しい世界観によって置き換えられていると彼らは言う。これは最近の見解というわけではない。セーレン・キルケゴール、フリードリヒ・ニーチェ、ジャン＝ポール・サルトル、その他多くの著作家が長きにわたって、新しい考え方について論じてきた。啓蒙主義における合理主義、客観性、歴史主義は、旧式なものとなりつつあるかもしれない。もちろん、未来を予言すること、とりわけある文化全体の未来を予言することは決してできない――しかし、我々自身および自分たちの世界に関する考え方に変化が起こり続けているという証拠は多数存在する。

　ポストモダン主義を簡単に定義するのは不可能である。その最大の理由は、思想家の数とほぼ同じ数だけポストモダン主義の定義が存在するからである。とはいえ、以下のものがポストモダン主義者にほぼ共通する主張である。

　普遍的な真理は存在せず、社会的文脈に基づく諸価値のみが存在する。ほとんどのポストモダン主義哲学者は、ある種の普遍的な一連の真理が現実に組み込まれているという考えそのものが誤っていると論じるであろう。形而上学や存在論と呼ばれるものは無意味な努力である。複数性や相違、断片化、断続性を支持するゆえに、物事が存在する仕方についての普遍的な図式は放棄される。文化を、世界に埋め込まれた絶対的な真理の上に立てることはできない。真理とはむしろ、お互いの存在やその違いを認めるための行いに関する、人々の間の社会的合意である。ポストモダン主義者がメタ物語（つまり、普遍的な真理というとてつもない幻想）と呼ぶものは崩壊し、多面性や曖昧さ、不確かさによって置き換えられるのである。デカルトが「我思う、故に我在り」と結論した時に探し求めていた確実なものはもはや存在しない。いわば、あらゆるものが地域の慣習、見方、好みなどと関わっている。完全な懐疑主義と相対主義に立つことで満足しているポストモダン主義者もいれば、社会と文化の多様性の中に新たな種類の基礎を探し求めている者たちもいる。

言語は決して正確なものではなく、常に曖昧である。かつて我々は、言葉を確実な実体と同定し、それ〔実体〕を指示するものだと考えていた。言語は指示対象のためのもの、つまり〔言語の〕外側にある物事に言及している限りにおいて意味をもつ、と見なしていた。しかし言語学者や哲学者は現在、言語は不正確であると考えている。ある意味、我々は常にそのことを理解している。この主題が複雑である、と私が言うとき、私は何を意味しているのか。どのように複雑なのか、どういう仕方で複雑なのか。我々が議論してきたこと以上の何かを意味しうるのか。我々がある文を理解している（つまり、それが何を「意味する」か分かっている）と考えていると、別の読者がやってきて、同じ文を全く異なる仕方で理解するのである。

言語は、その指示的性質を失うと、意味の遊び場となる。たとえば、私が「神は愛である」（God is love）と言ったとしよう。この二つの名詞それぞれの指示対象を問うならば、この文の意味全体が多様な解釈を受けやすくなる。愛は本当に神であるのか。愛とは私が別の人や物に対して抱く感情ではないのか、あるいはそれは定義不可能な経験ではないのか。動詞「である」〔is〕は、神と愛が同一であることを意味しているのか、あるいは交換可能であることを意味するのか、それとも比較できることを意味するのか。さらにはこの動詞は神の数々の特徴の一つを同定しているのか、といった具合に、どこまでも続いていく。

要は、言語は制御できないのである。あらゆる読者が私の意図していたことを正確に捉えて解釈するようにこの結論を書くことのできる方法はない。あらゆる読者ないし聴取者に対して同じことを伝えられるような、絶対的に正確な言語は存在しない。我々の中で、教育の経験がある者、あるいはちょっとしたものであれ人々の前でスピーチをしたことのある者は、言語のこの特徴を鋭く感じとっている。言語というものを特徴づける最も簡単なやり方は、「曖昧な」という単語を用いること、そして言語は常に多様な解釈に開かれていると認めることである。言語が不安定であるゆえに、ポストモダン主義者たちはしばしば「脱構築」〔deconstruction〕と呼ばれる解釈姿勢〔それは実際のところ〔解釈〕方法ではない〕を実行する。脱構築による研究の目的は、テクストの曖昧さを指摘し、流動性を際立たせることにある。それぞれがある一つの章句を読んで異なった理解をするのだから、実際のところ〔一つの定まった意味を持つ〕テクストそれ自体が存在せず、同じ文書に関する様々な像があるだけだ、と言う人がいるかもしれない。本書を読んでいる一人一人は、実は、あなたが持っている本書とは〔形としては同じものであるのに、内容としては〕異なる本を読んでいるのである。

しかし脱構築の目的は、テクストを破壊したり、無化したり、遮断したりすることではない。その反対に、脱構築主義者たちはそれぞれのテクストが持つ無限の豊かさを明らかにする。紙に記された一群の単語が持つ、なにものにも拘束されない可能性を強調することによって、この批評家たちは、あるテクストが意味しうるあらゆることを用いて、我々の好奇心をかきたてようとする。脱構築の目的の一つは、ある章句の言葉をもてあそびつつ、その章句が意味しうるすべてを、またその章句は何も意味していないかもしれないと説明することである。脱構築を行う聖書研究者たちは、数え切れないほどの読み方を明らかにしてきた。

たとえば、「わたしは道であり、真理であり、命である」（ヨハ一四6）のような章句の、正確で絶対的な意味を我々が見つけようとしたとする。ヨハネの学問的研究者たちが何と言おうと、また彼らが努力を尽くしているにもかかわらず、これらの述語（道、真理、命）はどうしようもないほど捉え難く、漠然としている。ちょっとあなたの教室を歩き回り、一四章6節のこれら三つの名詞を定義するよう一人一人に尋ねてみてほしい。たとえば、前述の各章において私は、「永遠の命」とは我々自身のことを神が生んだ者と認めることを意味している、と主張した。それは〔肉体として〕永遠に生きるということではなく、我々の自己理解の問題である。しかし、そのような言語がいかに不確かで漠然としているかを見いだすために、研究者を捜し出す必要はない。言語は果てしなく不正確であり、いかなる言語を例として挙げようとも、正確な意味というものを証明できる方法はない。学生たちに比喩を理解させようとして、私は「彼女は鹿（a deer）のように走った」という表現をよく利用する。しかし、いつも誰かが決まってくすくす笑い、ジョン・ディア社〔John Deere, 農業機械等の国際的大企業〕のトラクターみたいな女性だ、などと言う。言語における不正確さを避ける方法はない。単語はただひとつの意味だけを持っているわけではないから、意味の多様性は賞賛されるべきである。そのように理解された読みは、当然ながら解釈の過程に革命を引き起こすのであり、自分たちの作品〔における読み〕が他の読みよりも重要であるとみなす学問的批評家の群れという存在を解体する。

歴史は事実なのか、それとも虚構なのか。ある意味、ポストモダン主義の最も過激かつ論争的な企ては、注意深い客観的な研究によって我々は過去を再構成しうるという近代主義の仮定をくつがえすことである。すでに指摘したように、過去数世紀における聖書解釈は科学的な歴史学の基礎の上に築かれている。これまでの各章で読者は、我々の一匹狼の福音書を理解するために提案されてきた数多くの歴史的再構成を考慮するよう求められてきた。たとえば、ヨハネのキリスト者たちが一種の社会的な混乱や彼らの属する社会からの疎外に苦しんでいたという説は、福音書の敵対的な言語やヨハネ教会のキリスト者のセクト主義に思える姿勢（つまり「我々は彼らに反対する存在である」）を説明するための筋書きを作り上げている。

ポストモダン主義は、研究者は偏りのない歴史を書くために自らの参与や既定の関心や立場を脇に置いておくことができるという考え全体を葬り去る。いかなる主題を学ぶ際にも客観性といったものは存在しないし、過去の出来事であればなおさらである。ポストモダン主義者の主張によれば、実のところ我々全員が権力構造や社会的威信の網目に取り込まれているために、我々は「事実」（もしそういうものがあるとすればだが）を集めてつなげ、過去を再び物語のように語り直すことはできない。否定しえないと思われる過去のいくつかの事象を分離することは可能かもしれない

――しかし、我々がそれを順序立てて並べ、そこに関与していた人々を持ち込み、そのすべてを因果関係で結びつける時、我々はすぐに自らの偏見や前提をさらすことになる。歴史は〔著者の〕自伝的フィクションになるのである。

イデオロギーは、歴史を記述するという企てに対するポストモダン的懐疑と結びついている。イデオロギーとは、我々が重んじている、あらゆる社会的な関係や前提である。それは現存する組織やそこでの我々の地位に対して我々が投資しているものと関わっている。たとえば、キリスト教の視点から書かれた歴史は、キリスト教の優位性を示そうとする傾向、また歴史家がそのような投資から得る利益によって影響を受ける。フェミニスト批評家は、聖書と数世紀にわたるその解釈の両方の中にある男性的イデオロギーに言及する。男性は、自らの権力と威信を高める事柄や理論から利益を得るのである。イデオロギー批評は解釈方法のひとつとなっており、これによって批評家は聖書著者の投資や参与および聖書解釈者のそれを理解しようとする。一例を挙げれば、使徒言行録の著者は最初期のキリスト教会における一致を示したいようである。著者のイデオロギー的立場に関するこの証拠は、たとえばパウロが書いたガラテヤ書を使徒言行録一五章（それ自身、〔パウロの〕イデオロギー的な関心を反映している箇所である）と比較すれば明白である。

ポストモダン主義者の主張によれば、過去の記録を再構成しようとするいかなる試みも、それに携わる人々のイデオロギー的な関心によって損なわれている。ゆえに客観的な過去の語り直しというものは存在せず、歴史家のイデオロギーのために構築したものだけが存在する。それゆえポストモダン主義者は、歴史記述にはほとんど価値がない、あるいは全く価値がないと言うか、歴史に

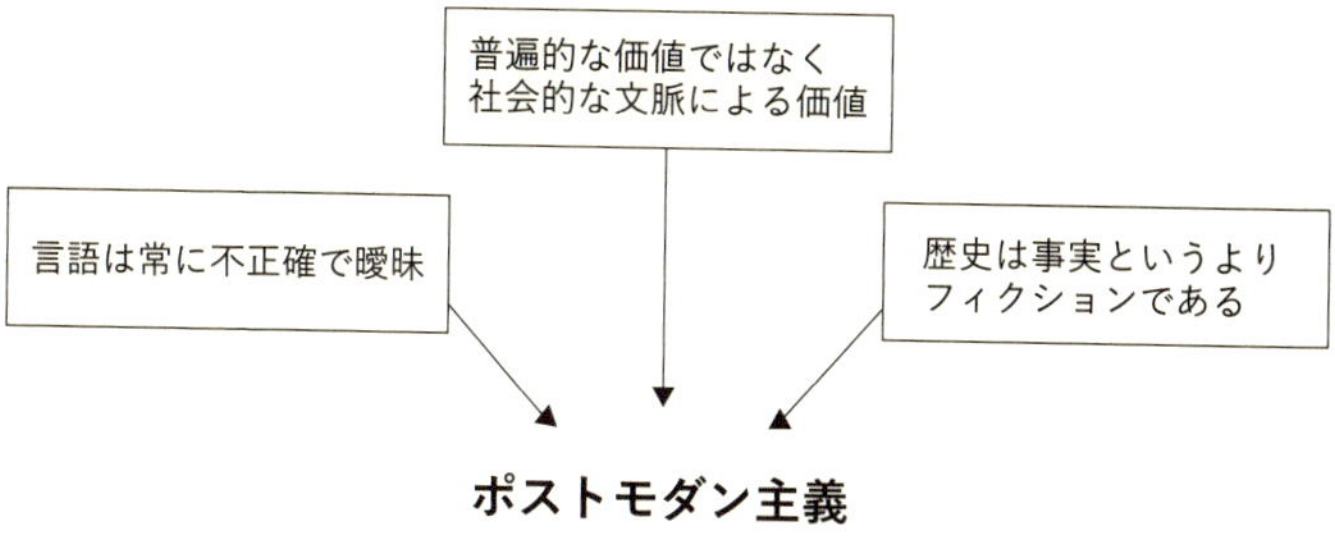

図C・2

ついての全く新しい理解が必要であると言うかである。でなければ、フィクションと歴史の間にはほとんど違いがないことになる。

かなり単純に過ぎる要約ではあるが、ポストモダン主義は少なくとも図C・2に示された要素によって構成されていると提案できよう。

ポストモダンの眼で一匹狼の福音書をどう読むか

一九六〇年代および七〇年代に遡ると、北米の文化と社会に到来しつつあった劇的な変化についての予言に、我々の多くが夢を見ていた。平和運動および当時の若者の過激化に、かつて「緑色革命」〔一九七〇年刊の書籍 *The Greening of America* に由来〕と呼ばれたものを目の当たりにしていると考えていた。我々の多くは、軍産複合体が崩壊し、真の社会民主主義が我々の国に現れると考えていたか、そうなることを望んでいた。言うまでもなく、そのような希望のほぼすべてが続く数十年間に消え去った。ベトナムでの大敗北は終結した――しかし、無分別で倫理にもとる国際関係に米国は巻き込まれ続けている。私はこの文を書きながら、それが中東で起こっているという以外、新しいベトナム〔戦争〕とも思えるものに我々が巻き込まれているのに気づく。予言とはリスクの大きい仕事である。

それゆえ、我々が描写してきたポストモダン主義者の運動にはどのような未来があるかを敢えて予言する者はいない。近年我々の社会に起こっていることはポストモダン主義ではなく、実は近代主義の究極的目標の出現である、と論じる者たちもいる。未来を予見することは常にリスクを伴うゆえに、私はただ、今日の我々の世界においては何か基本的なことが変化しているようだと述べるに止める。我々は、それがどう変化していくかを推測し、その実現を待つのみである。そのようなポストモダンの世界における聖書解釈について何らかの一般化を試みるのは、さらに危険なことである。

それでも、今日のヨハネ福音書の入門書は、少なくとも、将来においてこの文書がどう解釈されるか、という問いを提起せねばならない。それゆえ、私が今後の数十年におけるヨハネ解釈について、いくつかの推測をすることをお許しいただきたい。ポストモダン主義やその類いのものが近い将来において主流の見解になるとしたら、ヨハネはどのように解釈されるだろうか。たとえば二〇二〇年には、ヨハネ福音書はどのように読まれるだろうか（参考文献にあるステファン・D・ムーア［Stephen D. Moore］の本、およびカイザーとウェッブによる *Preaching to Postmoderns* を参照)。

普遍的な基礎なしにヨハネ福音書を読む

ポストモダン主義は、客観的で普遍的な真理を主張するあらゆるメタ物語を解体するであろう。

非基礎づけ主義〔Nonfoundationalism〕（と呼ぶ者たちもいる）は、絶対的で究極的な真理の主張をすべて我々から奪い取ることになる。社会的合意や現実的なものが真実ないし誤りを決定するのであり、ある地域共同体では機能するだろうが、他の共同体にとって意味がないものである。

しかし、第四福音書の神学はキリストにおいて究極的な真理が啓示されたと主張している。それは「下にある世界」と「上にある世界」との二元論を含んでいる。普遍的な現実に言及することは全く不可能であると宣告されたら、いったいどうなるのか。我々はこの言語を非神話化して、真理や「上にある世界」を、地域的基準に左右された共同体の内部における経験と見なす言い方にすることができるのだろうか。我々がそれを実行する時、真理とは、他者の見解に対する、また社会が何を真理と見なすかの理解に対する、本物の注意深さになるであろう。真理は決して究極的で変化しない現実ではなく、現実に関する解釈共同体の幻想である。私が「非神話化する」という語を用いるのは、真理についてのこの再解釈は二〇世紀半ばにブルトマンたちが非神話化について語ったものよりもはるかに過激な実践だからである。そのような解釈的技術の本質は、神話的表現からその客観性や歴史性をはぎ取り、その神話に固有の自己理解を捉えることである。ポストモダン主義者の解釈は、言語から普遍的な対象への指示をはぎ取って、人間の個人的また共同体的理解に関する真理を認識しようとする、と言ってもよいかもしれない。

たとえば、イエスは別の世界に属しておりイエスは真理である、という第四福音書の主張は、（とりわけ）ポストモダンの状況においては、真理は我々の真の自己および共同体の状況を把握する我々の能力と関係している、ということを意味するのかもしれない。ヨハネ福音書のイエスは、普遍的な真理に訴えることなしに、我々が自分自身および自らの共同体を認識する仕方を語る。社会的また文化的に定められた真理というこの理解はまだ十分に明らかになっているわけではないが、それはポストモダン主義的観点からのヨハネ的解釈の性質を示唆している。しかし、その性質上、ポストモダン主義者たちの真理理解が主張しているのは、自分たちは自らの社会的、歴史的文脈の中でのみ常に「正しい」ということである。つまり、真理は文化的な仮定や基準を反映することを避けられない。それゆえ、解釈共同体が真理や上にある世界についてのヨハネ福音書の概念をどう考えようとも、それ自身が共同体の文脈を反映している。言い換えれば、真理は特定の状況との関係において存在する。ポストモダンの状況におけるヨハネ福音書の解釈は、真理や上にある世界の理解は自らの歴史的また文化的環境の結果だという事実を喜んで受け入れるであろう。入念な説明はなくとも、イエスが真理であるということは、彼の生と死を理解することによって私が自分の真の自己を見いだせるということを意味しているのである。

しかし、真理やヨハネ福音書解釈に関するそのような見解は、社会およびその現状をただ裏書きしているだけではないのだろうか。実際そうなのかもしれない。しかし、そうと決まっているわけではないであろう。この解釈方法は、誠実な贈与関係がある複数の小集団を必要とする。思うに、現状を単に恒久化させようとする傾向は、その小集団内にいる人々の多様性や種々の視点によって抑制されるであろう。さらに、議論の結果を左右する「専門家」はもはや存在することができず、集団の多様性はいずれか一つの集団に権力が集中することを防ぐであろう。相互の尊重と、誰も「本当の」解釈を独占していないという仮定とが、創造的な結果を約束するのである。

我々の議論は、繰り返し、集団すなわち共同体に戻ってくるということに注意してほしい。ポストモダン主義は極端な個人的相対主義に至る、というよく知られた仮説は、私の見るところでは全く間違っている。ポストモダン主義は、個別性を評価しつつ、個々人が共同体に参加することおよび依存することを求めるだろう。それゆえ、ポストモダン主義者の時代におけるヨハネ的解釈は共同体の内部でなされる必要があるだろう。

歴史的状況に関する理論なしにヨハネを読む

おそらく、ポストモダン主義者の確信が生んだヨハネ解釈にとって最も直接的な成果は、福音書が成立した歴史的状況や、著者の同定、成立の歴史を再構成しようとする一切の努力を放棄することであろう。あらゆる歴史的再構成は、我々自身の興味や投資、自己権力の拡大で溢れているのであるから、テクストの歴史的起源や伝達が分かって初めてテクストの「本当の」解釈が可能となるという近代主義者の主張は支持できない。歴史に訴えることもできず、我々はただ、テクストそのものしか手にしていない。そしてそのもともとの意味から我々は遠く離れているのである。美術品は、作者の意図に関わりなく、鑑賞者の解釈を招く。それはいつまでも人々に「意味」を生み続けるのである。

ヨハネの解釈をこのように非歴史化することの最も明白な成果は、テクストにただ一つの「本当の意味」は存在しない、ということである。それゆえ、意味はテクストに埋め込まれているものではなく、ある者がテクストを読むことによってのみ生まれてくるのである。従って、解釈の共同体

（私はそのようなものがポストモダン主義の基礎になるだろうと思う）において、この福音書を読むことは、テクストと取り組む個々人の経験を他者と共有することを必然的に伴うであろう。テクストの成立における決定的要因としての歴史を拒否することは、唯一の意味が存在するという我々の信念を消し去ることにつながり、また、この時この場所における我々にとっての意味に関する一時的な合意に達するよう我々を招く。ポストモダン主義の解釈者たちは、この福音書に関する自らの読みを多くの読みの中の一つに過ぎないとし、それをできるだけ多くの異なった読みとの対話の中に位置づけようとする。ここで私が描こうとしているのは、多様で多文化的で人種的に混合した集団が、あるテクストを読みそれについて議論する際に、多様な意味を考えうることを認めることから生まれるものの一例である。

このような意味の拡大が暗黙のうちに示すのは、テクストには識別可能な著者がいるという前提は全くの仮定であり誤りだということである。テクストの歴史的起源を探し求める時、我々は著者について考える必要があるかもしれない。しかし、著者の意識や、著者がテクストを書く意図は、最終的には、読者が創り出した、想像上の意図を持った著者ということになる。これは、興味をそそるゲームではあるものの、我々が真意と呼ぶことのできる、ある種の客観的な現実に至ることは決してない。著者について考えることは、文書の歴史的状況を再創造しようとするのと同じくらい危険である。それゆえ、我々がヨハネ福音書と呼ぶ文書の著者が誰であるかは全く重要でない。

ポストモダン主義者の言語観を用いてヨハネ福音書を読む方法は、明快とはとても言えない。しかし、そのような読みが持つ特徴はいくつかあるように思う。そのほとんどについてはすでに言及しており、序章および「第四福音書の言語」の項でも参照している。しかしこの主題は、別の観点から再び我々の注意を惹く。

第一に、ポストモダン主義者の言語観は、我々がヨハネ福音書の曖昧さを重要なものと見なし、新たな場で見いだせるようにしてくれることであろう。たとえば、「再び生まれる」「風」「去る」「留まる」（メネイン menein）のような曖昧な語句や表現は、より重要なものと見なされることになろう。さらに重要なのは、イエス（またはヨハネ）が本当はこれこれを意味していたと述べることで曖昧さを「解決し」なければならないという、よくある仮定は不要となり（それは不可能でもある）、曖昧さを甘んじてそのままにしておくことになるのである。同じく重要なのは、ヨハネ的な誤解や曖昧さは、常に「共通の」あるいは通常の指示対象があって、著者がそれに新しい指示対象を与えたことで生じている（たとえば三1―3の「風」または「霊」という語）、という考え方は忘れねばならないということである。ポストモダン主義者の視点では、両方の指示対象は分割できない一つのものとして同時に考慮され、取り扱われねばならないものなのである。

あらゆる言語は絶望的に捉え難くまた不安定であるという事実を考えると、ヨハネ福音書の言語全体がもつ意味の可能性を我々は考えてみることになる。たとえば、六章における表現「命のパン」は、その表現が含みうるすべての可能な意味やほのめかしを探求するよう促してくるであろう。我々は「永遠の命」をきちんと定義しようとはせず、議論を呼び起こすためにその曖昧さを許容することになる。同時に、ある語のいくつかの用例の間に、通常は考えられないような結びつきを確認するかもしれない。ステファン・ムーアは、これをヨハネ四章および一九章の「水」という語に実行している。サマリアの女との議論において、イエスは井戸から汲む水よりも長く保持される「生きた水」を約束している。しかし一九章28―30節では、女が探し求めていた類いの水にイエス自身が渇きを覚えており、最後には彼の脇腹から流れた水と血とが霊の源となったのである(Moore, *Literary Criticism and the Gospels*, 160-163)。

ポストモダン主義者の脱構築批評は、ヨハネ福音書の比喩にとりわけ注意を払う。この種の批評は現代の批評において珍しいものではない――しかし、ポストモダンの言語観は、あらゆる言語は比喩的であり、〔比喩的な言語と対置される〕文字通りの言語といったものはないと主張している。近代主義は我々に、言語は常に具体的な現実、たとえば椅子といった指示対象を持っているのであり、実際には捉えどころのない比喩に満ちた詩人の言語の向こう側にあるものを重んじるよう教えた。しかし、何が文字通りであり、何が比喩的であるのか。ある対象物を椅子と呼ぶという、我々の恣意的な取り決めそのものが、一種の比喩である。椅子には、それを椅子と呼ぶよう命じる固有の性質は何もない――それゆえ、その〔椅子という〕呼称の起源は、その椅子が比喩で栄誉ある場所のことを表す場合の起源と、ほとんど変わらない〔ほど恣意的なものである〕。あらゆる言語が比喩的であるということが、あらゆる言語表現についての様々な暗示を探求する道を開く。こうして再び、ヨハネ福音書の言語全体に関する、念入りで幅広い議論への道が開かれている。

グローバルで複雑な世界においてヨハネを読む

第四福音書が読まれる場としてのグローバルで多様な共同体については、我々はもう十分に語っているかもしれない――しかしこの点は、ポストモダンの状況においてヨハネ福音書を読むという我々の議論の結びで言及するだけの重要性がある。近代主義の時代に、聖書解釈は白人のエリート集団、つまり北米やヨーロッパの男性たちの仕事になった。彼らは自分たちこそが聖書文書の権威ある読みを手にしていると主張したが、この排他主義の理由の一つは、聖書の「本当の意味」は聖書文献の歴史的な起源に関する莫大な知識によってのみ説明できるとされた事実にあった。二〇世紀に、非常にゆっくりではあるが、男性たちの排他的な聖書解釈クラブは解体を始めた。まず白人女性が、渋々ながらも男性の同僚に加わることを許され、続いて有色の異なった文化起源をもつ人々が、最後に第三世界の男性および女性が加わった。さらにゆっくりと明らかになり始めたのは、そのような人々や国々を含む時、ある章句についての議論がどれほど異なるものであるか、ということであった。当初は(特に女性を含めることについて)渋々とではあったが、エリート集団は拡大した。最終的には、いわゆる素人(つまり信徒)の読みや解釈を真剣に取り上げるような拡大過程が始まった。

ありがたいことに、今やそのような包括的な特徴は規範となり、望ましい目標となっているらしい。この事実は、ポストモダン主義への段階として最も見過ごされてきたものの一つかもしれない。近代主義そのものは、ヨーロッパの白人男性の優位性という見えざる感覚を前提としており、その誤りが解体されることで、解釈者の輪は広がっている。自分の土地における不正に対する革命を力づけるという意識的な努力によって聖書を学んだ南米のキリスト者たちは、ポストモダン的な聖書解釈の開放性や平等主義を模範とした。ポストモダン主義は、孤立した象牙の塔にいる西側の男性の排他性だけが生んだものというわけではなく、グローバルな変化の産物でもあると言えるかもしれない。ポストモダン主義思想の勃興がいかなる結果になろうとも、縮小していく我々の世界は聖書解釈を再形成することになるだろう。

結論

私が描いてきた一匹狼の福音書の未来についての描写はどうしても漠然としたものであって、全くの推測であり仮説であることはもちろん言うまでもない。完全に思い違いをしているかもしれないとはいえ、私がこれを提示するのは、それによって我々が、他のテクストの解釈と同様に、第四福音書についても新しく創造的な仕方で考えられるようになるためである。ポストモダン主義の結果がどのようなものであろうとも、また前述したような場面が実現するかどうかとも無関係に、ヨハネ福音書はほぼ間違いなく読者を魅了し、悩ませ続けることだろう。宗教思想の性質に対する関心、特にキリスト教の起源に対する関心が存在する限り、伝統的な方法と新しい方法との両方を用いて、第四福音書の意味を追求しようと心に決める人々がいることだろう。

しかし一匹狼の福音書は縛り付けられることを拒み、我々の間から逃げ続けることだろう。

補遺A　ヨハネ書簡とヨハネ福音書（黙示録への注記を含む）

宗教的伝統にこだわる人々は、自分たちの宗教の聖典はひとつで、統一性があり、変わることなき真理の表現であると考えることがある。ある宗教の発祥の歴史は、研究者にとっては興味深いかもしれないが、その宗教の信者自身にはしばしば無縁なものに映る（実際無縁なのかもしれない）。自分たちの宗教における歴史的な変化や発展といった複雑なものがなくても、人生そのものが複雑すぎる。それゆえ、我々は自らの宗教を、絶え間ない変化で溢れんばかりな生活の、唯一変わらぬ側面としておきたいのである。しかし実際には、ほぼすべての場合で、聖典の注意深く批判的な研究は宗教の起源における多様性や変化を暴きだす。一般的なユダヤ思想では、ユダヤ教はアブラハムから現在に至るまで一貫して変わらない、と見なされてきた。しかしユダヤ教の起源を研究する人々は、規範的ユダヤ教が現れる重要な時期すべてにおける変化の波を論証している。

キリスト教も全く同じである。実際本書は、ヨハネ福音書のキリスト教が紀元一世紀におけるその他のキリスト教信仰の表現とはかなり違っているという事実を前提としている。ヨハネ福音書の中にある覗き穴を通して垣間見る信仰や生活は、初期キリスト教における一つの流れの中にさえいくつかの変化があったことを示唆する。そして、もし初期キリスト教の同じ流れにあったかもしれないものをさらに垣間見ることが許されるならば、我々は自分が見ているものに息をのむかもしれない。一世紀前半に存在したヨハネ福音書のキリスト教は、ある宗教が変わっていく仕方を示す模範例の一つである。これらのいくつかの変化を、我々とヨハネ福音書との対話に付け加えることの補遺の主題としたい。

ヨハネ福音書の研究は、伝承が同じくヨハネという名前を与えた、新約聖書の他の三つの文書に関する問いを決まって提起する。第一ヨハネ書や第二ヨハネ書、第三ヨハネ書と、第四福音書の間にはどのような関係があるのか。これらの短い文書も、第四福音書記者の手になるものだろうか。これらは福音書より前に書かれたのか、あるいは後に書かれたのか。ヨハネ書簡として知られるこれら三つの文書を短く概観することで、我々の研究を補いたい。

ヨハネ福音書とこれらの文書との関係を問う前に、まずはこれらの三つの文書に関する特徴的な情報をいくつか要約しておこう。

ヨハネ書簡

《読者の準備》　重要な教えを探しつつ、第一ヨハネ書、第二ヨハネ書および第三ヨハネ書を読むこと。

ヨハネ書簡について簡潔に紹介するためには、三つの書簡のそれぞれの著者、様式、執筆状況および使信を検討しておく必要がある。

この三つの文書の著者が「ヨハネ」とされているのは、これらの文書と福音書との間にはっきりとした類似点があるためである。類似性については後ほど検討しよう。当面は、第四福音書が第四福音書記者の正体を説明するのとほぼ同じ程度にしか、これらの三つの文書はそれぞれの著者について明らかにしていない、と言えば十分である。第二ヨハネ書と第三ヨハネ書では、著者は自らを「長老」と呼んでいるが〔それぞれの1節〕、第一ヨハネ書は著者の正体をどこにも示していない〔私は、第二ヨハネ書および第三ヨハネ書の長老は男性であると仮定している、それは「長老」［ho presbyteros］はギリシャ語において男性形だからである。テト二3にこの単語の女性形の例がある〕。

第一ヨハネ書の著者について言えるのはせいぜい、この人はある教会〔あるいは複数教会〕においていくらか権威を持っていた、という程度であるが、それはこの著者が信仰や生活といった事柄において読者を指導しようとしているからである。また、この著者はかなりの文学的能力と神学的洞察に恵まれていたと言ってよさそうである。自らを長老と呼ぶこの人物について、これ以上言えることはない。明らかに、この〔長老という〕称号は権威を主張している。しかし「長老」は、制度化された役職を特定するものではないかもしれない。そうではなく、後代において広く認められた指導者的地位が形成されていく中での一段階を指しているのかもしれない。この称号は単に、年齢や経験のゆえに共同体から尊敬を受けていた年配者を意味すると考えることもできる。このように証拠が不足していては、教会がほぼ三世紀にわたってこれらの三文書をひとくくりにし、第四福音書記者という同一著者にあてはめたのも不思議ではない。

第一ヨハネ書の様式は、第二、第三ヨハネ書のそれとは明らかに異なっている。後者二つは見るからに手紙であり、ギリシャ＝ローマ世界における書簡の標準的な様式で書かれている。手紙として予想される通り、両者は著者と受信者を明示する一文で始まっている。「長老のわたしから、選ばれた婦人とその子たちへ」（二ヨハ1）、「長老のわたしから、愛するガイオへ」（三ヨハ1）。典型的な手紙の様式では、第二ヨハネ書3節および第三ヨハネ書2節に見られるような挨拶が続く。それから同時代の手紙にしばしば見いだされる、「ご機嫌いかがですか。私は元気です」のような儀礼的な挨拶がくる（二ヨハ4および三ヨハ3―4参照）。続いて、著者は手紙の本題に進み、挨拶と平和の挨拶によって締めくくられる（二ヨハ12―13および三ヨハ13―15）。

第二ヨハネ書および第三ヨハネ書の様式は決めやすい。第一ヨハネ書についてそれを問うとき、困難をおぼえる。この文書をどのように考えるべきだろうか。一般的な手紙か、説教か、宣教文書〔トラクト〕か、それとも何なのか。ここには通常の手紙の特徴が何もない。研究者たちは、彼らの人数と同じ数の異なった様式を提案している。よって、ここではいくつか概観するだけにとどめておこう。この文書は、ゆるやかに関連づけられた一連の勧告と慰めのようであり、それら〔勧告と慰め〕がかなり漫然とした、ほとんど思いつくままのような文体で書かれている。第一ヨハネ書のアウトラインをつくるのが難しいのは、議論の流れに論理的な切れ目を見いだすことがほぼ不可能だからである。しかし最終的にこの議論は、我々が後に見ていく一連の中心的テーマを生み出しているのである。

第一ヨハネ書は、漠然としているとはいえ、テーマとしてはお互いに重なりあっている断片を集めた作品集の一種のように思える。その断片は、説教の一部で、本来の状況から抜き取られ、文書の形になるよう一つに縫い合わされたものなのかもしれない。私が思うに、この作品集は多くの教会間で回覧するために編集された。この見方は、第一ヨハネ書の構成に対するあてずっぽうな試みにすぎないが、それでも出発点にはなるかもしれない。

第一ヨハネ書でより明らかなのは、それがどのような状況から、またどのような状況に向けて書かれたかに関する、いくつかの鍵である。以下は、これらの鍵を簡単に要約したものである——かつて、ある教会（あるいは、いくつかの教会）の内部にあった一つのグループがそこから自主的に去ったが、（ヨハネ文書の著者の見解では）そのグループのメンバーは十全な参加者では決してなかったし、本物のキリスト者でもなかった（二19）。著者によると、分離したグループの人々は、

愛を実行しない、少なくとも第一ヨハネ書の読者との関係では（二9—11、四20—21）
キリストの人性を否定する（二22、四2—3、五5—6）
教会の信仰に対して争う勢力と同盟している（二15—16、四5—6）
悪魔の武器であり（三8）、終末における反キリストですらある（二18—23）、それは彼らが主流教会の教えを守らないからである（四6）
神を知り、神を愛し、彼らの信仰を実践すると主張するが、実際には行わない（一6、二9）
それゆえ、罪から自由であると主張しているとしても（一6—10、三3—6）、彼らは「死に至る罪」を犯している（五16）
倫理的な制約なしに生きている（三4—10）

著者が偏見を持ってこの反乱者たちを評価しているのは疑いなく、彼らとその信仰に関する公平で客観的な描写に到達しようとしても、読者は何も得られない。反対者グループを同定する試みはたいてい二世紀に入り込んで、グノーシス的キリスト教徒を捕えることになる。この後期の集団の中には、純粋に霊的な存在を支持して、概ねキリストの人性を否定していたと思われる人々がおり、彼らは、キリスト教信仰によって自分たちはあらゆる道徳的な掟から解放されると考える傾向を持っていた。第一ヨハネ書に描かれた反乱者の名を挙げようとするこういった試みは、十分なものとは言えない。第一ヨハネ書および第二ヨハネ書の分離主義者はもしかすると後代のグノーシス的キリスト教徒の先駆者であるかもしれない、と述べるにとどめておくのがおそらく無難である。けれども、第一ヨハネ書が、ある教会ないしいくつかの教会内での分裂から生じた状況に語りかけるために書かれたのは確実である。さらに、第一ヨハネ書の著者とその敵対者との相違は、キリストや罪や倫理に対する適切な見解という点に集中しているようである。

第一ヨハネ書は、分裂後に残った方の諸教会の自信を強めるために書かれたようである。第一ヨハネ書は確約（三19―24など）と奨励（二15―17など）を交互に繰り返す。著者は読者を、キリスト教徒の生活と信仰に関して単一の理解を中心とする一貫性のある集団として固めようとしている。著者はまた、教会内におけるこの〔分裂という〕トラウマのゆえに読者が動揺していることをよく分かっている牧会者でもある。それまでは信仰における兄弟姉妹であった者たちが去っていったことが、疑問や不安を生んだ――「もしかしたら反対者たちが正しく、我々が間違っているのかもしれない！」。そこで彼らは、自分たちのキリスト教理解が真実であると力づけてもらう必要がある。第一ヨハネ書の著者の任務は、諸教会の中にある異議を静めること、教会がこれ以上分裂することを防ぐこと、そして自分の共同体の中心となる考えを明らかにすることによって、〔教会という〕体から死に至る病（と著者が思うもの）を追放しようとしたのである。これが、第一ヨハネ書が書かれた時の状況、およびこの著作の目的であるように思われる。

第二ヨハネ書の状況は、第一ヨハネ書について提案したものと関連しているのかもしれない。第一ヨハネ書と同様に、第二ヨハネ書は倫理的な生活を送るよう読者に訴えるが、これは他の者たちと対比しているのかもしれない（5―6節）。また肉体を持った存在としてのキリストという見解も勧めており、これはそれと異なったことを教える「人を惑わす者」に対抗している（7節）。これらの偽キリスト者は、読者の町にやってきても歓待されないであろうと著者は力説する（10節）。第一ヨハネ書について提案したものと似た状況が、第二ヨハネ書の背後にある歴史的な陰に潜んでいると想像するのは難しくない。反対者たちは周囲の町で自分たちの見解を宣伝しているのであり、「長老」は彼らの影響を取り除こうとしているのである。

第三ヨハネ書は、分裂という状況に関連づけるのがもっと難しい。ディオトレフェスなる者は、ガイウス（手紙はこの人に宛てられている）が指導者である教会において、平和を乱す人物であることを〔その行為によって〕証明している。この反対者は、自分が第一人者だと主張し、自分がそれに値する以上の権威を握ることで非難されている（9節）。彼は長老の権威を認めることを拒否し、指導者についての陰口を煽っている（10節）。彼は、自分を認めない人々を追い出してすらいる（10節）。もしかすると、最も重大なことは、彼がキリスト教徒である訪問者を受け入れないことなのかもしれない（10節）。この件では、長老はガイウスの忠誠を勝ち得ることで、この教会における著者の影響力を強めようとしている。

以上のことは、かなりはっきりしている。第三ヨハネ書の状況が、第一および第二ヨハネ書の背後に見てとれる仮説的状況と関係があるかどうかは、それほどはっきりしない。ひょっとすると、第三ヨハネ書は、第二ヨハネ書と著者の称号（「長老」）においてのみ関連があり、他の二つのヨハネ書簡が宛てられた共同体とはそもそも関係がなかったのかもしれない。またディオトレフェスは、孤立主義を主張することによって、教会内の分裂が引き起こした混乱に対応していた可能性もある。主流教会と、そこから分離した人々との間の論争のゆえに困惑し、彼は事実上こう宣言しているのである――「どちらもいい加減にしろ。我々は今後、いわゆる反対者とも長老とも関係がない！」。もちろん、このような関係づけにはいくらか想像力が必要だが、それでもなお可能性はあるかもしれない。ともあれ、第三ヨハネ書において我々が目撃しているのは、教会内部での権威者に対して権利を主張する人々の間での権力闘争である。

第一ヨハネ書の使信（一部分は第二ヨハネ書と共有されている）は、この三書のうちでとびぬけて重要なものである。第一ヨハネ書の構成は曖昧なままであるが、この文書の主題は五つの題目にうまく要約できる。

一　肉となったキリストの人性（一ヨハ四2。二ヨハ7も参照）

二　キリストの救いの働き（一ヨハ一7b、9、二2、三5、四10）
三　罪理解（一ヨハ一8、10、三4、8、9、五16―17）
四　道徳的な生き方の重要性（一ヨハ一7、二3、4、6、24、三7、14、四5、7、16。また二ヨハ5―6と三ヨハ11も参照）及びこの三書で五回以上見られる「たがいに愛せよ」という命令（一ヨハ三11、23、四7、11―12、二ヨハ5）
五　「終末」について（一ヨハ二18、28、三2、四17、18。また二ヨハ7―8も参照）

これら三つの文書が新約聖書において、また我々の初期キリスト教史理解において重要であるのは、一体性や統合性を保とうとする初期教会の奮闘の一場面を示してくれるからである。この三文書は、我々をいわば舞台裏に連れこみ、初期キリスト教の汚い部分を見せてくれる。結局、教会はひとつの大きく幸せな家族ではない。そこには（我々自身のこの時代に、いくつかの教会で見られるのとほとんど同じように）分裂や口論、告発、非難、もがきがある。しかしこれらの手紙は、初期キリスト教史のふさわしくない側面を暴露しているだけではない。自分たちが何者であるかを示すという最初のキリスト教徒たちの課題を明示してもいる。キリスト教信仰にとって最も重要なことは何か。キリストについてただ何でも信じることができるのか、あるいは他のすべてを間違いとする「真の見方」があるのか。言い換えれば、ヨハネ書簡は単一の、真の神学――正統派神学の確立をめぐる争いを我々に示している。それらは教義的、倫理的純粋さと寛容さとの間にある争いを垣間見させてくれる。さらに、それらが我々に提供しているのは、ほぼ二千年前の壁に空いた節穴であり、その穴からそこで演じられている権威争いというゲームを観戦できるのである。教会の指導者たちの権威とは何か。彼らの権威はどこまで届くものなのか。未だにこのゲームを競っている教会指導者もいる。

これらの（信仰と実践における）正統派と権威という対をなす問題は、教会というものが発生する中で最も重要なものである。ヨハネ書簡は、自分たちの争いを一度どこかで止め、こういった問題との取り組みを目の当たりにする機会を我々に与えてくれる。最も重要なのは、ヨハネ書簡によって我々は、これらの問題を具体的に肉づけし、これに関わっている人々の必死のまなざしや痛む心を通して問題を見て、一世紀末へと向かって教会が成熟していく過程にあるトラウマを目の当たりにすることができる、という点である。

ヨハネ書簡とヨハネ福音書との関係

《読者の準備》　第一、第二、第三ヨハネ書をもう一度読み、今度はヨハネ福音書との類似点や対照的な点を探すこと。

さて我々は、ヨハネ書簡の主要な関心事について少なくとも漠然とした認識を持っている。こうして、これらの書簡が一匹狼の福音書とどのような関係にあるかを探求する準備ができた。きわめて重要なのは、以下の問いである。

一　ヨハネ書簡は、ヨハネ福音書の著者によって書かれたのか。
二　ヨハネ福音書との関連で、いつ、どのような状況でこれらの書簡が書かれたのか。
三　キリスト教信仰およびキリスト者の生活に関する理解は、ヨハネ福音書のそれとどのような違いがあるか。

著者問題は、難しくて悩まされる。ヨハネ書簡の著者を第四福音書記者と同一視する伝統的な立場は批判的研究の犠牲となり、もはやかつてのように広く支持されていない。とはいうものの、書簡を読み進めると馴染みのある言語や文体がしばしば見られるために、驚くに違いない。実際、ヨハネ書簡はヨハネ福音書と驚くほど多くの類似性を示している。最も頻繁に見られるのは第一ヨハネ書である。いくつか例を挙げれば十分だろう――「命」（三15）、「永遠の命」（五11）、「真理」（五6）、「父」と「子」（四14）、「新しい命令」（二7―8）といった語句が用いられている。さらに第一ヨハネ書を読み進めると、ヨハネ福音書におけるイエスの講話との比較は避けられない。文体は類似している――文や主題を関連づけるために用いられた語が結び合わされ、らせん状に進展していく。

第二ヨハネ書では、第四福音書との類似はそれほど頻繁ではない――「真理」（1―4節）、「とどまる」（2、9節）、「父」と「御子」（3、9節）、「新しい命令」（9節）がみられる。第三ヨハネ書では、類似の語句として「真理」（1、3、4、8、12節）のみが見つかる。しかし、第二、第三ヨハネ書はとても短く、また（福音書とは異なった文学ジャンルの）手紙であるから、（第一ヨハネ書と）同じく印象的な並行例が見つかると期待すべきではない。

それでも、福音書と書簡の間に存在する違い、特に主題における相違にもお気づきかもしれない。たとえば第一ヨハネ書で読者が驚かされるのは、未来的終末論が強調されている（たとえば二18）ことで、ヨハネ福音書において知られるようになった現在的な、実現された終末論の痕は、あるにせよ、ほとんど見られない。第二ヨハネ書における「教義」（ディダケー）（9—10節。NRSVでは「教え」と翻訳している（新共同訳でも「教え」と訳出））という語は、第四福音書（七16、17、一八19を参照）とは異なった意味を持っている。第二ヨハネ書1節の「選ばれた婦人」は、ヨハネ福音書の読者には関係がない。第三ヨハネ書で、よそから来た者たちへの歓待を強調しているのも（5—8節）、9節で「教会」（エクレーシア）という語を用いていることも、どう贔屓目に見ても、ヨハネのレパートリーに後から付け加わったものである。

ヨハネ福音書とヨハネ書簡との関係に関するこの短い説明からも、我々がひとつの問題を抱えていることは十分示唆されている。語彙の類似性と非類似性の両方を、どうすれば説明できるだろうか。この問題について自由に考えてみるならば、いくつか選択肢が現れてくる。

一　福音書と書簡は同じ著者が書いたのであるが、それは異なった時に異なった状況においてであった、と結論できるかもしれない。そうすれば、類似性も非類似性も説明できるであろう。

二　別々の著者がヨハネ福音書に大きく影響され、その語彙を真似たが、福音書の思想とは必ずしも完全に一致していなかったのかもしれない。たとえば、ある小説家がそれ以前の文学者の作品に影響されるかもしれない、ということを考えて見よう。

三　前記の二つの選択肢を組み合わせ、さらに少し異なった筋書きを想像することでそれらを補うことができるかもしれない。この著者（ないし著者たち）は、福音書の執筆以前ないし以後にヨハネ共同体に属していたと想定してみよう。状況が異なっていたとしても、ヨハネ的語彙は自然なものであっただろう。

この第三の選択肢は、少なくとも私には説得力がある。ヨハネ共同体の状況が福音書での状況とは明らかに異なる時期に、ヨハネ書簡（あるいは、少なくとも第一ヨハネ書と第二ヨハネ書）は共同体の内部から、共同体のために書かれた、ということはないだろうか。これなら、必ずしも著者（たち）が福音書と完全に一致していなくても、類似性の説明はつく。一人の著者の思想が各文書間で異なる理由を説明する必要はない。さらにこの提案は、三つの書簡それぞれが同じ著者に由来する必要がない、という可能性をも想定できる。明らかに、第二および第三ヨハネ書は「長老」という称号を用いる者に由来する。第一ヨハネ書の著者が共同体内の別の指導者であった可能性も十分ある。この提案には、いつ、どのような状況のもとで書簡が書かれたかを考察することが必要となる。

執筆時期の問題は、書簡は福音書とは異なる著者によって書かれたが、同じ共同体に由来するものであるということを認めれば、比較的容易に扱える。すると問題は、書簡は福音書より前に書かれたか、それとも後に書かれたかである。ヨハネ書簡において共同体が闘っている問題の性質が（もし我々が正しく認識しているならば）、謎を解く鍵である。その問題は、キリスト教会におけるもっと遅い段階を反映しているように思えるし、それがヨハネ福音書を生み出した段階よりも後のことであるのは確かであろう。特に、適切なキリスト教信仰やその実践、また教会の権威に対する関心からは、より後代の香りがする。

福音書が書かれた当時のヨハネ教会は、キリスト教徒を好まなかった社会の中で自分たちの居場所を見つけることに必死だったのかもしれない。その〔教会の〕任務は、自分たち自身の立ち位置を整理することであった。適切な教義に対する関心は、メシア告白にのみ関わっている――他の人々がどう言おうと、イエスはキリストである。キリスト教共同体自体の内部に見られる、キリスト観の相違にはほとんど、あるいは全く関心がないようである。さらに、第四福音書を通して見える教会は、その指導者たちの権威にもほとんど関心がなかった。むしろ、我々の見解が正しいならば、福音書の時期におけるヨハネ教会は、自分たちが聖霊の権威によって支配されていると認識していた（第四章の聖霊および教会についての項を参照）。神の霊による直接指導を鋭く感じ取る宗教共同体は、公認された人間の指導者を必要としなかった。その共同体の指導者たちは公認されたものでなく、（現代風に言えば、カリスマを伴って）現れ、確信を持って聖霊の導きを主張する。

書簡が書かれる頃までには、ヨハネの教会はキリスト教内部の問題へと進んでいた可能性がある。教会外部の反対者から、内部の反対者へと注意が移っていた。どのようなメシア告白が適切であり真実なものなのか。社会との関係はもはや当面の問題ではなく、異なったキリスト教集団の間の関係が最重要の課題となる。さらに、いまや聖霊の指導は教会の役職者に仲介されるものと理解されている。ヨハネ福音書に見いだされると我々が考えている、聖霊が直接導くという感覚は、〔役職者によって〕仲介された導きに取って代わられている。仲介者とは、何らかの公的な手続きを通して共同体から認められている人々である。この手続きは、まだ普遍的に受け入れられているものではないようである、なぜなら第三ヨハネ書は、「長老」の権威に対して歯向かうことを躊躇しないキリスト者の存在を示唆しているからである。

従って、ヨハネ福音書がより早い時期に書かれ、書簡は後に書かれたとするのが妥当である。これらの文書を年代づけせねばならないのであれば、このようなものになるだろう――福音書はひょっとすると、エルサレム神殿の破壊（紀元七〇年――序章にある、福音書の執筆時期に関する議論を参照）から一〇年以内に書かれたかもしれない。福音書の作成後、書簡が書かれるまでには少なくともさらに一〇年が経過している。よって、ヨハネ福音書は七五―八五年頃、ヨハネ書簡は九〇―九五年頃に書かれた。もちろんこれらは概算であり、想像をたくましくした結果である。しかし、ヨハネという名の文学的兄弟間の比較に関しては、まだ考えるべきことがある。

議論すべきは、キリスト教的視点の問題である。豊富な証拠からうかがわれるのは、書簡が書かれる頃までに、ヨハネ共同体は福音書に言い表されている伝統から離れ、いくつかの重要な変化をしていることである。まだその伝統にこだわっている一方で、ヨハネ共同体は別のキリスト教思潮からの影響も受けてきた。一番うまく解釈するなら、ヨハネ的伝承は他の諸伝承によって「豊かに」されてきたのであり、また他のキリスト教的視点の結果に合わせて調整されてきたのである。

このような視点の変化には、はっきりとした例が多数存在する。書簡の未来的終末論が福音書の現在的終末論を隅へと押しやってきたと思われることについてはすでに言及した。第四福音書記者の作品がとても効果的に生み出した、現在と未来の間の絶妙な釣り合いは、未来の方へと傾いている。その上、第一ヨハネ書の中で言い表されている、キリストの救いの働きについての理解は、福音書のそれとはかなり異なっている（より成熟したと言うべきか）。イエスの死は、血を流すことによって罪を清める（カタリゾー katharizō）「贖いの犠牲」（ヒラスモス hilasmos。二2、四10）である。イエスはいまや、罪を取り除く「助け手」（パラクレートス）である（二1）――福音書におけることの語の用例とは全く異なった用法である（第四章における聖霊の項を参照）。我々が救いを認識する仕方（救済論）もまた、二章20節および27節で述べられている「油注ぎ」（クリスマ chrisma ――第四福音書記者の語彙にはない単語）に包含されている。倫理的な教えの点では、福音書はほとんど触れていないが、第一ヨハネ書は「無法状態」（三4）の危険について語っている。第四福音書記者にとって、罪とはただ不信仰であることだが、第一ヨハネ書の著者は「死に至る罪」と「死に至らない罪」との区別が必要だと考えている（五16―17）。

これらの違いは露骨な矛盾ではなく、微妙な変化である。対照的な点はそれぞれ、福音書に根源があるという観点から説明できるかもしれないが、新しいものが加えられたり差し引かれたりしている。ヨハネ共同体が他の（おそらくはより有力な）キリスト教思想の形態から学び、適応しようとする過程の途上にある、ということはないだろうか。福音書と書簡におけるキリスト教的視点の相違については、すべてではないものの、その多くをこの前提に基づいて説明できる。すでに論じてきたように、この福音書を生み出した共同体は、他のキリスト教思潮、たとえばパウロ的なそれから、比較的距離を置いていた。しかし書簡を生みだした共同体は、そういった諸伝承（たとえば、未来に期待しようとする終末論や、犠牲を伴うユダヤ教的な礼拝から採用された比喩によって表現されたイエスの死の理解など）といくらか関係を持っていた証拠を見せている。結果として生まれたのは、他のキリスト教会と十分うまくやっていける、ヨハネ的キリスト教の新しいブランドである。とはいえ、書簡にある革新的内容の原因をこのように提案したところで、著者（たち）およびヨハネ共同体が創造性豊かであったという事実が軽んじられるわけではない（たとえば、前述の「油注ぎ」の概念には、他の新約聖書文書に正確な並行例は存在しない）。

図解によって、一世紀の他のキリスト教共同体との関係でヨハネ共同体の歴史をどう理解するかが、より明確にわかるかもしれない。図A・1は、共観福音書もヨハネ福音書もまだ書かれていなかった頃に、キリスト教の諸伝承の間でやりとりがあったことを示している（序章の、共観福音書とヨハネ福音書の関係の項を参照）。他方、ヨハネ教会に対する他のキリスト教グループの影響は、福音書が書かれた時期においては僅かであった。しかし、他の諸教会との関係が築かれ、その関係がヨハネ的キリスト教理解に影響を与えた。もしかすると、影響は逆方向にも向かったかもしれない――つまり、ヨハネ教会が他の諸教会に影響を与えたということである。

一匹狼は、手なずけられつつある！

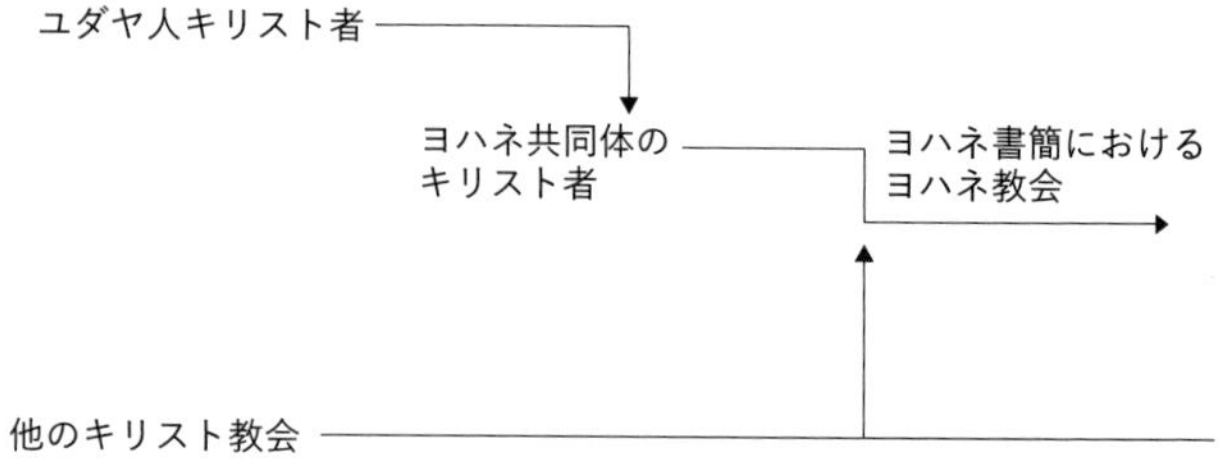

図A・1

ヨハネ黙示録についての注釈

ヨハネ黙示録の著者が自ら「ヨハネ」と称した（一1、4、9、二8）ため、新約聖書末尾の文書はヨハネ福音書やヨハネ書簡と同列に扱われることがある。とりわけ、初期教会では長きにわたり黙示録の権威や価値が疑問視されたゆえに、本書を第四福音書記者の手になるものとすることはキリスト教正典におけるその地位を認める方法であった。それゆえに、ヨハネ福音書に対する黙示録の関係という問題は少なくとも注記しておくに値する。

　黙示録研究者の中には、第四福音書との類似点に言及している者もいる。全く異なる種類の二つの類似点が提案されており、そこから、この二文書間にどのようなつながりがあると理解されているかを感じとることができる。第一は語彙上の関連であり、とりわけキリストに対する「小羊」称号の使用である。ヨハネ福音書がはっきりとこの称号を用いているのは二回のみである（一29、36）。しかし、この福音書において、過越祭のために小羊が屠られる日が十字架刑の日付となっていることは、この称号を暗示しているのかもしれない（序章の、共観福音書とヨハネ福音書の関係の項を参照)。黙示録では、「小羊」はキリストに対して最も多く用いられる称号である(たとえば五6、8、一二11、一三8、一七14、二一9)。第二の典型的な類似点は、黙示録とヨハネ福音書の文体にあると解されることがある。両者ともに詩的であり、時には本物の詩すら生み出している(たとえばヨハ一1—18、黙一八21—24、一九1—3)。さらに、賛歌的章句はおそらく、初期キリスト教の礼拝に由来し、また礼拝で用いられていたものであろう。

しかし、明らかな類似点の下には、根本的な相違が横たわっている。黙示録は、黙示として知られる特異な文学類型である(第四章冒頭の議論を参照)。それゆえ、その視点は全体として、未来における神の約束について考えるよう読者に勧めている。すでに触れているように、ヨハネ福音書は、現在に注目することで、その種の未来に対する視点を注意深く補足している。それは黙示的な考え方の危うさに対する忠告でさえあるのかもしれない。しかし、違いをこのような仕方で語るのは皮相的かもしれない。ヨハネ黙示録が、現在と未来との関係を示すことによって、現在に対する読者の認識を変えるために作られているのは明らかである。神が抑圧者に対する最終的な勝利をキリスト者に約束しているのであるから、抑圧の経験は根本的に別のものへと変えられている。それゆえ黙示録を、未来のみに向けられたものとして安易に退けることはできない。実のところ、黙示録の黙示的終末論は、ヨハネ福音書が現在終末論と未来的終末論を注意深く結びつけることで探求しているのと同じ目標を、別の仕方で探求しているといえるかもしれない。それでも、両者のジャンルは根本的に異なっている——一つは黙示文書であり、もう一つは福音書である。こうして、それぞれが別々の方法で未来の問題を扱っているのである。

しかし、類似点があることや、主要な相違点は取るに足りない性質のものだということが分かったとしても、まだ困難に満ちた問題が残っている。両文書の言語と文体は根本的に異なっており、それぞれの神学もまた異なっている（それぞれの十字架についての神学を参照）。この二つの文書を続けざまに拾い読みしただけでも、これらが同じ著者による作品であるとは信じ難い。

ともあれ、黙示録がヨハネ共同体から実際に生まれたものであり、もしかすると第四福音書記者の手になるものですらある、と考えてみることにしよう。両者は、共同体の歴史においてどのような関係にあるだろうか。二つの全く異なる案を考えることができる。第一案は、黙示録を、共同体の歴史が始まった早い段階、福音書やヨハネ書簡の執筆よりも前に生まれたものと考える。そうだとすると、福音書が現在的終末論と未来的終末論の釣り合いを注意深くとっているのは、黙示録が言い表している神の約束の表現を、別の方法で表したものと理解すべきということになる。このような仮説だと、黙示録の年代をかなり早く設定することが必要になる。ほとんどの人が、黙示録はキリスト教徒とローマ帝国との軋轢が深刻であった時期に書かれたと考えているので、六〇年代というのが比較的ありそうである。

もう一つの案では、順序がひっくり返る。まず福音書が、次に書簡が書かれ、そして黙示録が続けて書かれた。この場合、未来的終末論へとより集中していく軌跡が想定される。ヨハネ福音書は現在と未来との釣り合いをとった。第一ヨハネ書は、神の約束の未来における側面をさらに確信を持って強調した。ヨハネ黙示録は未来に注意を集中させた。このような関係を想定した場合、黙示録は書簡のすぐ後、すなわちキリスト教徒がドミティアヌス帝の手による迫害に苦しんでいた時期なる。

（あるいは、ヨハネがその迫害を予見していた時）である、一世紀の最後の一〇年間に書かれたことに

このような推論は非常に興味深いが、それ自体が推論に基づく再構成であるヨハネ共同体の歴史に、黙示録をねじ込まない方がはるかに良いと思われる。前述のどちらの案も、黙示録を全く意図されていなかった位置に力づくで押し込んでいる匂いがする。きっと初期キリスト教会には多くの「ヨハネ」という名の人がいた。ヨハネ黙示録の著者が自らをヨハネと呼んだり、伝承が第四福音書記者をヨハネと名づけたりしたことは、両者を同じ著者であるとする理由には到底ならない。それゆえ私自身はこう考える――黙示録の謎を解明しようとしていわゆるヨハネ文書に頼るようなことはせず、黙示録そのものが持っている価値そのものによって扱うことである。

黙示録は、新約文献における独特な種類の一匹狼である。ヨハネ福音書について我々が考えたように、黙示録もまた自由に走り回っている。この一匹狼たちを、同じ親から生まれた別の子供だと論じるよりも、それぞれありのままにしておく方が良い。

補遺B　ヨハネ福音書の女性たち

宗教が社会生活の規範を定めたり、共同体内の集団に特別な役割を与えたりすることは珍しくない。そのような努力の例は、「家庭訓」（たとえばエフェ五21―六9）として知られる新約聖書の章句に見いだせる。一九九〇年代には、クルアーン〔コーラン〕によって命じられている、イスラーム文化における女性の地位が西側世界の注意を惹いたが、それは女性が車を運転することを妨げる禁令に対してムスリムの女性たちが抗議した時のことであった。キリスト教と同様にイスラームも、近代的な生活が古い女性観を補正すべく圧力を高める中で、古い女性観と闘っている。実際、女性の地位や役割は、ほぼすべての主要な世界的宗教が直面している重要な課題の一つである。

我々の好奇心をそそる一匹狼の福音書は、一世紀の文書としては珍しい仕方で女性を描いている。もっとも、共観福音書の物語で女性が描かれているのは珍しいというわけではない。事実、新約聖書にある四つの福音書すべてにおいて、女性たちは重要な役割を担っている。マタイ福音書一五章21―28節（マコ七24―30も参照）における、カナンの女の粘り強い信仰を思い起こすだけでよい。イエスは彼女の信仰の深さに驚いている。あるいは、一二年間出血を患い、イエスの衣服の房に触れるために群衆の中へおずおずと進んでいった女を思い出してほしい（マコ五25―34、またマタ九18―22およびルカ八43―48も参照）。イエスは、彼女の信仰が彼女を治したと告げる。この女性たちは、共観福音書において信仰の模範として現れる多数の女性たちの中の、ほんの二人である。共観福音書のイエス物語において、女性たちは決して二級市民ではない。

そうだとしても、ヨハネ福音書は女性たちを信仰の模範として意図的に提示している点で特筆される。我々は、まず福音書全体の構成における女性の位置を検討し、次にイエスと出会う女性たちのそれぞれを概観し、最後にこのささやかな探求に基づくいくつかの結論を述べることによって、その特質を手早く捉えることができる。

ヨハネ福音書の構成における女性たち

《読者の準備》 福音書全体をもう一度ざっと読み、女性が現れる章の番号を書きとめること。

この福音書記者は、巧みに、また上手に女性たちを提示している。物語全体は、読者の心の中に、目立たない使信を滑り込ませる配置になっているように見える。サブリミナル・メッセージのように、この福音書の著者は物語の行間――この例では、場面の間――に意味を詰め込んでいる。第四福音書記者の文学技法の一つは、疑いをもたない読者の背後に忍び寄り、読者が最初はぼんやりとしか分からないような示唆を植え付けていくというものである。福音書記者がこれをひそかに繰り返すと、読者は要点を理解し始める。女性という主題はそのようになっている。

ヨハネ福音書のイエス物語において、著者がドラマのどこに女性の登場人物を配置しているか考えてみると、重要な場所のすべてに現れることが思い浮かぶ。「読者の準備」を済ませていれば、女性たちが二章、四章、一一章、一二章、一九章、二〇章に現れることを知っても驚かないであろう。これらの章はとても重要である！　女性たちはイエスの宣教物語の初期から姿を見せており、イエスの最初の公的活動におけるイエスの母親という役割が始まりである（二1―11）。この女性に続いてすぐ、四章でサマリアの女が現れる。〔続く〕六つの章では、物語は男性たちに支配される。しかしラザロの復活における重要な箇所で、マリアとマルタが舞台に現れる。マルタは一一章で、マリアは一二章で主導的な役割を担う女性である。これらの二つの章は筋書きの大きな転換点である（序章の、福音書の文学的構成についての項を参照）。一一章におけるイエスの驚くべき行いが彼を殺そうという計画を誘発し（一一45―54）、それは一八章で行動に移される。イエスに対するマリアの塗油（一二1―12）は彼の死を準備し、受難の前にイエスが最後に公に姿を見せる章の始まりとなる。彼の受難の頂点においては、彼の母、マグダラのマリア、その他の人たちを含む一群の女性たちが十字架のもとにいる（一九25）。彼女たちの存在は、男性の弟子たちが一人（愛する弟子のこと、もしこの人物が男性であったならば、だが）を除いて明らかに不在であることによって、際立っている。最後に、福音書全体の頂点は復活顕現の物語に見いだせるのであり、そして最初に空の墓を見いだし、復活のキリストに出会うのは誰かと思えば、それは一人の女性であった。それはマグダラのマリアである！　そうすると女性たちは、図B・1が示すように、ヨハネの物語の冒頭、中間部、そして末尾に含まれているのである。

このような構成に隠れている使信は何だろうか。第一に、イエスの弟子の中に女性がいたのであ

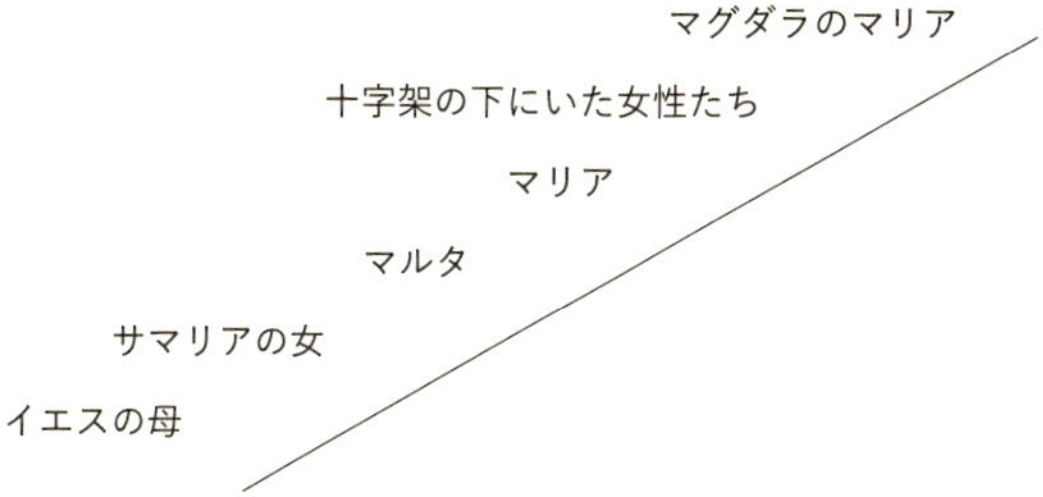

図B・1

る——この福音書は間違いなくそのことを許容している。彼女たちは男性の弟子と同等であった。第二に、彼女たちが弟子であることは、イエス物語の中心である。彼女たちがいなければ、ヨハネ版のイエスの宣教は語るのが難しくなってしまう。最後に、読者は、模範的な信仰を証言する女性（と男性）の登場人物へと注意が向く。しかしこう結論するには、ヨハネ福音書において目立っている女性一人一人を短く検討することが必要である。

ヨハネ福音書における女性の登場人物

《読者の準備》 以下の女性たちの物語を読むこと。イエスの母（二1—11、一九25—27）、サマリアの女（四1—42）、マリアとマルタ（一一1—一二8）、マグダラのマリア（一九25—27、二〇1—18）。

ヨハネ福音書における女性一人一人に関する議論を始める前に、福音書記者による登場人物の扱い全般について少し見ておく必要がある。第一に、いずれの人物も詳しく描かれてはおらず、全員が補助的な役割を担っている。物語における登場人物の位置は、常に、主役であるイエスと関係がある。イエスに注意を向け続けるために、登場人物についての展開はないままである。第二に、人物たちは一つの働きを共有している。各々が、イエスに対する反応の類型を表している。ある者たちは否定的な反応の例として描かれており、五章でイエスに癒された、手足の不自由な男がその例であるが、ひょっとするとポンティオ・ピラトもそうかもしれない。別の者たちは信仰に対して肯定的な応答を示すが、曖昧な反応をとる者もいる（例えばニコデモ）。肯定的な役割を担う人物たちは常にある程度の信仰ないし信仰の側面を表しているのだが、それは以下の議論で見ていくことにしよう。言い換えれば、福音書の登場人物は読者の信仰を喚起するために用いられているのである。登場人物は巧みな外科医の手中にある道具であり、不信仰という細胞組織を切り取る。最後に、物語の中の女性登場人物はそれぞれが肯定的な役割の配役である。イエスに対する彼女たちの反応は曖昧にも否定的にも描かれていない。各々がある程度の信仰ないしは信仰の特徴を表すよい例となっている。

イエスの母は、この福音書に二回だけ現れる。イエスが初めて公に現れた物語において一回、十字架の場面においてもう一回である。ヨハネ福音書において彼女が演じているのかもしれない象徴的役割については多く論じられてきているが、我々の関心はもっと世俗的な点にある。我々が最初に彼女と出会うのは結婚式の宴会だが、そこにおいて彼女は、困ったことにぶどう酒が尽きたとイエスに知らせる。イエスが、それは自分たちには関わりのないことだと言うと、彼女は召使いたちに「この人が何か言いつけたら、そのとおりにしてください」と静かに告げる（二5）。イエスの最初の奇跡を準備する上で彼女の役割は小さなものに見えるが、彼女は自分の息子に対する静かな信頼を示している。これは信仰の前触れとなる信頼や信用である。この劇における最初の女性登場人物は、まず信仰がどのように経験され、表現されるかを示す例なのである。

ひょっとするともっと重要なのは、十字架の場面においてイエスの母が現れることかもしれない。そこで彼女は、キリストの神秘的な高挙を他の女性たちと一緒に経験している。しかし彼女は際立った栄誉をも受けている。イエスの言葉によって、彼女は〔イエスに〕愛された弟子の母となり、愛された弟子はその息子となる。こうして十字架のもとに集ったごく小さな仲間から新しい共同体が形成され、イエスの母はその家長となる。この出来事について、アラン・カルペッパーは次のように記している。

この場面が与えた影響には相当のものがあった。ここには、男と「女」、つまり理想的な弟子と、イエスから彼が引き取るようにと言われた母がいる。両者とも、命を与える方の十字架の下に立っている。ここに、神の子供達のために用意された新しい家族の始まりがある。

（R・A・カルペッパー『ヨハネ福音書　文学的解剖』邦訳一九〇頁）

プロローグで約束されたように、言《ことば》が肉となったことを信じる者は神の子たちとなる力を受け（一12）、新しい家族が創られる。この新しい家族は、イエスが彼を愛したゆえに与えられた唯一の名前〔＝「愛された弟子」〕を持つ者と、イエス自身の母とを、地上の父母とする。教会は、十字架を証言する男女の信仰者によって平等に構成されるのである。

サマリアの女は、また別の型の人物である。反体制的で慣習に従わないサマリア人が――しかも女性が――イエスを宗教的伝統および法に関する議論に引き込む（四12、20、25）。議論の中で、彼女は見事なほどにがんばり抜く。確かに、彼女はイエスのことを滑稽な仕方で誤解している――彼女はイエスが語る「生きた水」の意味を誤解する（四15）。けれども、福音書記者は彼女を別に馬鹿にしているわけではない（男性の弟子たちも、イエスを理解しようと努力しつつ、大失敗をしていることを思い出してほしい。たとえば一六29―33を参照）。また福音書記者は、必ずしも彼女を不道徳な人物として描いているわけでもない。なぜ彼女が過去に五人の夫を持っていて、現在は夫でない男と暮らしているかについては全く語られないし、イエスは適切な道徳を少しばかり彼女に教えようなどという関心も示していない。それどころか彼女は、自分のことを知っているイエスは預言者だと勘づく、鋭敏で聡明な女性である（四19）。さらに彼女は、自分が本当は何者かを言い表すイエスを信頼し、受け入れている（四25―29）。我々は、この身分の低いサマリア人が、ニコデモも困惑するしかなかった事柄（三1―14）を信じることなどほとんど期待しないであろう。しかし彼女は信じている。ニコデモとの対照は明らかである。彼は宗教的体制派の一員であったが、（少なくとも公には）イエスを信じるまでに至ることができなかった。他方サマリアの女は、体制的宗教からは切り離され、拒否され、憎まれていたが、信仰に至っている。彼女は、キリストが学のある敬虔な人々に拒絶された一方で、追いやられた者や蔑まれた者に受け入れられたことの好例なのである。サマリアの女は四章の終わりで異邦人の貴族（46―54節）と結びつけられているが、読者はここで、信じる疎外者のペアと出会うことになる。一方は貧しいサマリアの女であり、もう一方は豊かな異邦人の男である。

しかし、この女性の役割はさらに大きなものである。彼女は信じるだけでなく、自分の信仰を証言する。自分の水瓶を忘れ、自分が新しく見いだした信仰を町の人々と分かち合うために、走って帰る。喜びのあまり誇張を交えつつ、彼女は隣人たちに「来て、私が行なったことをすべて話した人を見て」くれるよう勧め、彼らの好奇心を刺激するとよく分かっていた質問、「もしかしたら、この方がメシアかもしれません」(四29)によって誘い出す。彼女の証言は、最初の弟子たちに対するイエスの招きと、他の弟子たちに対する「来て、見なさい」という招き(一39、46)をただちに思い出させる。ヨハネ福音書におけるキリストの最初の証言者は、洗礼者ヨハネである(一29―34)。サマリアの女は、洗礼者の役目と対応する女性である。そして彼女はなんと効果的な証をしたことか。芽を出し始めた彼女の信仰と熱意は、多くの人にイエスを信じさせた(四39)。彼女の証言により、町の信仰者たちはイエスを「世の救い主」と呼んだ(四22)――これは、三章16節の本質をとらえた信仰告白である。このキリストは世の救いのために存在しているのであり、そこには疎外された者や忘れられた者も含まれる。

福音書の物語において、サマリアの女は社会の周縁に生きている人々の中で最初に信仰をもった人物である。彼女は、イエスの言葉との出会いがいかに信仰を生み出すかを示す模範であり、信仰が沸き溢れて証言へと至るかを示す一つの例である。彼女のおかげで、福音書の読者は自分がいかなる者であっても――社会の中でどのような立場にあったとしても――キリストにおける神の啓示は自分のためなのだと知るのである。

　マリアとマルタは、二つの場面に突然現れて自分たちの役割を演じ、そして姿を消す。彼女たちの兄弟ラザロを含めて、この三人はイエスと特別の関係にあると述べられている（一一3、21、一二1―2）。マルタは最初の場面、つまりラザロの通夜における主役である。イエスに対する彼女の信頼は、彼女が語った最初の言葉から明らかである――「主よ、もしここにいてくださいましたら、わたしの兄弟は死ななかったでしょうに。しかし、あなたが神にお願いになることは何でも神はかなえてくださると、わたしは今でも承知しています」（一一21―22）。マルタはこれから自分に何が起こるかをまだ理解していない。これに、ラザロの復活に対する希望に関する短い対話が続く。マルタは教理問答の授業で覚えたに違いない信条を忠実に引用する――「終わりの日の復活の時に復活することは存じております」（一一24）。それから、彼女はイエス自身が復活であること、終わりの日にイエスが顕現することを聞き知る。

　マルタは、信仰の鋭さが増し、成熟して、信仰対象である方の重要性を完全に悟ることを挑発的に表現しているのである。彼女は福音書記者の使信を伝える媒体であり、その使信とは信仰は停滞してはいられないというものである。なぜなら、信仰は常に自身の限界を超えて成長していくものだからである。

　マリアは全く違った役割を演じている。イエスの足に油を塗ることで、彼女はイエスの死を準備する（一二1―7）。彼女の行為は自分の兄弟を墓から救い出して下さった方への愛と感謝を分かりやすく表したものである。信仰とは命を与えてくださる方への感謝の念に根ざしたものだということを彼女は示している。とはいえ、彼女の行為は単なる感謝の表現以上のものである。それは預言者的な振る舞いであって、彼女が知っている以上のことを語っている。なぜなら、それはイエスの大いなる高挙の先取りだからである。

二人の女性がペアになって描き出しているのは、信仰の輪郭である。信頼と確信に基礎づけられ、成熟して拡大し、感謝と愛によって形作られる彼女たちの信仰は、神がこの世での神聖な計画を成し遂げるための手段なのである。

マグダラのマリアはヨハネのドラマに現れる最後の女性であり、最良のものが最後に取りおかれている。読者がまだ事柄を理解していないのであれば、福音書記者は、信仰の模範たるこの女性において〔それを〕くっきりと描き出すであろう。マリアの中に、忠実なる信仰者が持つあらゆる特徴が描き出されている。最高潮の場面〔復活〕の冒頭では補助的な役割を演じているが、マグダラのマリアは、物語全体において女性に割り当てられた役割の一番中心となるものを担っている。イエスに対する愛を表現するために、イエスを葬っているはずの墓へとやってくる。墓が空であるのを見つけ、彼女は涙を抑えられない。彼女の献身と愛はベタニアのマリアを思い起こさせる。しかし、復活のキリストが現れると彼女は喜んで受け入れており、これはマルタによる受容を思い起こさせる。イエスが彼女に、行って復活の知らせを他の弟子たちと分かち合いなさいと命じるとき、彼女の役割はさらに大きなものとなる。マリアはそれをすぐに実行しており、サマリアの女が証言するイメージが思い浮かぶ。信心、愛、受容、証言――これらは弟子のあり方の特徴であり、そのすべてがひとりの女性において体現されている。

マグダラのマリアは、キリストへの信仰へ導かれた売春婦だとみなされたことで、幾世紀にもわたって多くの誹りと中傷を受けてきた。残念ながら、これまでの男性解釈者たちはしきりに、聖書物語の中のあらゆる女性を性的に罪深いものとしてきた。マグダラのマリアを姦淫の女（七53―八11）と一緒くたにしようとする傾向は、最近の研究では時代遅れであるとはいえ、一般の考えにおいては現在でも消え去ってはいない。最近も、彼女とイエスとの間に子どもがいたという考えには人気があるではないか。ルカ福音書八章2―3節が、マグダラのマリアに関する唯一の情報（ないし伝承）源である。彼女は、七つの悪霊に憑かれていたのをイエスによって癒された結果、イエスに従う者（弟子！）となった。この僅かな情報の他には、我々は彼女の背景について何も知っていない。はっきりしているのは、ルカと同様に、ヨハネは彼女を忠実な弟子として描いていることである。

マグダラのマリアは、弟子になるということのあらゆる意味を人格化した存在である。彼女は空の墓を発見する最初の者、また復活のキリストを証言する最初の者、さらに復活のよい知らせを告げる最初の者という、傑出した役割を演じている。ペトロや愛された弟子ですら、これほどまでの特権を与えられていない。レイモンド・E・ブラウンが指摘しているように、マグダラのマリアは最初の使徒――復活のキリストを証言し、イエスの復活を告げ知らせるために遣わされる者――である。事実、彼女は使徒たちへの使徒である（*The Community of the Beloved Disciple*, 189-90）。

結論

ヨハネ福音書における傑出した女性たちをどう考えればよいだろうか。二つの抜本的に異なる選択肢が思い浮かぶ。第一のものは、福音書記者はイエスの宣教における女性の地位と役割を再確認する必要があると感じているのであり、それは当時の教会がこの重要な事実を忘れ去ってしまいそうであるから、というものである。想定できるのは、福音書記者の教会が男性の支配下に陥り、女性に対する優越を主張するという、男性の持つ良くない傾向の犠牲となっていた可能性である。この事態の変化に驚いた福音書記者はこれを修正する使信を記し、キリストにおいては「もはや……男も女もありません」（ガラ三28）という事実の本来の理解へと教会を呼び戻そうとしている。

けれども、ヨハネ福音書における女性たちの姿に論争的なものは感じられない。性差別の連鎖を捨て去るようにと、読者に対して熱弁を振るうことはない。その調子は全く異なっている。その描写はより事実に即しており、普段通りで、自然である。女性たちは、福音書記者が「ええ、もちろん女性の弟子たちがいますよ」と語っているように思わせる仕方で描かれている。メッセージの中心は、両性を包括的に扱うことではなく、常にキリストである。たしかに、男性と女性の間にいくらかの僅かな対照性は存在する。たとえば、ニコデモとサマリアの女とは、僅かながら対照的に描かれているように見える。またひょっとすると、マグダラのマリアの描写は、ペトロや愛された弟子と対照的なのかもしれない。しかし、これらの対照は論争をなしてはいない。

すると、我々の手にある第二の選択肢は、第四福音書記者が執筆している相手であり、また執筆の現場でもあった教会では女性と男性の地位と役割が当然平等だと見なされている、と想定することである。それは両性ともに重要な地位を占め、それぞれの性における賜物が共に価値あるものとされる平等主義の共同体である。サマリア人の信仰の話が示唆するのは、社会から追いやられた人たちや社会の隅に追いやられた人たちがキリストの恵みにおいて平等な参加者であり、他のすべての者と親交を分かち合っている様子を、ヨハネ共同体が知っているということである。このような包括性もこの福音書における女性描写の背景なのかもしれない。第四福音書記者は、キリストにおける女性と男性の平等という文脈にある伝承——イエス物語を語る方法——しか知らないのである。

では思い切って、この議論から派生する別の疑問を考えてみよう。第四福音書記者が女性である、ということはありうるだろうか。この福音書において女性が大きな役割を担っていることから、確かにその可能性はある。この福音書のどこにもそれを妨げるものはない。しかし、このように傑出した女性の役割を描いていることからは、信仰における姉妹たちに対する理解を持ち、称賛していた男性が著者である可能性も考えられる。この福音書が関係性を強調していることは考慮すべきもう一つの特徴である。父と御子の、父と信仰者の、御子と信仰者の、そして信仰者同士の関係性についての議論（一七章を参照）はすべて、女性の意識〔によって書かれたこと〕を示唆するものかもしれない。しかし残念なことに、このような示唆は一世紀の心性というよりも二一世紀のそれから生まれるものであり、ジェンダーについての別のステレオタイプにすぎないのかもしれない。結局のところ、無名の著者の性別を決定するという課題は遂行不可能である。文学作品（ましてや神学著作であれば）から性別を推測するための明確な認められた基準は存在しない。この議論は、まさしく一般化という前提のゆえに、きまって性差別的なものとなる。

しかし、第四福音書記者が女性であったかもしれないと推測するとき、我々は一つの重要な問題に直面する。それは、第四福音書に描かれている神は男性的なイメージが支配的であり、その最たるものは「父」という一般的な称号だということである。我々〔欧米〕の文化においては、性差別的な言語についての問題を提起することなくして、父なる神を語ることはできない。この男親としての神の姿は男性的な連想を呼び起こし、それらが究極者〔＝神〕のものとされてしまう。では、ヨハネ福音書は神の姿という点で、新約文書の中で最も性差別的であると結論づけねばならないのであろうか。このあまりにも男性的な神の描かれ方とフェミニストが和解することは不可能だろうか。それゆえ、この福音書の神に関する表現（God-language）は女性の手になるものだと信じることは不可能だろうか。

私はそうは思わない。男親という神の称号は、イエスが神に「アバ、父よ」と呼びかけたという伝承（マコ一四36、またロマ八15とガラ四6も参照）に由来すると思われる。つまり、我々はその伝承の文脈および動機について問わねばならない。私が思うに、その起源について最も説得力ある説明をしているのは、エリザベス・シュスラー・フィオレンツァである。彼女は、イエスは神を男性と考えるゆえに神を父と呼んでいるわけではないと言う。イエスは結局、キリスト教徒の弟子は神を男性としてイメージせねばならず、それゆえに男性的な特徴をすべて神に帰せねばならない、と教えようなどとは全く思っていなかったのである。むしろ、フィオレンツァの言うところでは、事実はほぼ正反対である。イエスが神を父と呼んだのは、女性や子どもに対する男性の優位や権威という束縛を緩めようとするイエスの試みに起因する。権威者はただひとりであり、それは神である。絶対的服従を求める父はひとりしかいない。それは神である。実際、「地上の者を『父』と呼んではならない。あなたがたの父は天の父おひとりだけだ」（マタ二三9）。父なる神をイメージすることで、男性がもつ抑圧的な権威は打ち砕かれる。当時の家族構造における、女性と子どもに対する男性の支配は絶滅させられる（エリザベス・シュスラー・フィオレンツァ『彼女を記念して――フェミニスト神学によるキリスト教起源の再構築』邦訳二三四―二三五頁を参照）。

イエスが神を父と名付けたという伝承の起源に関するこの説が適切ならば、ヨハネ福音書において父という称号が目立つことからいくつかの結論が導かれる。あらゆる新約文書の中で、この福音書はきわめてラディカルな仕方で権威を社会構造の外側に集中させる。第四福音書記者は、神に関する表現を親という形にまとめて提示することで、神を表すイエスの言葉に関する初期伝承をさらに発展させている。女性や子どもの首に巻かれている男性の支配権や権威という縄を決して締めあげるのではなく、縄を完全に切り刻んでしまう。したがって、ヨハネ共同体の平等主義的な性格は家庭内関係にも拡張しているのだと私は思う。家庭内でも男性の役割は縮小され、民主化された。そういうわけで、父という神の男性的イメージがふんだんに用いられているからといって、ヨハネ福音書が女性によって書かれたという推測は必ずしも損なわれない。むしろ、事実は正反対かもしれない。この福音書がフェミニスト的視点から、平等主義の共同体の中で生まれてきたゆえに、この神に関する表現は、他のあらゆる人間的な権威に加えて、家父長的な権威の解体を示すさらなる証拠であるかもしれないのである。

我々が結論できるのはここまでであり、これ以上はたぶん無理だろう――第四福音書記者が女性であった可能性を拒むよう我々に命じる、説得力ある証拠はない。彼女はヨハネ共同体の重要な指導者であって、彼女が（もし書くことを学ぶ機会を奪われていたとすれば）書記にこの福音書を口述筆記させたのかもしれない。ヨハネ教会の平等主義的な性質という我々の結論がありうるならば（第四章、教会の項を参照）、その含意は、ある女性が大いに尊敬され、統率力を持っていたゆえに、自らのキリスト教共同体のために〔この福音書を〕書く気になったのだろうということである。これは単なる可能性ではあるが、本福音書の示す証拠からして考慮せずにはいられない。

ともあれ、我々の一匹狼の福音書は、当時の社会的慣習に配慮することもなく、自分の道を突き進んでいる。物語の中で女性の登場人物に主要な役割という栄誉を与え、彼女たちを通して真の信仰のさまざまなモデルを示すことで、読者をじらす。イエスに仕える働きや最初期教会の指導において女性が傑出していた証拠は山ほどあるが、なかでもヨハネ福音書の証言は重要なものである。悲劇は、この一匹狼の福音書はその後の時代に飼いならされていったことである――それは男性によって支配された文化的役割の犠牲となった。性別役割のより真正な社会的形式を我々が探し求め続ける中で、ヨハネ福音書は明瞭で堂々たる言葉を発している。

訳者あとがき

本書はRobert Kysar, *John, The Maverick Gospel*, Westminster John Knox Press, 3rd edition, 2007の全訳である。タイトルは直訳すれば「一匹狼の福音書」であるが、本邦での馴染みを考慮し、邦訳では「ヨハネ福音書入門――その象徴と孤高の思想」という書名とした。「一匹狼」というイメージは本文中でもしばしば用いられている。本書は一九七六年に初版、一九九三年に改訂版が出版されている。初版から三〇年を経て第三版が出版された、長く読み継がれているヨハネ研究書である。コンパクトでありながら、ヨハネ福音書の緒論的問題からポストモダンの読みに至るまで幅広く扱っており、ヨハネ福音書への入門として最適なものと言えよう。

著者のロバート・カイザー氏（一九三四―二〇一三年）は、イリノイ州ノースウェスタン大学で新約学の博士号を取得された後、エール大学でポストドクトラル・フェローとなられた。その後にミネソタ州ハムリン（Hamline）大学を含むいくつかの大学で合計一七年間、教鞭を執られた。その後、妻のミルナ・C・カイザー（Myrna C. Kysar）牧師とともに、ペンシルバニア州ゴードンのChrist United Lutheran Churchの副牧師として奉仕された。またフィラデルフィアのルター神学校において説教学および新約学の教授を担当されていた。本書執筆時にはアトランタにあるエモリー大学チャンドラー神学校の名誉教授であった。

著作としては、本書の他、*The Fourth Evangelist and His Gospel*（Augsburg, 1975）, I, II, III John（ACNT; Augsburg, 1986）, *John*（ACNT; Augsburg, 1986）, *A Beginner's Guide to the Books of the Bible*（Augsburg, 1991）, *Called to Care: Biblical Images for Social Ministry*（Fortress Press, 1991）, *Voyages with John*（Baylor University Press, 2005）等がある。本書はカイザー氏の著作の初めての日本語訳となる。

本文において〔　〕は訳者による補いである。聖書引用は原則として新共同訳に拠ったが、原著の意を反映するためにそこから離れた箇所もある。

翻訳に当たっては、辻学氏（広島大学大学院総合科学研究科教授）に訳校の閲読を頂き、数多くの意見を頂戴した。この場で特に感謝を申し上げたい。なお最終的な訳文については、当然ながら訳者に責任があることを申し添えておく。また、編集を担当いただいた教文館の倉澤智子氏、福永花菜氏には深く御礼を申し上げる。

二〇一八年五月

前川　裕

参考文献

ここに挙げられた文献は二つの理由で選ばれた。第一に、本書が多く依拠したもの、第二に、本書において取り上げられた問題を読者がさらに考えるための参考書となるものである。

注解書

Barrett, C. K. *The Gospel according to St. John.* 2nd ed. Philadelphia: Westminster Press, 1978. 著名な学者による古典。

Beasley-Murray, George R. *John.* Word Biblical Commentary 36. Waco, TX: Word, 1987. 英国の学者による、中道的立場のすばらしい注解。

Brown, Raymond E. *The Gospel according to John.* Anchor Bible 29 and 29a. Garden City, NY: Doubleday & Co., 1966, 1970. 出版以降、時代を経ても、おそらく第四福音書についての最良の注解であり続けている。

Bultmann, Rudolf. *The Gospel of John.* Philadelphia: Westminster Press, 1971.（R. ブルトマン『ヨハネの福音書』杉原助訳、日本キリスト教団出版局、2005 年）特徴的な古典。

Carson, D. A. *The Gospel According to John.* Grand Rapids: Wm. B. Eerdmans Publishing Co., 1991. ヨハネ福音書の学問的かつ保守的な論説。

Keener, Craig S. *The Gospel of John: A Commentary.* Peabody, MA: Hendrickson Publishers, 2003. 2 vols. ヨハネ福音書に関する魅力的な歴史的言及で満ちている。

Kysar, Robert. *John.* Augsburg Commentary on the New Testament. Minneapolis: Augsburg Publishing House, 1986. 古いが簡潔であり、聖職者向けに書かれている。

Moloney, Fransic J., SDB. *The Gospel of John.* Sacra Pagina 4. Collegeville, MN: Liturgical Press, 1998. ローマ＝カトリックの学者による明快で簡潔なヨハネ福音書の論説。

O'Day, Gail R. "The Gospel of John: Introduction, Commentary, and Reflections." In *The Interpreter's Bible*, edited by Leander Keck, 9:491-865. Nashville: Abingdon Press, 1995. ヨハネ福音書研究の第一人者である女性による秀逸な注解。

Sloyan, Gerard. *John.* Interpretation. Atlanta: John Knox Press, 1988.（G. S. スローヤン『ヨハネによる福音書』鈴木脩平訳、日本キリスト教団出版局、1992 年）教師や説教者向けの信頼できる注解。

Smith, D. Moody. *John.* Abingdon New Testament Commentaries. Nashville: Abingdon Press, 1999. 北米における第一人者によるヨハネ福音書の秀逸な、また使いやすい論説。

研究書

Ashton, John, ed. *The Interpretation of John.* 2nd ed. Issues in Religion and Theology. Edinburgh: T & T Clark, 1997. 特に Borgen, Martyn, Meeks の論文を参照。

——. *Understanding the Fourth Gospel.* Oxford: Clarendon, 1991. オックスフォード大学の

教授による内容の豊富な序説。

Bauckham, Richard, ed. *The Gospels for All Christians: Rethinking the Gospel Audiences.* Grand Rapids: Wm. B. Eerdmans Publishing Co., 1998. 福音書は特定の会衆に向けて書かれたという仮定に対する顕著な挑戦。

Brown, Raymond E. *The Community of the Beloved Disciple.* New York: Paulist Press, 1979.（レイモンド・E・ブラウン『ヨハネ共同体の神学とその史的変遷――イエスに愛された弟子の共同体の軌跡』田中昇訳、湯浅俊治監訳、教友社、2008年）ヨハネ福音書とヨハネ書簡との関係についての最良の書。

Bultmann, Rudolf. *The Theology of the New Testament.* Vol. 2. New York: Charles Scribner's Sons, 1955.（R. ブルトマン『新約聖書神学Ⅱ』川端純四郎訳、新教出版社、1966年。『ブルトマン著作集4　新約聖書神学』新教出版社、1980年）おそらく20世紀に最も影響力のあった聖書学者による、内容の深い研究。

Caird, G. B., and L. D. Hurst. *New Testament Theology.* Oxford: Clarendon, 1994. 初期キリスト教思想への、最も読みやすくまた挑発的な序説。

Carter, Warren. *John: Story teller, Interpreter, Evangelist.* Peaboy, MA: Hendrickson Publishers, 2006. ヨハネ教会はシナゴーグに対抗していたという考えに挑戦し、新約聖書文献にとってのローマ帝国の重要性を強調する。

——. *The Roman Empire and the New Testament: An Essential Guide.* Nashville: Abingdon Press, 2006. ローマ帝国における生活についての重要な情報を与えてくれる。

Culpepper, Alan R. *Anatomy of the Fourth Gospel: A Study in Literary Design.* Philadelphia: Fortres Press, 1983.（R. A. カルペッパー『ヨハネ福音書　文学的解剖』伊東寿泰訳、日本キリスト教団出版局、2005年）ヨハネ福音書の文学的特徴についての秀逸な、新しい面を切り開いた論考。

——. *John, the Son of Zebedee: The Life of a Legend.* Columbia: University of South Carolina Press, 1994. Also Minneapolis: Fortress Press, 2000. ゼベダイの子に関する全伝承についての徹底した研究。

Dodd, C. H. *Historical Tradition in the Fourth Gospel.* Cambridge: Cambridge University Press, 1963. ヨハネ福音書と共観福音書の間の関係についての注意深い分析。

——. *The Interpretation of the Fourth Gospel.* Cambridge: Cambridge University Press, 1953. ヨハネと同時代の他の宗教組織との間の関係についての古典的な論考。

Fortna, Robert T. *The Fourth Gospel and Its Predecessor.* Philadelphia: Fortress Press, 1988. 本書および下記の本において、フォートナはヨハネ福音書の資料理論を論証し、擁護しようとしている。

——. *The Gospel of Signs.* Society for New Testament Studies Monograph Series 11. Cambridge: Cambridge University Press, 1970.

Fuller, Reginald H. *The Foundations of New Testament Christology.* New York: Charles Scribner's Sons, 1965. 最初期におけるイエス理解についての古典的な要約。

Harner, Philip B. *The "I Am" of the Fourth Gospel.* Biblical Series 26. Philadelphia: Fortress Press, 1970. このテーマに関する簡潔なよい研究。

Käsemann, Ernst. *The Testament of Jesus according to John 17.* Philadelphia: Fortress Press, 1968.（E. ケーゼマン『イエスの最後の意志――ヨハネ福音書とグノーシス主

義』大貫隆・善野碩之助訳、ヨルダン社、1978年）ヨハネの思想を要約した、ヨハネ神学の古典。

Kee, Howard Clark. *The Origins of Christianity: Source and Documents.* Englewool Cliffs, NJ: Prentice-Hall, 1973. 初期キリスト教のための古代思想・文献の価値ある集成。

King, Winston L. *Introduction to Religion: A Phenomenological Approach.* New York: Harper & Row, 1968. 世界の主要な宗教についてのテーマ別の完全な論説。

Kysar, Robert. *Johns's Story of Jesus.* Philadelphia: Fortress Press., 1984. ヨハネ福音書のプロットについての短い論考。

——. *Opening the Bible: What It Is, Where It Came From, What It Means to You.* Minneapolis: Augsburg Fortress, 1999. 信徒のために書かれた基礎的な要約。

——. *Preaching John.* Minneapolis: Augsburg Fortress, 2002. 説教への適用を含めた、ヨハネの文体と神学の要約。

——. *Voyage with John: Charting the Fourth Gospel.* Waco, TX: Baylor University Press, 2006. 著者の35年以上にわたる研究論文の集成。

——, and Joseph K. Webb. *Preaching to Postmodern: New Perspectives for Proclaiming the Message.* Peabody, MA: Hendrickson Publishers, 2006. 解釈のためのさまざまな方法と、説教者に対する重要性についての論考。

Martyn, J. Louis. *History and Theology in the Fourth Gospel.* Revised and expanded. Louisville, KY: Westminster John Knox Press, 2003.（J. ルイス・マーティン『ヨハネ福音書の歴史と神学』原義雄・川島貞雄訳、日本キリスト教団出版局、1984年）20世紀後半のヨハネ研究を形成した、現代のヨハネ研究における基軸的作品の改訂第3版。

Moore, Stephen D. *Literary Criticism and the Gospels: The Theoretical Challenge.* New Haven, CT: Yale University Press, 1989. 最も卓越したポストモダンの新約聖書批評家による洞察力ある分析。

——. *Empire and Apocalypse: Postcolonialism and the New Testament.* Sheffield, UK: Sheffield Phoenix Press Ltd., 2006.

O'Day, Gail R. *Revelation in the Fourth Gospel.* Philadelphia: Fortress Press, 1987. アイロニーと、その神学的意味全般に関する論説。

Reinhartz, Adele. *Befriending the Beloved Disciple: A Jewish Reading of the Gospel of John.* New York: Continuum, 2001. ユダヤ人女性研究者による、注目すべき刺激的な本。

Robinson, J. A. T. *The Priority of John.* Edited by J. F. Coakley. London: SCM Press, 1985. ヨハネの著作年代を早くに置くことの、最も徹底した擁護説。

——. *Twelve New Testament Studies.* Studies in Biblical Theology 34. Naperville, IL: Alec R. Allenson, 1962. 著名な新約聖書学者による古典的研究。

Schüssler Fiorenza, Elisabeth. *In Memory of Her: A Feminist Theological Reconstruction of Christian Origins.* New York: Crossroad, 1984.（E. S. フィオレンツァ『彼女を記念して——フェミニスト神学によるキリスト教起源の再構築』山口里子訳、日本キリスト教団出版局、1990年）フェミニスト研究の重要性を確立した現代の古典。

Segovia, Fernando F. *The Farewell of the Word: The Johannine Call to Abide.* Minneapolis: Fortress Press, 1991. 文芸批評の視点から書かれた、告別説教についての注解。

Smith, D. Moody. *John*. 2nd ed. Proclamation Commentaries. Philadelphia: Fortress Press, 1986. ヨハネ福音書への卓越した手引き。

——. *John among the Gospels*. 2nd ed. Columbia: University of South Carolina Press, 2001. 第四福音書と共観福音書との関係という問題に関する注目すべき研究の、重要な改訂版。

Thompson, Marianne Meye. *The Humanity of Jesus in the Fourth Gospel*. Philadelphia: Fortress Press, 1988. ケーゼマンに対する応答。

ヨハネ書簡

Brown, Raymond E. *The Epistles of John*. Anchor Bible 30. Garden City, NY: Doubleday, 1982. ヨハネ書簡に関する最良の注解。

Houlden, J. L. *The Johannine Epistles*. Harper's New Testament Commentary. New York: Harper & Row, 1973. ヨハネ書簡に関する信頼できる、思慮に富んだ議論。

Kysar, Robert. *1, 2, 3 John*. Augsburg Commentary on the New Testament. Minneapolis: Augsburg Publishing House, 1986. ヨハネ書簡のわかりやすい論説で、聖職者向けに書かれている。

Painter, John. *1, 2, 3 John*. Sacra Pagina 18. Collegeville, MN: Michael Glazier, 2002. 教会向けに書かれた大変すばらしい注解。

Schnackenburg, Rudolf. *The Johannine Epistles: A Commentary*. Edited by Reginald and Ilse Fuller. New York: Crossroad, 1992. ヨハネ研究者の第一人者による学問的注解。

黙示録

Boring, M. Eugine. *Revelation*. Interpretation: A Commentary for Teaching and Preaching. Louisville, KY: John Knox Press, 1989.（M. E. ボーリング『ヨハネの黙示録』現代聖書注解、入順子訳、日本キリスト教団出版局、1994 年）黙示録に関するもっとも扱いやすく、かつ思慮に富んだ注解。

Charles, R. H. *Revelation*. 2. vols. International Critical Commentary. Edinburgh: T. & T. Clark, 1920. 古典的な注解。

Krodel, Gerhard A. *Revelation*. Augsburg Commentary on the New Testament. Minneapolis: Augsburg Publishing House, 1989. 黙示録に関する伝統的な論考で、聖職者向け。

Schüssler Fiorenza, Elizabeth. *The Book of Revelation: Justice and Judgment*. Philadelphia: Fortress Press, 1985. 黙示録における正義の役割に関する徹底した論考。

——. *Revelation: Vision of a Just World. Proclamation Commentaries*. Minneapolis: Fortress Press, 1991. シュスラー・フィオレンツァの本は黙示録に対する新しいアプローチの一例である。

《訳者紹介》

前川 裕（まえかわ・ゆたか）

1970年生まれ。京都大学文学部西洋史学科卒、同志社大学大学院神学研究科博士前期課程聖書神学専攻修了。同志社大学大学院神学研究科博士後期課程中退。1998-1999年、フィンランド国立ヘルシンキ大学神学部に留学。日本キリスト教団宇治教会担任教師を経て、現在関西学院大学理工学部准教授・宗教主事。日本聖公会京都教区ウイリアムス神学館非常勤講師。

著書 『新約聖書解釈の手引き』（共著、日本キリスト教団出版局）、『聖書　語りの風景』（共著、キリスト新聞社）。

訳書 E. ギューティング『新約聖書の「本文」とは何か』、W. R. テルフォード『マルコ福音書の神学』（共訳、ともに新教出版社）。

ヨハネ福音書入門　**その象徴と孤高の思想**

2018年8月30日　初版発行

訳　者　前川　裕

発行者　渡部　満

発行所　株式会社　教文館

〒104-0061 東京都中央区銀座4-5-1 電話 03(3561)5549 FAX 03(5250)5107

URL　http://www.kyobunkwan.co.jp/publishing/

印刷所　モリモト印刷株式会社

配給元　日キ販　〒162-0814　東京都新宿区新小川町9-1

電話 03(3260)5670　FAX 03(3260)5637

ISBN 978-4-7642-6462-5　Printed in Japan